Emil Hoehne

Kant's Pelagianismus und Nomismus

Darstellung und Kritik

Emil Hoehne

Kant's Pelagianismus und Nomismus
Darstellung und Kritik

ISBN/EAN: 9783744639804

Hergestellt in Europa, USA, Kanada, Australien, Japan

Cover: Foto ©Andreas Hilbeck / pixelio.de

Weitere Bücher finden Sie auf **www.hansebooks.com**

KANT'S

PELAGIANISMUS und NOMISMUS.

DARSTELLUNG UND KRITIK

VON

LIC. DR. EMIL HOEHNE,

PROF. AN DER KGL. LANDESSCHULE MEISSEN.

LEIPZIG.

DOERFFLING & FRANKE.

1881.

Vorwort.

—

Die Mehrzahl der vorliegenden Aufsätze (S. 1—116) wurde bereits in einigen Gelegenheitsschriften (Programme der kgl. Landesschule Meissen 1879 S. 38 ff. und 1881 S. 1—46, Jubiläumsschrift für Hr. Consist.-Rat Dr. Luthardt 1881, S. 68—98) veröffentlicht. Der wiederholt geäusserte Wunsch, es möchten die zerstreuten Abhandlungen gesammelt und abgeschlossen werden (S. 116 ff.), ward die Veranlassung zu ihrer erneuten Publikation und zu ihrer Vervollständigung.

Im Laufe des letzten Jahrzehntes ist die Kant'sche Sitten- und Religionslehre nach ihrem bleibenden Werte wie nach ihren Einseitigkeiten und Unzulänglichkeiten mehrfach eingehend behandelt worden (z. B. von A. Dorner, der bleibende Wert der Kant'schen Ethik; Pünjer, die Religionslehre Kant's 1874; Hildebrand, Grundlinien der Vernunftreligion Kant's 1875). Dass die folgenden Ausführungen gleichwohl den Anspruch auf volle Selbständigkeit der Darstellung wie der Kritik erheben dürfen, lehrt die Anlage wie der Inhalt derselben. —

Die seit hundert Jahren über Kant's Ethik und Vernunftreligion speciell von theologischer Seite abgegebenen Urteile lauten sehr verschieden, zum Teile widersprechen sie sich. Wie Lessing so ist auch Kant vorübergehend und von Einzelnen

als Anwalt der altlutherischen Orthodoxie, als Vertreter
einer neuen Scholastik begrüsst worden. So von Willmann
(bei Erdmann. Gesch. d. Philos. II, 373), der in Kant's Pro-
testen gegen jedwede Form des Eudämonismus in sittlichen
Fragen, in dem Kampfe gegen die Theorien der Aufklärungs-
philosophie, in Kant's männlichem Ringen nach innerer Gewissheit über die höchsten Lebensfragen, in der Betonung des
unendlichen Wertes der menschlichen Persönlichkeit durchweg
Anklänge und Nachklänge der lutherischen Reformationsepoche
erkannte. — Spätere haben nicht diese dem Evangelium verwandten, sondern die das Evangelium umdeutenden oder miss-
deutenden oder einfach verneinenden Punkte der Kant'schen
Lehre betont. Die Einen haben ihn als Deisten (vgl. Dorner,
Christi Person und Werk II. 987 f.; Gesch. des Protestantis. 743),
Andere als Naturalisten (Kahnis, Dogmat. I, 82; Innerer
Gang des Protest. II, 101; auch Ullmann, Wesen des Christentumes 34), noch Andere wegen seiner kritischen Methode als
den Wortführer eines neuen, sittlich ernsten Skepticismus
(vgl. Erdmann, Gesch. d. Philos. II, 366) bezeichnet. Die
physikotheologischen Erörterungen in der Kritik der Urteilskraft, besonders aber die Berührungspunkte mit Fichte und
Schelling liessen, trotz Kant's Polemik gegen den Spinozismus
und trotz seines begeisterten Eintretens für die ethisch-teleo-
logische Weltauffassung, den Schein des Pantheismus auf
sein System fallen (vgl. Ulrici. Herzog's Realencyklopädie VII.
343 ff.). Ja Fr. Stolberg klagte in der leidenschaftlichen Stimmung des Convertiten Kant als „einen der geschicktesten Diener
des Atheismus" an (vgl. Menzel, Gesch. d. Dtschen VI. 428;
Gelzer, deutsche Nationallitteratur I. 257): eine Beschuldigung,
die vielleicht dadurch sich etwas entkräften lässt, dass für
Stolberg Pantheismus und Atheismus noch identische Begriffe
waren (obschon nicht erst durch Hegel, sondern schon in
Toland's Pantheistikon 1720 beide geschieden sind).

Allen solchen Rubricierungsversuchen gegenüber hat sich
Kant von vornherein seine eigene und einzigartige Stellung
angewiesen (Relig. innerhalb d. Grenzen d. Vernunft 231 f.
XV ff.): es ist die des reinen Rationalismus. Ihm gemäss
erklärt Kant die (natürliche) Religion für moralisch notwendig
und für Pflicht; er verneint nicht schlechthin, wie die Naturalisten, alle übernatürliche, göttliche Offenbarung; er „lässt
sie vielmehr zu, behauptet aber, dass sie zu kennen und für
wirklich anzunehmen, zur Religion nicht notwendig erfordert
werde".

Die nachfolgende Kritik geht so viel als möglich auf
diesen von Kant selbst präcisierten Standpunkt ein. Vielfach, so
am Anfang und am Ende, ist das grosse Verdienst nachdrücklich hervorgehoben, das sich Kant (ähnlich wie Lessing) durch
die energische Betonung und Vertretung des ethischen In-
teresses (gegenüber einem nur formalistischen Dogmatismus)
auch um die evangelische Theologie erworben hat. Freilich
war trotzdem der Kant'sche „reine Rationalismus" in den
meisten religiös-sittlichen Fragen als unhaltbar, als ungenügend
zu bezeichnen: sofern vielfach von Kant aus unsicheren Prämissen zu viel gefolgert oder die *petitio principii* an Stelle des
logischen und sachlichen Beweises gesetzt worden ist; oftmals
hat Kant das Evangelium irrig gedeutet, fast durchweg hat er
die sittliche Tendenz der evangelischen Hauptlehren und Haupt-
thatsachen verkannt, — und doch hat er für seine „Vernunftreligion" der göttlichen μωρία des Evangeliums nicht entraten
können. Auch „innerhalb der Grenzen" der Vernunft drängt sich
ihm so manches Irrationale und Geheimnisvolle auf, das auch
von seinem engen Begriffe der „Religion" sich nicht will fern
halten lassen und das er nur aus der christlichen Offenbarungsreligion herüber genommen hat. Jene Grenzbestim-
mung „innerhalb der Vernunftbegriffe" schädigt und verkümmert den Lebensnerv der wahren, vollen Religion: denn die

Funktionen des religiösen Lebens erschöpfen sich nicht in denen des Denkens und des Wollens. So ist Kant's „Religion" Moral geblieben.

Seine Einzelurteile hat der Verf. besonders durch die Zeugnisse von Schleiermacher, Rothe, Ritschl, Martensen, Dorner, Baader, Ulrici zu stützen gesucht.

Inhalt.

Einleitung.

Die positiven Berührungspunkte zwischen Kant und der evangelischen Theologie.

Ueber Kant's vielumstrittener Lehre von der Autonomie und Autarkie der practischen Vernunft hat man vielfach die Punkte zurückgestellt, für deren Betonung und Wiedergeltendmachung die evangelische Theologie auch ihrerseits dem grossen Philosophen zu Danke verpflichtet ist. In Kürze sei hier vorerst an sie erinnert: 1) daran, dass Kant durch seine dreifache Kritik (der reinen Vernunft, der practischen Vernunft, der Urteilskraft) einen doppelten Dogmatismus so wie den Skepticismus überwand; 2) daran, dass er die in seiner Zeit teils vergessene, teils geleugnete allgemeine Sündhaftigkeit wieder in's Bewusstsein rief; 3) daran, dass Kant in Theorie und Praxis die sittliche Energie forderte und weckte; 4) daran, dass er eine ideenvolle Behandlung der Christologie und Anthropologie schuf — als der Apostel des inneren Christentum's der That; 5) daran, dass er den teleologischen und ethisch-practischen Kategorien, gegenüber den physischen und theoretischen, zu ihrem Rechte verhalf.

1) Ein zweifacher Dogmatismus war es, den Kant formell und sachlich bekämpfte. Der eine war bei den Anhängern von Leibniz, der andere bei den Popularphilosophen in Geltung. — Dem dogmatischen Idealismus des Leibniz stellt Kant seinen kritischen Idealismus entgegen: alles Erkennen sei auf die Erscheinungen beschränkt; das eigentlich Seiende, das Ding an sich, lasse nur negative Bestimmungen zu, sofern es den Kategorien, der Zeitlichkeit, dem Raumgesetze nicht unterliege; dem Verstande wohne wohl die Kraft des Denkens, nicht aber die des Erkennens bei, so

1

lange die Sinnlichkeit ihm kein Substrat gebe. — Gegen die vielfach unmethodischen, unklaren und principlosen Raisonnements
der Aufklärungszeit führte Kant's Methode, gegen deren zum
Teil ästhetische, zum Teil eudämonistische Motive führte Kant's
strenges Moralprincip einen vernichtenden Streich, der gleichzeitig die des Skepticismus traf. Dieser hatte durch seine negativen, ja destructiven Tendenzen noch schwerer gefehlt, als der Dogmatismus durch die jenen entgegengesetzten. Locke's und Hume's
Sensualismus bot jedenfalls weniger festen Anhalt, als der Intellectualismus Leibniz's. — Beiden Extremen trat Kant entgegen. Nicht
an das Gefühl, nicht an die theoretische Erkenntnis, sondern an
den Willen und an die Selbsterkenntnis appellierte er. Auf dem
moralischen Wege sollte ein Jeder den verlorenen Centralpunkt
seines und alles Daseins wiederfinden. Führer sei das innere Gesetz der practischen Vernunft, dessen vergessene Formel im
kategorischen Imperative wieder aufgefunden worden, sie sei die
einzige, absolut gültige für alle Ethik. Es sei dieses Gesetz allerdings nur im Stande, moralische Würdigkeit, nicht volle Glückseligkeit zu erzeugen: doch über der irdischen Disharmonie lasse
es die Idee Gottes ahnen als unentbehrlich zum einstigen Aus-
gleiche zwischen Tugend und Glück, zur Realisierung des vollkommenen Gutes. Die Unsterblichkeit der Seele war damit
stillschweigend erwiesen: der als unendlich bezeichneten Aufgabe
war nur eine ewig dauernde Seele gewachsen. — Die drei ideellen
Grundpfeiler aller Religion waren also als die unabweislichen Folgen
der Moral wieder aufgestellt. „Moral führt unumgänglich zur Religion, wodurch sie sich zur Idee eines machthabenden moralischen
Gesetzgebers ausser dem Menschen erweitert, in dessen Willen dasjenige Endzweck (der Weltschöpfung) ist, was zugleich der Endzweck des Menschen sein soll und kann."[1] Zwar nur Ideen sind
es, deren wir innerlich gewiss werden; die Dinge selbst, die durch
sie angedeutet werden, erkennen wir nicht. Allein letzteres ist ein
Mangel der theoretischen Vernunft, welcher jenes Zeugnis der practischen Vernunft nicht entkräftet. Geleitet von jenen drei Ideen
von Tugend, Gott, Unsterblichkeit treten wir ein in das Heiligtum

---

1) **Relig.** innerhalb d. Grenzen d. Vernunft (A. v. 1794 Vorrede IX. X.;
vgl. Krit. d. pract. Vernunft (A. v. 1788) S 233; Gottschick, Kant's moral.
Beweis für das Dasein Gottes 1878. Torgau).

der Religion; sie sollen die ideellen Regulative sein für den sittlichen Gang des Menschen inmitten der Erscheinungswelt, dieser
„Insel" des Weltganzen. Die Innerlichkeit einer solchen religiösen
Ethik wahrt das Mysterium des Glaubens in seiner persönlichsten,
tiefsten Beziehung, sofern der Glaube da erst beginnt, wo das Erkennen und Wissen seine Schranke findet. Diesem Glauben, als
subjectiver Macht, hat Kant sehr energisch das Wort geredet: durch
ihn erst erhalten ja jene drei Ideale Wahrheit und belebende sittliche Kraft, ohne ihn würden sie theoretisch und practisch von der
Sinnenwelt und von der Sinnlichkeit annulliert werden. — Doch
wie nirgends das Innere ganz allein und für sich zu sein vermag
ohne das Aeussere, sei es des Inneren Symbol oder Typus: so ist
auch der persönliche Glaube nicht aller Objectivität bar; der
kirchlich-christliche ist's nicht, auch nicht der Kant'sche. Kant
hat die objective Offenbarung Gottes nicht schlechthin
zurückgewiesen. Er stimmt überein mit Fichte's hypothetischer
Erklärung: „die Menschheit kann so tief in moralischen Verfall geraten, dass sie nicht anders zur Sittlichkeit zurückzubringen ist,
als durch die Religion, und zur Religion nicht anders, als durch
die Sinne. Eine Religion, die auf solche Menschen wirken soll,
kann sich auf nichts Anderes gründen, als unmittelbar auf göttliche
Autorität. Da Gott nicht wollen kann, dass irgend ein moralisches
Wesen eine solche Autorität erdichte, so muss er selbst es sein,
der sie einer solchen Religion beilegt."[1]

2) Auf den moralischen Verfall der Menschheit hat Kant
in einer Zeit, die fast durchweg den Utilitätsinteressen[2] und laxen
eudämonistischen Principien huldigte in der Wissenschaft wie im
Leben, gleich einem zweiten Elias und Johannes durch die strenge
Verkündigung eines absolut bindenden Sittengesetzes hingewiesen.
Namentlich Rousseau's Emile hat die Zauberkraft eines Sirenen-
gesangs auf die Zeitgenossen ausgeübt, der sie in die optimisti-
schen Träume von der unzerstörbaren Güte der menschlichen Natur einzuwiegen drohte. Kant zerstörte diesen gefähr-
lichen Traum. Friedrich's des Grossen scharfes Wort, das den für

---

1) Fichte, Krit. aller Offenbarung (2. Aufl. 1793) 134. 103–106. Offenbarung ist „eine durch die Causalität Gottes in der Sinnenwelt bewirkte
Erscheinung, wodurch er sich als moralischen Gesetzgeber ankündigt".

2) Vgl. Kahnis, Innerer Gang des Protest.; 3. Aufl.; 1. 303.

Rousseau's Theorieen schwärmenden Sulzer ernüchtern sollte,[1] mochte
allenfalls als ein Ausfluss misanthroper Laune gelten und konnte des-
halb wirkungslos verhallen. Kant's leidenschaftsloser, psychologisch
fein durchgeführter Nachweis, dass im Innersten des Menschen, nicht
etwa bei vereinzelten Individuen nur, ein „radicales" rätselhaftes
Böse wohne, das als unheilvoller Egoismus die Freiheit und das
Gesetz der Sittlichkeit allmächtig niederhalte, lieferte mit grösstem
Ernste, mit scharfem Blicke für die sittlichen Schäden wie für die
Hoheit der moralischen Aufgabe den Gegenbeweis zu Rousseau's
Sätzen — zum Erstaunen der Zeit. Selbst Theologen wie Reinhard und Storr[2] haben mit geringerer Entschiedenheit als Kant das
seit (Origenes und) Augustin von der Kirche bekannte, durch die
Reformation auf evangelischem Boden insbesondere zur Herrschaft
gekommene und nur auf kurze Zeit im 17. und 18. Jahrhundert
verdrängte Dogma von der Erbsünde verfochten. Ohne das Gebiet
metaphysischer Speculation zu betreten, wie Origenes; ohne die Ge-
waltsamkeit der Exegese zu billigen, mit der Augustin und die
Dogmatik des 17. Jahrhunderts die Solidarität zwischen Adam und
den Adamiten, dem universalen Menschen und den Individuen der
Menschheit (Röm. 5, 12) erwiesen hatten; ohne von einer abstracten,
fast manichäisch-pessimistischen Anschauung über des Menschen
Natur auszugehen: sondern einzig gestützt auf die Erfahrung und
die Stimme des Gewissens, wie sie jeder Einzelne vernimmt,
wies Kant das Problem des radicalen Bösen als ein vorhandenes
nach, — freilich, um es nach seinem Ursprunge ungelöst stehen
zu lassen. — Es ist ein ächt germanischer Zug, der in Kant's
practischer Philosophie oft uns entgegentritt und der von ferne
sie anklingen lässt an die Contemplation der Mystiker, wenn er
ähnlich den Reformatoren vor und während der Reformation[3] in
die dunkelsten Tiefen des Ich sich versenkt, um aus dessen er-
kannter und anerkannter Unwürdigkeit in scheinbar paradoxer Weise

---

1) *Vous connaissez mal la maudite race, à laquelle nous appartenons.*
Menzel, Gesch. d. Deutschen VI, 168; vgl. Kahnis, Kirchenglaube 646.

2) Reinhard (Vorlesungen üb. d. Dogmatik; 2. Aufl. S. 288 ff.) will die
Lehre von der Erbsünde weder in der Schrift, noch in der Vernunft, noch
in den symbolischen Büchern direct vorfinden; vgl. Storr. Bemerkungen
zu Kant's Philosophie 1794, S. 8.

3) Dorner, Lehre v. d. Person Christi II, 454 ff. 510—531; Gesch. des
Protest. 110 ff. 190 ff. 200 ff. 223 ff.

die unendliche Hoheit und Würde jeder einzelnen Persönlichkeit abzuleiten, wie sie ihr an sich und auch vor Gott zukomme.

3) Die Macht der sittlichen Persönlichkeit soll sich erweisen im energischen Kampfe für die Erfüllung des obersten
Gesetzes und im Streben nach Realisierung des homo νοούμενος.
Freiwillige Aufnahme des allgemeinen Sittengesetzes in die
Maxime des Einzelnen: so lautet die Forderung der Kant'schen
Moral. Sie zerstört zwei Zufluchtsstätten der unlauteren Sittlichkeit: indem sie die Legalität[1] als „blinde, knechtische Gesinnung“, kaum als Vorstufe der Moralität bezeichnet, und indem sie
den vieldeutigen Begriff des „sittlich Indifferenten“ einfach
aus der Moral streicht.[2] Einen um so heroischeren Kampf aber
fordert Kant, je weniger er zu demselben mitgiebt. Denn sein
Gesetz giebt nichts weiter, als — eine Formel. Hier nun ist es,
wo Kant's „practischer Glaube“ seine ideelle Kraft äussert,[3]
indem er alle „unlauteren“, „materiellen“ Bestimmungsgründe stolz
und seiner selbst gewiss verschmäht, wie sie Montaigne (Erziehung),
Mandeville (bürgerliche Verfassung), Epikur (physisches Gefühl),
Hutcheson (moralisches Gefühl), Wolf und einst die Stoiker (Vollkommenheit), Crusius und theologische Moralisten (Wille Gottes)
aufgestellt hatten als Principien der Sittlichkeit. — Nicht blos
Schelling[4] hat gerade deshalb Kant das ungeteilteste Lob ge-
spendet; auch Rothe erklärt,[5] indem er Kant gegen Crusius bei-
stimmt: „die hohe Bedeutung der Kant'schen Philosophie liegt
wesentlich darin auch, dass durch sie zu klarem, wissenschaftlichem
Bewusstsein gebracht worden ist, dass die Geltung des moralischen
Gesetzes auch unabhängig vom Glauben an Gott feststeht“. Und
ist es nicht eine zunächst allerdings nur formelle Nachwirkung der
Kant'schen Lehre, wenn namhafte Theologen, obschon incorrect, den

---

1) Krit. d. pract. Vernunft 67 ff. 213; Relig. innerhalb d. Grenzen d.
Vernunft 61 f.

2) Relig. innerhalb d. Grenzen d. Vernunft 12 f. — Besonders Schleiermacher hat den Begriff des „Erlaubten“ in seiner sittlichen Unhaltbarkeit
für den Einzelnen nachgewiesen.

3) Relig. innerhalb d. Grenzen d. Vernunft 24. 76; Krit. d. pract. Vernunft 227.

4) Schelling. Einleitung in d. Philos. d. Mythologie (W. II, 1) 532.

5) Theologische Ethik (2. A. II. 391; vgl. Hagenbach, Encyclopädie
(2. A.) S. 23.

Willen des Ich vollkommen identisch setzen mit dem Ich und der Persönlichkeit überhaupt?[1]

Bekanntlich ist der entschiedenste Widerspruch laut geworden gegen die von Kant behauptete und gefeierte „Autonomie" und „Autarkie" der practischen Vernunft. Und dieser Widerspruch ist ein zweifellos berechtigter. Historisch und dialectisch ist jedoch auch anzuerkennen, dass Kant's Behauptungen die berechtigte, ja notwendige Reaction bilden zu der auf Kosten der Anthropologie durch Augustin, Gottschalk, Bradwardina, Luther, Zwingli, Calvin einseitig ausgebildeten Theologie. Die Lehre von der Prädestination, die in letzter Instanz doch trotz aller vermittelnden Motive ethischer Art auf einen physischen Gottesbegriff zurückkommt,[2] hatte den Freiheitsbegriff in Schatten gestellt. In diesen setzt Kant ein; freilich so, dass er das subjective anthropologische Gegenstück zur früheren einseitigen, ausschliesslich objectiven Theologie gab. Nicht eine ausschliessliche Theologie, nicht eine eben so einseitige Anthropologie, sondern nur eine Theanthropologie kann des Rätsels Lösung sein; gerade so wie die Gegensätze von Gott und Mensch sich nur in der Idee und in der Person des Gottmenschen versöhnen. Diese Erkenntnis blieb indes erst der nachkantischen Philosophie und Theologie vorbehalten.

4) Die Behandlung der Christologie, überhaupt der biblischen Geschichte durch Kant[3] hat sich von jeher einen von Kant selbst nicht in Abrede gestellten Vorwurf gefallen lassen müssen: den der Verflüchtigung der heiligen Geschichte in moralische Ideen. — Was aber trieb Kant bei seinem ausgeprägten Pelagianismus überhaupt zu einem Christus? Die tiefe Erkenntnis von dem Hange zum Bösen in der menschlichen Natur, deren „Gebrechlichkeit. Bösartigkeit, selbsttrügerische Tücke" er in beredter Weise schildert.[4] Jener Hang ist vorhanden, er ist eine Thatsache der allgemeinen Erfahrung: aber von

---

1) J. Müller, Lehre v. d. Sünde (3. A.), I, 522. 552; II, 42 f. 67 f. - Luthardt, Lehre v. freien Willen 3 ff. 442 ff.

2) Schleiermacher. Werke z. Theologie II, 395—484.

3) Relig. innerhalb d. Grenzen d. Vernunft 108—114. 190—193. 239; vgl. Lehre v. d. Person Christi II, 972 ff.; Baur, Trinität (Bd. III) u. Lehre v. d. Versöhnung (vielfach); vgl. Kalich (1870): *Cantii. Schellingii. Fichtii de filio dei sententia.*

4) Relig. innerh. d. Grenzen d. Vernunft 20--39.

wannen stammt er? dies „bleibt uns unerforschlich". [1] — Es erhellt, wie gegenüber dem rätselhaften und doch innerhalb des Erscheinungsmenschen allmächtigen Bösen eine andere, sittliche, höhere Macht stehen muss, die entrückt allem gemeinen Empirismus den Geisteskampf aufnimmt, frei und ewig unverletzt. Das apriorische Bewusstsein der Freiheit, mit der das sittliche Gesetz in Reciprocität steht, [2] fordert den Kampf, indem sie die ideelle Macht eines guten Princips ahnt und verbürgt. Verzichtend auf einen theoretischen Nachweis des Ursprungs des Bösen, verzichtend auf eine speculative Theodicee: appellirt Kant im practischen Glauben, der uns derselben gewiss macht, an das Vorhandensein und die überwältigende Majestät der sittlichen Idee. Ihr Symbol ist ihm der Name „Christus", den er (gemäss dem Worte Joh. 14, 6) umsetzt aus der vereinzelten Objectivität Jesu Christi in die allgemeine Subjectivität. Ueber dem Christus in uns kommt bei Kant der Christus vor uns und für uns nicht zur Geltung. Dies Uebergehen des historischen Christus als unseres Erlösers ist ein Fehler; indes die starke Betonung des in uns vorhanden sein sollenden Christus ist doch auch ein ächt christlicher, ein mystischer Zug, den man vielfach „dem alternden Kant" übelnahm. Im teilweisen Rechte war Kant mit dieser Subjectivierung der Christologie und der biblischen Geschichte nicht nur, sofern bis zu einem gewissen Grade alle Geschichte die Hülle und die Entfaltung einer Idee ist, [3] sondern in besonderer Weise gegenüber der theoretischen, das Objective starr betonenden, das Ethische vielfach durch juridische, äusserliche Abrechnung unterdrückenden „Orthodoxie". Der Tadel, dass Kant in das entgegengesetzte Extrem verfiel, dass er die Geschichte in die Idee verwandelnd überhaupt nur eine innere Geschichte des sittlichen Werdens gelten liess, sollte nur die Art treffen, wie Kant dies innere, ethische Christentum nachwies und forderte: dass er es forderte, ist ihm zu danken. Dabei hat sich Kant, der mit der Strenge eines Moses und Elias das eherne Gesetz verkündigte, der sanfteren Stimme des Evangeliums nicht ganz verschlossen, das auch ihm im Innersten der Seele

---

1) Relig. innerh. d. Grenzen d. Vernunft 46. 39 ff.
2) Krit. d. pract. Vernunft, Vorrede 5. 6.
3) Christi Leben als ein typisches für jeden Christen: vgl. Anselm, de trinit. 2; Dorner, Person Christi II, 453 ff. 510 ff.; mehrfach auch Martensen, in Mister Eckhart.

das Wort von der Gnade predigte. „Hier ist nun derjenige Ueber-
schuss über das Verdienst der Werke — und ein Verdienst, das
uns aus Gnaden zugerechnet wird"; „es ist also immer nur
ein Urteilsspruch aus Gnade, obgleich (als auf Genugthuung gegründet, die für uns nur in der Idee der gebesserten Gesinnung
liegt, die aber Gott allein kennt) der ewigen Gerechtigkeit völlig
gemäss, wenn wir, um jenes Guten im Glauben willen, aller Verantwortung entschlagen werden": so äussert sich Kant bei Be-
sprechung der Satisfaction, die nach ihm der Mensch als νοούμενον
für den Menschen als φαινόμενον zu leisten hat.[1] Dies innere
Evangelium hat ihn auch das äussere achten lassen: nicht bloss
wegen der Fülle und Wahrheit seiner Ideen, sondern auch, weil
er in Uebereinstimmung mit den Resultaten seiner drei Kritiken
und in Folge der eben berührten sittlichen Zweiteilung des (ideellen
und empirischen) Menschen das Ideal des Guten nicht nach Art
eines *deus ex machina* auf die empirische Menschheit einwirken
lassen durfte. Er sieht daher die Kirche, die Bibel, alles Statutarische in der Religion wenigstens als Schattenbilder an, als Vehikel zur Vollkommenheit (vgl. 1 Cor. 15, 28; 13, 12).[2] Das „Reich
Gottes" ist nicht „von dieser Welt".[3]

    5) Mit der Verwerfung aller äusseren Autorität zieht sich
Kant auf die ihm einzig gültige, die innere zurück. Ihr Ursprung
und ihre Kraft bleibt ihm ein Mysterium für die theoretische Erkenntnis; sie ist ihm aber das Regulativ für das practische
Thun. Der rätselhaften Freiheit und dem ihr correspondierenden
moralischen Gesetze im Menschen entspricht in der gesamten
äusseren Natur „der Organismus".[4] Kant behandelt diesen Begriff, der dem Naturmechanismus ebenso gegenübersteht, wie die
Vernunftideen den Verstandeskategorien, in der „Kritik der [teleo-
logischen] Urteilskraft" (1790)[5] und definiert ihn als „die einge-

---

1) Relig. innerh. d. Grenzen d. Vernunft 100 f.

2) Martensen, Dogmatik 308 (4. A).; Relig. innerh. d. Grenzen d. Vernunft 109 ff.

3) Vgl. Rothe, Theol. Ethik II, 240 ff. 391 ff. 411 f.

4) Rothe, Theol. Ethik I, 330 ff.; Dorner, Person Christi I, 713. 910.
921; II, 186. 262. 410 f.; Luthardt, Freier Wille 4 ff.; Kant, Krit. d. pract.
Vernunft 150 f.; 289.

5) Krit. d. pract Vernunft 8 f. 17. 72–75. 94. 115 ff. 185 ff. 245. 254 f.;
vgl. Erdmann, Gesch. d. Philos. (1. A) II. 327 f. 331. 338.

borene Zweckmässigkeit." Ihr gegenüber steht der kritische Verstand stille; denn er ist nur einer mechanischen, discursiven Naturbetrachtung gewachsen. Daher zunächst die Forderung eines „intuitiven Verstandes", der im Einzelnen schon das Allgemeine ahne und über jenes sich erhebe; daher sodann der Uebergang aus der ungenügenden physikotheologischen Betrachtung, die höchstens auf einen Ordner der Mechanismen führe, zu der höheren Ethikotheologie, deren Ausgangs- und Endpunkt der moralische, ideale Mensch ist als Träger der ächten Tugend und der wahren Glückseligkeit. Zu einer eudämonistischen Glückseligkeit hatte auch die vorkant'sche Physikotheologie geführt; zu Tugend und Glück aber im Bunde führt nur die Moralität, deren Gesetz den Glauben an seine Vollbringung und somit das Ideal des höchsten Gutes in der Ideentrias Gott, Tugend, Unsterblichkeit hervorruft. — Ueber diesen Fortschritt Kant's sagt Weisse: „Die Philosophie des ontologischen (d. i. spinozistischen) Standpunktes hatte den Zweckbegriff überhaupt für unwahr erklärt. Die bisherige, von den Begriffsbestimmungen des Deismus aus- und in denselben zurückgehende Physikotheologie hatte zwar den Begriff wieder hergestellt, aber die Zweckmässigkeit der Weltordnung nicht in die Idee der Gottheit selbst, sondern aus derselben heraus in die nur ausser Gott gesetzte, nicht zugleich in ihm bleibende oder in die Einheit mit ihm zurückgenommene Creatürlichkeit verlegt. Die Ethikotheologie hebt den so wieder hergestellten Zweckbegriff nur dialectisch auf, aber sie zerstört ihn nicht; sie verleibt ihn vielmehr durch dieses Aufheben in die göttliche Idee selbst ein und lässt Gott, nicht blos subjectiv für das menschliche Erkennen — denn das thut auch der Deismus —, sondern an sich und in der göttlichen Wahrheit, Gott sein, nur wiefern er das, was sein unmittelbares Dasein ausmacht (die Idee des Guten) als einen durch freie, creatürliche Thätigkeit zu realisierenden Zweck aus sich herausstellt: d. h. seine Gottheit, oder abstract seine Unsterblichkeit mitteilt. Dies nämlich liegt in dem Satze: dass mit der Gewissheit von dem Dasein Gottes die Gewisheit von der Unsterblichkeit der Seele eine und dieselbe, beide aber das zum Ideale des höchsten Gutes entwickelte Bewusstsein des moralischen Vernunftwesens als einzig möglichen Selbstzweckes der Weltschöpfung sind." [1]

---

1) Weisse, Idee der Gottheit 243 f.

Mit welchem Nachdrucke Kant den Begriff der ethisch-theolo-
gischen Teleologie in das Denken seiner Zeit einführte, beweist u. A.,
dass sein Nachfolger Fichte „die moralische Weltordnung" als das
absolute Sein, als die höchste Wahrheit verkündigte. Seit Kant besonders, wenn auch nicht direkt oder allein durch Kant's Anre-
gungen,[1] ist auch die teleologische Behandlung der Geschichte, die
Geschichtsphilosophie in ihre heutigen Bahnen gelenkt worden.

    Von diesen, vorwiegend sittlich begründeten Grundlagen aus-
gehend hat Kant in seiner Art und in seiner Sprache die vielfach variierte Frage gestellt: „Was muss ich thuen, dass ich selig
werde?" Die Antwort, die er mit männlicher Energie gesucht und
in seiner praktischen Philosophie gegeben hat, kann freilich, trotz
des steten Appelles an die im Menschen latenten Kräfte und an
dessen noch vorhandene sittliche Thatkraft, nicht als voll befriedi-
gend gelten. Herz und Gemüt gehen bei dieser Religion „innerhalb
der Grenzen der Vernunft" fast leer aus. Auch wird das „böse"
Gewissen durch die halbe Sühne schwerlich zum dauernden Schwei-
gen vermocht. Der doppelte Irrtum, den schon die Frage-
stellung einschliesst, hat die Antwort verhängnisvoll beeinträch-
tigt. Dieser doppelte Irrtum ist: der Wahn, dass überhaupt das
„Ich" sich seiner Autonomie und Antarkie getrösten dürfe; sodann:
der Wahn, dass durch das „Thuen", nur durch selbsteigenes
Thuen, je des Menschen Streben und Sehnen zum Ziele gelangen
könne.

---

1) Vgl. die Einleitungen zur Philosophie der Gesch. von Hegel (1837)
und Co. Hermann (1869). — (Gelegentlich erklärt Kant: „Unter dem Begriffe
von Gott versteht man nicht etwa blos eine blind wirkende Natur,
als die Wurzel aller Dinge, sondern ein höchstes Wesen; und dieser Begriff
eines lebendigen Gottes interessiert uns allein".

I.

Darstellung und Beurteilung des Kant'schen Pelagianismus,

d. h. der Lehren: 1) vom radicalen Bösen, 2) von der Freiheit, 3) von der Autonomie und 4) von der Autarkie der practischen Vernunft.

Die Folge der von Kant behaupteten ausschliesslichen Competenz der (practischen) Vernunft in den sittlichen und religiösen Fragen war eine Theorie vom Wollen und Können des Menschen, welche über den Pelagianismus und Socinianismus noch weit hinaus ging. Trotz der pessimistischen Anklänge in seiner Lehre vom radikalen Bösen, die sich — wenn nicht in ihren Voraussetzungen und Folgen, so doch in der Schilderung des Wesens der Sünde — mehrfach mit Paulus und Augustinus berührt, betont Kant streng optimistisch die Ungebrochenheit und Unzerstörbarkeit der menschlichen Freiheit; und aus der — vor jedem Scheine einer Theonomie, bezüglich Heteronomie sorgfältig gehüteten — Autonomie der practischen Vernunft folgert er deren Autarkie betreffs Erreichung des sittlichen Ideales: dem „Du sollst" des kategorischen Imperatives müsse ohne jede Einschränkung das Können des Ich entsprechen, der strenge Begriff von Sittlichkeit schliesse jeden Gnadeneinfluss auf Sein und Werden des Ich aus.

1. Das radicale Böse.

Kant's Lehre vom radicalen Bösen [1] scheint auf den ersten Blick nach Seite der ethischen Strenge und der psychologischen

---

1) Relig. innerhalb d. Grenzen d. blossen Vernunft, 1. Stück: „von der Einwohnung des bösen Princips neben dem guten" (Ausgabe von 1794, S. 3—64). — Vgl. in Kritik d. pract. Vernunft (Ausg. von 1788, S. 100 ff.) über den Begriff des Guten und des Bösen.

Wahrheit mit den Paulinischen und Johanneischen Ausführungen von
der allgemeinen Sündhaftigkeit und der persönlichen Verschuldung
sich nahezu zu decken.[1] — Die Differenz der Kant'schen und der
evangelischen Anschauungen erscheint zuerst da, wo Kant das metaphysische Gebiet streift und den geheimnisvollen Ursprung des
moralisch Bösen nachzuweisen sucht in des Menschen „intelligibler
That.“ Gegen den Begriff der Erbsünde, wie ihn die Dogmatik
des 17. Jahrhunderts in mehr physischer als ethischer Weise auf
Grund der Augustinischen und Melanchthonischen Missdeutung[2] von
Röm. 5, 12 fixiert hatte, erklärt sich Kant in Uebereinstimmung mit
den bedeutendsten supranaturalistischen Theolgen seiner Zeit,[3] indem
er fort und fort die persönliche, die individuelle That und
Schuld betont. — Noch stärker aber zeigt sich jene Differenz da,
wo es sich um die Folgen der Sünde handelt für des empirischen
Menschen sittliche Freiheit und Thatkraft, für sein Wollen und
Können. Während die Schrift, Augustin, Luther die Menschheit
als einheitliches Ganzes betrachten, dessen einzelne Glieder Erben
und Träger der Gesamtschuld, Organe der Sünde sind, so lange
sie ausserhalb der göttlichen Gnadeneinwirkung stehen, zersplittert
die Menschheit bei Kant in zusammenhanglose Atome, deren jedes
das volle Wesen und die ungebrochene Kraft eines sittlichen Mikrokosmos offenbart.

Kant's Lehre vom radikalen Bösen ist summarisch folgende:
Zwischen den Extremen[4] des Horazischen Pessimismus *(aetas
parentum, peior avis, tulit nos nequiores, mox daturos progeniem
vitiosiorem)* und dem Optimismus eines Seneca *(sanabilibus aegrotamus
malis nosque in rectum genitos natura, si sanari velimus, adiuvat:*
lautet dessen „heroisches“ Bekenntnis) oder Rousseau (Lehre vom
Naturstand, von „der natürlichen Gutartigkeit der menschlichen

---

1) Röm. 3, 23; 4, 15; 5. 20ᵃ; 7. 14—23; Gal. 3, 10; 4. 29. 3; 5, 19--21;
Joh. 5. 19ᵇ; 3, 4; 1, 8. 10; 2. 11.

2) Fricke, *de mente dogm. loci Ro.* 5. 12 ff. (1880); Adam und Christus
in Röm. 5 in Jahrb. für bibl. Wiss. II, 166 ff.; Rothe's neuer Versuch einer
Auslegg. von Röm. 5. 12—21 (Wittenberg 1836); Dietzsch. Adam u. Christus
S. 68 ff.; Ritschl, Rechtfert. und Versöhng. III, 301 ff.

3) Reinhard, Dogmatik (1806) S. 288 ff.; Töllner. theol. Untersuchungen
I. 2, S. 56 ff.; Schott, *opusc.* I, 313 ff.; Storr. Bemerkungen zu Kant's Philosophie (1794) 7 ff.

4) Relig. innerhalb d. Grenzen d. Vernunft 3 ff. 27 ff.

Natur," von deren anerschaffener und unverwüstlicher Güte) liege
die Wahrheit in der Mitte. Die sachliche Inkorrektheit des dis-
junctiven Satzes: „Der Mensch ist entweder gut oder böse" erhelle
aus dem im Menschen vorhandenen Dualismus; es widerstrebe dem
Menschen als Noumenon der Mensch als Phänomenon, dem idealen
der empirische. Wohl sei eine ursprüngliche, d. h. zur Möglichkeit der menschlichen Natur gehörige Anlage zum (zunächst negativen)
Guten vorhanden, da die (vernunftlose, animalische) Lebendigkeit,
die (rein menschliche) Vernünftigkeit, die (für das moralische Vernunftgesetz als absolute Triebfeder der Willkür empfängliche) Persönlichkeit nicht blos physisch gut, sondern auch Anlagen zum moralisch
Guten seien (Rel. innh. d. Grz. 15 ff.; vgl. 8. 46. 49). Aber die Erfahrung lehre, dass ein rätselhafter Hang zum Bösen in der
menschlichen Natur vorhanden sei, der den Menschen als von
Natur, d. h. in seiner Gattung böse erscheinen lasse. Hang sei
indes nicht identisch mit Anlage (objectiv); er sei subjective
Willkür, eine durch freie Entscheidung zugezogene Notwendigkeit
der Willensbethätigung; er sei also nicht physisch, sondern moralisch; als *peccatum originarium* sei er zugleich der formale Grund
jeder gesetzwidrigen That, des Lasters oder des *peccatum derivati-*
vum, sofern der Hang selbst kein *factum phaenomenon*, keine sensible,
empirische, sondern eine „intelligible", d. h. nur durch Vernunft-
schluss, ohne alle Zeitbedingung erkennbare That sei (a. a. O. 20 f.
24 ff.). Ein moralisch Böses sei dieser Hang also (24 f. 27. 35.
46. 68 f.) und zwar ein radikales, da es den Grund aller Maximen
verderbe (35), angeboren sei es und doch wurzle es in der
freien Willkür dessen, der es selbst sich zugezogen (27. 35).
Sein Grund sei kein materialer (d. h. er wurzle weder in der Sinnlichkeit,[1] noch in einer Verderbnis der moralisch gesetzgebenden
Vernunft, welche die Persönlichkeit zu einem teuflischen Wesen
umgestalten würde), sondern ein formaler: er bestehe in der
Unterordnung der rein moralischen Triebfeder (des Vernunftgesetzes)
unter die sinnlichen Triebfedern (Neigungen aus dem subjectiven
Principe der Selbstliebe). Daher sei die Bösartigkeit der mensch-

---

1) So neuerdings besonders Rothe; vgl. theol. Ethik (2. Aufl.) III, 1 ff.
11 f. 41 ff. 46 ff. 56; dagegen besonders Jul. Müller, die christliche Lehre
von der Sünde im 1. Theil; vgl. Martensen, christl. Ethik I. 128 —141.
Ebrard, Apologetik I, 224 ff. 257 ff. 268 ff.

lichen Natur nicht Bosheit als die Gesinnung, das Böse als
Böses zur Triebfeder in die Maxime aufzunehmen, sondern Ver-
kehrtheit des Herzens („das böse Herz"), die aus der Gebrechlichkeit der menschlichen Natur und deren Unlauterkeit (Ver-
mischung der Legalität und Moralität) entspringe (31—36; 21—24).
Demgemäss sei auch eine doppelte Schuld zu unterscheiden: eine
vorsätzliche *(culpa)* und eine unvorsätzliche *(dolus)*; jene stamme
aus der natürlichen Gebrechlichkeit und Unlauterkeit, letztere sei
der Selbstbetrug des Herzens über die sittliche Qualität seiner Gesinnungen. — Diese gesamte Schuld *(reatus)* sei insofern angeboren, als sie beim frühesten Gebrauche der Freiheit schon sich
äussere als Folge des intelligibeln Freiheitsgebrauches (36 f.). Doch
dürfe sie weder als Erbkrankheit (medicinisch-physisch), noch als
Erbschuld (juristisch, ohne Berücksichtigung der moralischen Persönlichkeit), noch als Erbsünde (theologisch, ohne Unterscheidung des
individuellen, mehr physischen und des persönlichen, ethischen
Konnexes mit dem Stammvater des Geschlechts) angesehen werden
(40 ff.). Ueberhaupt sei ein Zeitursprung[1] des Bösen deshalb nicht
aufzusuchen und noch weniger aufzufinden, weil eine freie Handlung
nur durch Vernunftvorstellungen erreicht werde, die nichts mit dem
Zufälligen und mit dem Geschehenen, sondern nur mit dem Dasein
und der Notwendigkeit sich zu schaffen machten (40. 43 ff.). Was
aber die Frage nach dem Vernunftursprunge des Bösen anlange,
so bleibe derselbe ein unlösbares Rätsel. Die Schrifterzählung
(Genesis 3) schildere den Ursprung des (menschlichen) Bösen so,

---

1) Das Verhältnis des Zeit- und des Freiheitbegriffes wird erörtert
Krit d pract. Vernunft 170 ff. 180 ff. „Die Causalität nach dem Gesetze
der Naturnotwendigkeit ist bloss der Erscheinung, die Freiheit aber demselben Wesen als Dinge an sich beizulegen"; sonst werde die transscendentale Freiheit ein „nichtiger, unmöglicher" Begriff; Leugnung der Idealität der Zeit treibe dem Spinozismus entgegen   Zur Kritik der
der Kant'schen „Apriorität" und der „Idealität" der Zeit vgl.
Herbart, Psychol. V, 309 ff. 505. 507. 509 ff.; VI, 239. 265. 283 ff. 292 ff.
358 f. 451; Ueberweg, Logik (3. Aufl.) 44 f. 178 f. 78 91; Harms, Philos.
seit Kant (1876) 248 ff.; Briese, Erkenntnislehre d Aristot. und Kant's
50 ff. (Berlin 1877); Paulsen, Entwickelungsgeschichte der Kant'schen Erkenntnistheorie 190 ff. (1875); Wundt. Logik I. (Erkenntnislehre) 437 ff.;
Ebrard. Apologetik 1, 30. 33. 49 f.; Volkelt, Kant's Erkenntnistheorie nach
ihren Grundprincipien analysiert (1879); Leclair, Krit Beiträge zur Kate-
gorienlehre Kant's (Prag 1877.

dass der Zeit nach als Erstes erscheine, was der Sache nach (ohne
Rücksicht auf die Zeitbedingung) das Erste sein müsste; nicht der
Hang sei in Gen. 3 das Erste, sondern die sündige That. Die
Schrift thue auch recht daran, denn sie wolle nur bildlich das zufällige, geschichtliche Dasein der Sünde unserer Schwäche gemäss
vorstellig machen (43—46. 65. 72. 113). „Aber wir dürfen von
einer moralischen Beschaffenheit, die uns soll zugerechnet
werden, keinen Zeitursprung suchen, so unvermeidlich dieser auch
ist, wenn wir ihr zufälliges Dasein erklären wollen.“ — Diese
Zurechnung ist eine äusserst schwerwiegende. Denn Schuld und
Strafe sind beide unendlich. „Das sittlich Böse führt nicht
sowohl wegen der Unendlichkeit des höchsten [1] Gesetzgebers, sondern
als ein Böses in der Gesinnung und den Maximen überhaupt [2] eine
Unendlichkeit von Verletzungen des Gesetzes, mithin der Schuld bei
sich; sonach würde jeder Mensch sich einer unendlichen Strafe und
der Verstossung aus dem Reiche Gottes zu gewärtigen haben“
(95. 37. 42. 46 ff. 78). Ferner: unendlich ist auch der Abstand
zwischen dem Guten, das wir in uns realisieren sollen, und dem
Bösen, von dem wir ausgingen; „in keiner Zeit ist die Angemessen-
heit des Lebenswandels zur Heiligkeit des Gesetzes erreichbar“
(84 f. 60. 72. 69). Daraus folgt: dass auch der Beste in seiner
Lebensführung es wohl zu „glänzenden Armseligkeiten“, [3] jedoch
nimmer zur Personification der Idee des guten Principes bringen
kann. (69 ff. 73 ff. 85).

Die ausschliessliche Betonung des menschlichen Ich, der indivi-
duellen Persönlichkeit als eines Atomes, als eines Exemplares der
Gattung gestattet Kant nur eine psychologische Analyse des
Bösen zu geben und verschliesst ihm sowohl den Blick auf den

1) So Anselm in *cur deus homo* II, 16 f.; I, 21; conf. Hasse, Anselm
v. Canterbury II, 229 ff.; Kahnis, Dogm. (1. Aufl.) II, 248; Dorner, Person
Christi II, 243 f.
2) Vgl. Jacob. 2. 10; 3, 2; Luc. 17, 10; 18, 13. 16; Matth. 5,18 f.; 6, 17 f.;
Röm. 13. 23.
3) Zwar findet Kant Augustin's bekanntes Wort, dass die heidnischen
Tugenden nur glänzende Laster seien, zu hart; aber thatsächlich kommt
er ihm sehr nahe, wenn er a. a. O. 24 meint: „was nicht aus diesem
Glauben (d. h. an den Geist und die Kraft des moralischen Gesetzes) geschieht, das ist Sünde“; ähnlich folgerte auch Augustin aus Röm. 13, 23.

metaphysischen Hintergrund des Bösen als die Beziehung auf
das Geschlecht der Menschen. Jenen will Kant vermeiden: aber
die Frage nach dem Ursprunge des Bösen drängt sich gerade
ihm um so nachdrücklicher auf, als er statt des Zeitursprunges den
Vernunftsursprung nachzuweisen empfiehlt; er flüchtet zur Unerklär-
barkeit desselben und heisst bei der angeblichen Thatsache der
intelligibeln That Beruhigung fassen. Doch diese vermag er nicht
als Thatsache der Erfahrung zu erweisen; er folgert sie, indem er
den psychologischen Nachweis plötzlich verlässt, aus dem Dasein
des Bösen und der von ihm behaupteten Notwendigkeit, den jetzigen
sittlichen Zustand des Ich einzig und allein aus dessen eigener
früherer Willensentscheidung abzuleiten. Nicht in der Zeit, nicht
in dieser sensibelen Welt lassen sich die Quellen des Bösen ent-
decken; also sind sie vor der Zeit, ausserhalb der Empirie des Menschen in einer intelligibeln Welt zu substituieren. Aus dem Ich aber
müssen sie entspringen: sonst wäre die sittliche Zurechnung weder
der geheimnisvollen Urthat, noch ihrer offenbaren Folgen möglich. —
Aehnliche Schlüsse finden sich vor Kant bei Origenes, nach Kant
bei Steffens, Schelling, Julius Müller, Schopenhauer.[1] Wohl ist des
Menschen Schuldbewusstsein der unumstössliche Beweis für seine
Willensfreiheit und die absolute Geltung des Sittengesetzes: aber
der Rückschluss auf eine Präexistenz der Seelen erscheint höchst
misslich (nicht sowohl wegen der kleinen Zahl seiner Vertreter, als
vor allem) wegen der Unmöglichkeit, von dem also behaupteten Ausser-
einander der als selbständige, zusammenhangslose Atome gedachten
Individuen auf den Organismus der Menschheit zu kommen, dem
doch auch Kant durch das Postulat des Reiches Gottes (einer
Verbindung der Menschen durch Tugendgesetze) zustrebt. Kant
macht seinen Schluss auf Grund der von ihm nicht bewiesenen Annahme, dass es richtig sei, den Menschen als Individuum ohne

---

1) Wie J. Müller auch Secrétan, *la philosophie de la liberté* (Paris 1872).
Zur Kritik vgl. Rothe, Theol. Ethik, III. 52 f.; Schmidt, Ueber die Frei-
heit des menschlichen Willens in Stud. und Krit. 1873, 4. Heft, 620. 625 ff.
630 f.; Paul, Kant's Lehre vom radicalen Bösen (1875); Schultheiss, Kant's
Lehre vom radicalen Bösen (1873, S. 29 ff. und 61 f.); Ritschl, Rechtf. und
Versöhnung III, 40 f. 287. 306 f. 321. 332 f.; Ebrard, Apologetik I, 246;
Martensen, Dogmatik 152 f.; Christl. Ethik I, 153 f. 159. 167 f. — Auch
Baur, Christentum der drei ersten Jahrh. 251 f.; Dorner, Christi Person
II, 1254; Kahnis, Dogm. II, 58. 74; Tzschirner, Fall des Heidentums 582 f.

weiteres für den Menschen überhaupt zu nehmen.[1] Und was
den Gedanken der Gemeinschaft, des Organismus, des Reiches betrifft, so erscheint derselbe weder in der Entwickelung noch als
Zielpunkt des Systemes deutlich und lebenskräftig: es ist ihm Alles
daran gelegen, „das Reich Gottes in uns“ zu realisieren, aber losgelöst von dem Gotte, der es allein constituieren kann und der
doch nach Kant nur als regulative Idee gelten soll; eine Welt im
Kleinen bildet so der Mensch, die ausschliesslich auf sich selbst
beruht und ohne lebensvolle Beziehung erscheint auf geistige und
sittliche Mächte über uns und neben uns. Diesem Mikrokosmos
fehlt das Einheitsband, das ihn sachlich und persönlich an ein
fremdes Leben, als den Grund seines eigenen Lebens (Gott) und
als das Ziel seiner Lebensbethätigung (Andre) knüpfte. Der formale
kategorische Imperativ ersetzt nicht den Mangel dieser zweifachen
persönlichen Gemeinschaft: er isoliert nur den Menschen in seiner
Sphäre; zwar normiert er durch das strenge Pflichtgebot seinen
Willen, aber dies bringt weder die Tugend, d. h. die Kraft Gutes
zu thun, noch lässt es den vom Einzelnen erstrebten Vollkommen-
heitszustand auf Andere sich übertragen. Es ist nicht zufällig, dass
bei Kant und Fichte nicht sowohl die Tugend- als die Pflichtenlehre[2] zur Geltung kommt: ohne sachliches ethisches Princip bleibt

---

1) Relig. innerhalb d. Grenzen d. Vernunft 15 ff. wird der versprochene
Nachweis dieser Identität nur in Thesen gegeben. In Kritik der pract.
Vernunft 155 f. heisst es: „Das moralische Gesetz ist heilig. Der Mensch
ist zwar unheilig genug, aber die Menschheit in seiner Person muss ihm
heilig sein. Er ist wie jedes vernünftige Wesen Zweck an sich selbst.“
Doch wo findet sich bei Kant eine „reale Bezeichnung der Totalität
menschlicher Maximen?“ — Vgl. Schleiermacher, Krit. d. bisherigen Sittenlehre 136 ff.: „Die wesentlichste unter den Bedingungen, auf welchen am
Ende die ganze Ethik beruht, ist gerade die, welche (von Kant und Fichte)
nicht als notwendig, sondern nur als blosse Möglichkeit abgeleitet werden
konnte, nämlich die Mehrheit der Individuen. Merkwürdig und wahrhaft
magisch, nichts weniger aber als allmählich und regelmässig ist die Art,
wie die als notwendig geforderte einmalige Aufforderung des Ich sich verwandelt in die Gemeinheit der Vernunftwesen.“
2) Vgl. Kant, Krit. der pract. Vernunft 143—154; Martensen, Christl.
Ethik I, 3. 447; Schleiermacher, Krit. aller bisherigen Sittenlehre 215 ff.:
„Kant hat seine Darstellung zur Ungebühr Tugendlehre genannt, da alles
Reale darin nur Pflichtbegriffe sind und er von der Tugend nur den Gegensatz, nämlich das Laster hat gebrauchen können“ (217). „Kant sagt —
mit einer Verwirrung, in der jede Spur eines dialektischen Verstandes

sie bei Einzelheiten stehen, ähnlich wie die antiken Ethiker wohl die *officia* (pluralisch), noch nicht aber die *virtus* als einheitliches Princip[1] jener zu beschreiben vermochten. Und nicht zufällig ist es, dass dem Kant'schen Pflichtgebote jede Rücksichtnahme auf die individuellen Momente der Pflicht, auf die Verschiedenheit der Personen und Verhältnisse abgeht; streng und ernst, aber auch eintönig und starr formalistisch wendet es sich an den Menschen als an ein abstractes Vernunftwesen und fordert von ihm, dass er in abstractem, nahezu herzlosem Gehorsam sich beuge unter die Allgemeingültigkeit des Vernunftgesetzes.[2]

Kant betont es öfters und er ist stolz darauf, dass nur die rein formellen Begriffsbestimmungen für ihn Bedeutung haben.[3] Das Vernunftgesetz ist ihm blosser kategorischer Imperativ, der freie Wille ist Willkür ohne jeden materialen Gehalt, das Böse ist nicht in der Beschaffenheit der Triebfedern, sondern in der Subordination der einen unter die anderen, bezüglich in der Umkehrung derselben zu suchen. Diesen abstracten, rein formalen Definitionen ist der adäquate Inhalt von anderer Seite her zu geben und auch Kant hat ihn sich vielfach erschlichen trotz seiner Verwahrung gegen alle materialen Bestimmungsgründe. Er ist genötigt, die Liebe als höchstes Gesetz, den Egoismus als den Kernpunkt des radicalen Bösen und als das Motiv der empirischen Willkür gelten zu lassen.[4]

---

schwindet — es sei zwar nur Eine Tugend, aber man könne mehrere Tugenden unterscheiden nach Massgabe der Zwecke, welche die Vernunft vorschreibt; denn soviel fehlt, dass jedem Zwecke eine andere und eigene Gesinnung müsste untergelegt werden, dass vielmehr nur durch die Mehrheit der Zwecke, indem vielem Aeusseren Ein Inneres als zum Grund liegend sich offenbart, die Gesinnung kann erkannt werden" (328).

1) Vgl. Röm. 1, 21—24 mit 1 Joh. 4, 16; Röm. 5, 5; 1 Cor. 12, 4. 31; 13, 13; Röm. 13, 10.

2) Vgl. Martensen a. a. O. I, 501 f. 283. 451. 484. — Ganz anders 3 Mos. 19, 2; Joh. 15, 6. 15 f.; 1 Cor. 4, 2; 2 Cor. 12, 9; Galat. 2, 20.

3) Krit. d. pract. Vernunft 14. 55. 67 ff. 144 ff. 130—158. Relig. innerhalb d. Grenzen d. Vernunft 34.

4) Kritik der pract. Vernunft 147 f. 131 f. Es ist freilich nur ein schwaches Echo des Paulinischen ἡ ἀγάπη οὐ ζητεῖ τὰ ἑαυτῆς (1 Cor. 13, 5) und des Johanneischen ὁ μένων ἐν τῇ ἀγάπῃ ἐν τῷ θεῷ μένει — ἡμεῖς ἀγαπῶμεν αὐτόν, ὅτι αὐτὸς πρῶτος ἠγάπησεν ἡμᾶς — ὁ ἀγαπῶν τὸν θεὸν ἀγαπᾷ καὶ τὸν ἀδελφὸν αὐτοῦ (1 Joh. 4, 9. 10. 16—21; Joh. 13, 14 f.; 1 Cor. 12, 25. 26; 7, 11; Röm. 12, 14—21; 13, 10), wenn Kant die „practische" Liebe darauf reduciert, dass „Gott lieben heisse seine Gebote gerne thun,

Und doch sucht er immer den Schein zu bannen, als ob auch sein Begriff der „Form" sich im Stillen dem inhaltvollen Formbegriff des Aristoteles oder der Scholastiker accommodiert habe (εἶδος, *forma*). Statt des inhaltvollen εἶδος (vgl. die alte scholastische Auffassung der *fides formata* im Sinne von 1. Cor. 13, 8; 13, 1 ff.; Galat 5, 6b) betont er ausschliesslich die logische Formel des kategorischen Imperatives, die — nur Abstraction von dem concreten Gedanken in 5. Mos. 6, 4. Matth. 22, 38 ff. — starr, leblos, kraftlos bleibt für den Willen, da sie schon dem Verständnis der Meisten sich schwer erschliesst.[1] Auch die oberste Formel, den Naturtrieb mit den Forderungen des reinen Vernunftgesetzes in Uebereinstimmung zu bringen und die Objecte nach ihren Zwecken zu behandeln, findet bei der abstracten isolierten Fassung des Ich und der Persönlichkeit keine rechte Uebersetzung in reale Gebote; der eherne Begriff der Pflicht und der in seiner Isolierung gefasste, immer nur auf sich selbst bezogene, Begriff der Persönlichkeit verdrängen das moralische Gefühl, die Energie der Liebe und Alles, was Kant als „pathologisch" glaubt zur „Religionsschwärmerei" rechnen zu müssen.

Das Betonen des I c h als des i n F r e i h e i t h a n d e l n d e n sittlichen Subjectes, dem das S i t t e n g e s e t z e i n g e b o r e n sei, veranlasst Kant das moralische Gewicht des Bösen und der Schuld s e h r h o c h anzuschlagen.[2] Die vielfachen Anklänge an Röm. 7, 14—23

---

und den Nächsten lieben, alle Pflicht gegen ihn gerne ausüben". Auch die biblische ἀγάπη ist durchaus ethisch und lebendig und belebend, nicht „pathologisch": sie ist εἶναι ` : μένειν ἐν τῷ θεῷ. — Ebenso ist es eine Abschwächung des biblischen Sündenbegriffes (vgl. Genes. 3, 1—12; Röm. 7, 7 ff.; 1 Joh. 5, 17 f.; 3, 4; 2, 15—17; Jac. 4, 4; Phil. 2, 21; Röm. 1, 32; 4, 15), wenn ihn Kant durch „Selbstliebe" und „Eigendünkel" umschreibt.

1) Das Grundgesetz der reinen practischen Vernunft lautet: „Handle so, dass die (subjective) Maxime deines Willens jederzeit zugleich als (objectives) Princip einer allgemeinen Gesetzgebung gelten könne." Im Grunde ist diese Abstraction verwandt mit dem konkreten Gedanken Luc. 6, 31, Matth. 7, 12; freilich fehlt die Seele und die Prämisse der Nächstenliebe, die Gottesliebe 1 Joh. 4, 16—21.

2) Dass Kant ausser in der Schrift „über den mutmasslichen Anfang der Menschengeschichte" das Böse im Sinne von Schiller (Bd. 10, 381 f.), dem Kant (Relig. innerh. d. Grenzen d. Vernunft 10 f.) gelegentlich das Zeugnis ausstellt, dass er mit ihm „in den wichtigsten Principien einig" sei, oder im Sinne von Hegel (z. B. Philos. d. Gesch. 333 ff. 412) als eine N o t w e n d i g k e i t für die innere Entwickelung des Menschenwesens und der Menschheitsgeschichte aufgestellt habe, ist weder aus Kant's Lehre von

2*

haben in erster Linie Kant als „Vater des Pessismismus" erscheinen
lassen,[1] und dieser Pessimismus gegenüber dem, was der Mensch
sittlich ist und kann, bleibt einer der edelsten Züge in Kant's practischer Philosophie, verwandt mit der Predigt eines Elias und der
des Johannes des Täufers. — Nur fragt es sich, ob Kant von seiner
philosophischen Prämisse, von der Hypothese der vorzeitlichen intelligibeln That aus berechtigt war, das ernste Urteil der Schrift über
des Menschen Sünde und Schuld zu adoptieren?   Denn entweder
hat jene in ihren Motiven doch rätselhafte That, jener Akt der
Willkür, welcher sich vor der Zeit, ausserhalb der sensibeln Welt,
ausserhalb unserer Erinnerung und Erfahrung vollzog, den gegenwärtigen sittlichen Zustand des Menschen prädestiniert, so dass
(im Sinne Schopenhauer's) das Leben in der Zeit nur als die Konsequenz erscheint eines blinden, verworrenen Willensaktes, den
das zeitlose Ich ohne Bewusstsein und sittliche Zurechnungsfähig-
keit vollzog: und dann droht Kant derselbe Einwurf, den Augustins
mehr physisch als ethisch begründete Erbsündenlehre[2] erfuhr; jene
eine unselige That lässt sich schwerlich als Quelle unserer empirischen Schuld betrachten.   Oder jene Urentscheidung hat als
persönliche, bewusste That unseres Willens zu gelten, so dass
unser intelligibler Charakter und unsere intelligible That nur der
Typus, das übersinnliche Schema wäre für unseren empirischen
Charakter und unseren empirischen Hang zum Negieren des Vernunftgesetzes: dann aber wäre des Menschen Sünde diabolischer Abfall vom Heiligen und satanische Bosheit (was Kant entschieden
in Abrede stellt). — Den Mittelweg, der die beiden eben genannten
Extreme glücklich vermeidet, hat Kant sich verschlossen, indem er
mit der Schrifterzählung Genes. 3, 1—12 (vgl. Röm. 7, 7—12)

---

dem vorzeitlichen Falle noch aus der, allerdings häufigen, Abschwächung
des Schuldbegriffs zu schliessen.   Für Kant ist das Böse in der Krit. d.
pract. Vernunft und in Relig. innerh. d. Grenzen d. Vernunft überall Ab-
normität.   (Die geflissentliche Art. mit der sich Kant bei Aufstellung
seines Zeit- und Raumbegriffes gegen den Spinozismus verwahrt, ist eines
der vielen Momente, die Kant vor dem Verdachte schützen, er habe in
ethischen Fragen bewusst sich dem Pantheismus zugewendet).
    1) Eduard v. Hartmann in Philos. d. Unbewussten 646 und in „Unsre
Zeit" 1880 (Heft 2 u. 3).
    2) Aus: *manifestum est in Adam omnes peccasse quasi in massa (ep.
ad Röm. 5)* folgerte er: *infans perditione punitur, quia pertinet ad massam
perditionis (de pecc. orig. 36).*

zugleich die Schriftgedanken über die Genesis der menschlichen Sünde ablehnte. Die Schrift lässt den Menschen erstens nicht von selbst sich lossagen von Gottes Gesetz in rebellischem Trotze; sie lässt ihn vielmehr verführt werden und zwar durch Lug und Trug eines dämonischen Wesens (Röm. 7, 11; Gen. 3, 1—4); dem Verführten aber steht die Rückkehr eher offen als dem Empörer, subjectiv im eigenen Gefühle und Willen wie objectiv im Verhalten Gottes gegen ihn. Zweitens deutet die Schrift in den drei Versuchungen auf Stadien des Falles hin, der aus geringfügigen Anfängen heraus zur vollen Grösse erst allmählich sich entwickelt.[1] Kant's jähe „intelligible" That bleibt ein moralisches und psychologisches Rätsel, während die Schrift uns erläutert, nicht nur dass Böses gethan ward, sondern auch wie das Mysterium des Bösen aus einer uns verborgenen Welt und ohne Gefährdung der Heiligkeit des Schöpfers hereintrat in die Menschheit[2] und diese in schwere, doch in sühnbare und verzeihliche Schuld stürzte. Der Kant'schen intelligiblen That scheint nur die schwerste Schuldanrechnung zu entsprechen; jene Urthat scheint Todsünde, vollendete Bosheit zu sein, da sie aus der Freiheit des Ich heraus

---

1) Vgl. mit Genes. 3, 1ᵇ. 4. 5: Matth. 4, 3—9; 1 Joh. 2, 16. — Die spöttische, das Gebot entstellende und seinen Inhalt in's Gegenteil verkehrende Frage (Genes. 3, 1) weckt den Zweifel am Buchstaben des Gesetzes (Röm. 7, 8ᵃ ἀφορμὴν δὲ λαβοῦσα ἡ ἁμαρτία διὰ τῆς ἐντολῆς κατειργάσατο ἐν ἐμοὶ πᾶσαν ἐπιθυμίαν); die kecke Lüge der Versucherin (vgl. mit Genes. 3, 4 auch Joh. 8, 44) lässt irre werden an der Strenge des Gesetzes und an der Wahrhaftigkeit des Gesetzgebers; die arglistige, zweideutige Perspective auf den Neid der selbstischen Gottheit und die mögliche Gottgleichheit des sich emancipierenden Menschen (Röm. 7, 11: ἐξηπάτησέ με) entfesselt den zweifachen Egoismus der Sinnlichkeit (Genuss der verbotenen Frucht) und der geistigen Hoffart (Ungehorsam).

2) Nicht den Ursprung des Bösen in der Welt (dieser ist und bleibt für uns Mysterium. vgl. auch Matth. 13, 25), sondern seine Uebertragung in das Herz des Menschen schildert Genes. 3 und Röm. 7, ethisch wie psychologisch analysierend. — Kant ist im Rechte, wenn er dagegen protestiert, dass das metaphysische Problem vom Ursprunge (und von der Möglichkeit) des Bösen überhaupt durch die Berufung auf den Satan gelöst werde. Denn bei Satans Fall kehrt ja die Frage wieder: wie konnte ein von Gott geschaffener, also der göttlichen Natur teilhafter Geist fallen? Aber indem Kant alle Objectivität des Bösen vor und ausser dem Menschen ignoriert, stellt er diesen nicht sowohl an die Stelle des biblischen Adam, als an die des Satan, welcher einstmals fiel:

(ohne das Zwischenglied der Bethörung und Verführung) sich vollzog. Allein der energischen Prämisse (intelligible That) fehlt die
entsprechende Konsequenz (volle Wertung oder Leugnung der
Schuld); Kant's Ethik schwankt zwischen den beiden angegebenen
Extremen; sie kennt wohl Röm. 7, 14—23, aber ohne zu Röm. 7, 24,
geschweige zu Röm. 8 sich führen zu lassen.

Zum Teil lässt sich diese Halbheit schon hier daraus erklären,
dass die ausschliessliche Betonung des Formalen das materiale
Gewicht sowohl der That als der Schuld nicht zu klarem Bewusstsein kommen lässt. Hätte Kant z. B. den Willen nicht bloss als
purus actus oder Willkür, hätte er das Ich in seiner materialen
Bezogenheit zu einem (dieses Ich im innersten Wesen erst konsti-
tuierenden und regulierenden) Du (über sich: Gott, um sich: die
Nächsten), nicht bloss negativ in seiner Gelöstheit von der Natur
und in seinem Verhältnisse zum abstracten Gesetze gefasst: so würde
er nicht so leicht, getragen von der Amphibolie seiner rein formalen Terminologie, sich die Brücke geschlagen haben über so manches
Entweder — Oder, zu dem ihm die schroffe, rücksichtslose Sprache
des nach sachlichem Principe nur urteilenden Gewissens heran-
drängte. Den Willen, der erfahrungsmässig durch wiederholte Thaten
aufhörte *purus actus* zu sein in dem Sinne, dass er — sittlich
neutral — sich nach beiden Seiten hinwenden könnte, würde dann
auch Kant nicht durch die blosse Stimme des kategorischen Imperatives als zur neuen Revolution (zur Unterordnung unter das Vernunftgesetz) befähigt darstellen; er würde zu der Paulinischen und
Augustinischen Folgerung genötigt worden sein, dass die ursprüngliche eine That als universale Macht des Bösen fortwirkt und die
ganze Persönlichkeit des Menschen gefesselt hält. Dieser Folgerung
wird Kant nur scheinbar gerecht. Er teilt den Menschen in ein
Noumenon und ein Phänomenon: in jenem lässt er die Idee des
Guten, in diesem die Sinnlichkeit und Sündigkeit herrschen. Wo
aber ist nun das Einheitsband zu suchen, wodurch dieser abstracte
Dualismus überwunden und zu einer lebensvollen Gestalt zusammengefasst werden kann? Die *membra disiecta* sind ohne „das geistige

---

er vermengt die psychologisch-ethische Frage, auf welche die
Schrift allein eingeht, mit der metaphysischen, welche die Schrift
kaum streift („Schlange" in Genes. 3 und „Sünde" in Röm. 7 sind keineswegs ohne weiteres zu deuten als der „Satan" in seiner herkömmlichen
Begriffsbestimmung).

Band;" beim „Erkennen und Beschreiben des Lebendigen" ist „der Geist herausgetrieben" worden. Wenn Kant das I c h als rein logischen, formellen Mittelpunkt einschiebt und dieses Ich als nahezu identisch mit der W i l l k ü r definiert: so fehlt diesem Ich nicht nur die sittliche Qualität, sondern auch jede sittliche Energie.[1] Es bleibt also ein unvermittelter Dualismus bestehen (Kant hat ihn in seinen beiden ersten Kritiken offen ausgesprochen, in der dritten[2] hat er nicht ihn selbst, sondern nur seinen Schein beseitigt) im physischen Sein wie im sittlichen Thun des Menschen. N e b e n einander hausen das gute und das böse Princip in einer keines-

---

1) Ganz anders bestimmt Paulus in Röm. 7, 14—23 das ἐγώ des Menschen: dem ἔσω ἄνθρωπος eignet im νοῦς Auge und Ohr für den νόμος θεοῦ (v. 22 f.), er σύνεργον und συνήδεται τῷ νόμῳ (v. 16. 22) und θέλει ποιεῖν τὸ καλόν (v. 21); aber er ist πεπραμένος ὑπὸ τὴν ἁμαρτίαν, machtlos der σάρξ gegenüber (v. 14) und er unterliegt im Kampfe gegen die ἁμαρτία, welche in den Gliedern ihren S i t z hat und die Sinnlichkeit als ihr O r g a n im Kampfe gegen das πνευματικόν im Menschen benutzt. Also d a s w a h r e I c h des Menschen ist g o t t v e r w a n d t, und auch im Stande der sittlichen Knechtschaft ist es n i e o h n e d e n Z u g d e s G e i s t e s z u m V a t e r (Röm. 8, 23 f.): es ist s a c h l i c h von Gott bestimmt. Der Selbstwiderspruch (Röm. 7, 15 ff.) löst sich dadurch, dass nicht das Ich, sondern eine f r e m d e Macht, die Sünde, im Menschen das Hausrecht und die Herrschaft ausübt (7, 20 f.). Der Mensch ist beim Sündigen n i c h t i n e r s t e r L i n i e a c t i v; er l e i d e t (7, 24. 21. 23. 15. 17) in seinem sittlichen Gefühl und er l e i d e t G e w a l t durch die fleischliche, sinnliche, gegen den Geist entfesselte Begierde. Das zweite Ich, die andere Seele im Menschen, d. h. das niedere Ich ist die o b j e c t i v e, dem Menschenwesen f r e m d e u n d f e i n d l i c h e, wenn auch auf Zeit es beherrschende Sündenmacht. — Vgl. Weiss, Bibl. Theologie (3. Aufl.) 234 f.

2) In „Kritik der Urteilskraft" treten Mensch und Natur unter den teleologischen Gesichtspunkt; die Kluft zwischen dem Verstande, dem Vermögen der Begriffe, und der Vernunft, dem Vermögen der Ideen und Principien, überbrückt die ästhetische und teleologische Urteilskraft; während die theoretische Vernunft die Welt n u r n a c h Naturgesetzen, und die practische Vernunft die Welt n u r nach dem Gesetze der Freiheit, also als eine sittliche, zu erfassen vermag: schliesst die Urteilskraft die Welt der Erscheinungen nach ihrem U r s p r u n g e u n d Z w e c k e an ein übersinnliches Princip (Gott). Freilich kommt letzteres über die objective Möglichkeit nicht hinaus; der Zweckbegriff ist lediglich s u b - j e c t i v e r Art, d. h. unser discursiver Verstand legt ihn in die Natur hinein, um sie einheitlich zu erfassen; die Teleologie ist n u r r e g u l a - t i v e s, nicht constitutives Princip. Vgl. §§. 69. 71—78 der Kritik der Urteilskraft.

wegs motivierten Koordination, da doch im Gefolge der vom Menschen (als Noumenon) ausgeführten intelligibeln That das radicale
Böse sich geltend machen und das volle Menschenwesen depravieren
sollte.   Allein diese moralische Konsequenz zieht Kant nicht im
Ernste.   Leicht und unvermittelt, wie einst in rätselhafter That
sich der Uebergang vom Guten zum Bösen vollzog, soll sich umgekehrt auch wieder der Uebergang vom Bösen zum Guten vollziehen
können; der kategorische Imperativ soll genügen, um die Kluft
im sittlichen Sein des Menschen zu überbrücken (ebenso wie er die
logische im Systeme Kant's verdeckt).   Und doch ist jene erste
Entscheidung des Menschen um so schwerer und verhängnisvoller,
als bei diesem Akte des freien Willens weder die Annahme einer
Verführung noch eines intellektuellen Irrtumes (als Anfang des
ἁμαρτάνειν, d. h. des Verfehlens sowohl des göttlichen Willens, als
des eigenen Zweckes und Zieles) zulässig erscheint. — Ferner: der
einmal und plötzlich eingetretenen sittlichen Revolution (zum Guten)
soll angeblich ein stetiger Fortschritt folgen in der subjectiven
Heiligung, als wäre fortan der sittliche Dualismus nur ein macht-
loser Schatten und leerer Schein.   Schärfer sah Origenes, der auf
Grund der schwankenden, inkonsequenten Entscheidungen des freien
Willens eine Reihe von Welten, ein Auf- und Niederwogen im sittlichen Processe der Geister annahm;[1] ihm ergab sich aus dem Begriffe der formalen Freiheit ein steter Wechsel von Abfall und
Rückkehr, so aber ein unendlicher Kreislauf endlicher Welten.

2. Die menschliche Freiheit.

Der Freiheitsbegriff nimmt in Kant's System der practischen
Vernunft die erste Stelle ein, nach der äusseren Reihenfolge wie
nach der inneren Bedeutung und Wirkung der in Frage kommen-
den Begriffe.   Kant ist ein enthusiastischer Lobredner der Freiheit
im Menschen.   Die speculative Vernunft schon garantiert sie, weil
sie ihrer beim Kausalitätsbegriff bedarf; sie ist, entgegengesetzt dem
Naturmechanismus, durch das Sittengesetz in den Vernunftwesen
gefordert.   „Ihr Begriff macht, sofern seine Realität durch ein apo-
diktisches Gesetz der practischen Vernunft bewiesen ist, den Schlussstein vom ganzen Gebäude eines Systems der reinen, selbst der
speculativen Vernunft aus, und alle anderen Begriffe (die von

1) Vgl. Baur, das Christentum der drei ersten Jahrhunderte 251 f.

Gott und Unsterblichkeit), welche als blosse Ideen in dieser
ohne Haltung bleiben, schliessen sich nun an ihn an und be-
kommen mit ihm und durch ihn Bestand und objective Realität." „Freiheit ist aber auch die einzige unter allen Ideen der
speculativen Vernunft, wovon wir die Möglichkeit *a priori* wissen,
ohne sie doch einzusehen, weil sie die Bedingung des moralischen Gesetzes ist, welches wir wissen.[1] Freiheit und moralisches Gesetz sind Wechselbegriffe. Die Freiheit ist die *ratio
essendi* des moralischen Gesetzes und dieses ist die *ratio cognoscendi* der Freiheit; das moralische Gesetz ist vor der Freiheit,
doch es würde ohne sie in uns nicht anzutreffen sein.

Die von Kant aufgestellten Definitionen der Freiheit sind teils
negativer, teils positiver Art; nur formell verschieden ergänzen sie
sich sachlich. Die negativen lauten: a) Freiheit ist Unabhängigkeit von der Naturnotwendigkeit und den Zeitbedingungen
(Kritik d. pract. Vernunft 170 ff. 51. 155. 177); b) Freiheit ist Unabhängigkeit von Neigungen, wenigstens als bestimmenden
(Kritik d. pract. Vernunft 212 f.; Relig. innerhalb d. Grenzen d.
Vernunft 68 f.); c) Freiheit ist die Unabhängigkeit von aller Materie des Gesetzes, d. h. einem begehrten Objecte (Kritik d.
pract. Vernunft 58 f. 73). Die positiven Definitionen sind:
a) Freiheit ist die dynamische Kausalität, eine Vernunftidee,[2] die als solche nur im reinen, nicht im empirischen Bewusstsein vorstellbar, also intelligibel ist (Kritik d. pract. Vernunft 185 ff. 5 ff. 30 ff. 170 ff.); b) Freiheit ist daher das Dasein
der reinen Vernunft in der intelligibeln Welt (Kritik d.
pract. Vernunft 79 f.); c) Freiheit ist endlich und vornehmlich die
absolute Spontaneität, das Vermögen der absoluten Kausalität, das Vermögen des absoluten Anfangs einer Handlung
(Kritik d. pract. Vernunft 58 f. 84 f. 173 ff. 181 ff. Relig. innerhalb d. Grenzen d. Vernunft 59).

Alle diese Definitionen sind rein formalistischer Art,
die gegenüber der sittlichen Qualität freier Handlungen rein

---

1) Krit. d. pract. Vernunft 2 ff. 9 ff. 13. 115 ff. 118 ff.; Relig. innerhalb
d. Grenzen d. Vernunft 58 f.

2) Die moralischen Ideen definiert Kant als „Urbilder der practischen
Vollkommenheit, die zur unentbehrlichen Richtschnur des sittlichen Ver-
haltens wie zum Maassstabe der Vergleichung dienen" (Krit. d. pract. Vernunft 230).

negativ bleiben. Zugleich aber ergiebt sich aus der Fassung der
Freiheit als einer nur dem Noumenon des Menschen zukommen-
den Vernunftidee die bedeutsame Folgerung von der Ewigkeit
und Unverlierbarkeit derselben in der Zeit. Daher sagt Kant:
„Eine jede böse Handlung muss, wenn man den Vernunfturspprung
derselben sucht, so betrachtet werden, als ob der Mensch unmittelbar aus dem Stande der Unschuld in sie geraten wäre. Denn
wie auch sein voriges Verhalten gewesen sein mag, und welcherlei
auch die auf ihn einfliessenden Naturursachen sein mögen; so ist
seine Handlung doch frei und durch keine dieser Ursachen bestimmt, kann also und muss immer als ein ursprünglicher Gebrauch seiner Willkür beurteilt werden. — Durch keine Ursache
in der Welt kann er aufhören, ein frei handelndes Wesen zu sein. —
Wenn aber Jemand bis zu einer unmittelbar bevorstehenden freien
Handlung auch noch so böse gewesen wäre, bis zur Gewohnheit
als anderer Natur: so ist es nicht nur seine Pflicht gewesen,
besser zu sein, sondern es ist jetzt noch seine Pflicht, sich zu
bessern; er muss es also auch können." (Relig. innerhalb d. Grenzen d. Vernunft 42 f.) Kant's Freiheit steht also absolut ausser
jedem Kausalnexus in der Zeit.[1]

Mit Recht unterscheidet Kant von seiner dualistischen Auffassung des Menschen aus die sittliche Freiheit als transscendentale
oder metaphysische von der nur psychologischen oder empirischen.

---

1) Ueber die Fernhaltung des Zeitbegriffes, der nur auf die Phänomena und den mechanischen Causalnexus, nicht aber auf die Noumena
und deren Vernunftideen sich beziehe, vgl. Krit. d. pract. Vernunft 10.
174 f. 179 f. 182 ff. 200 f.; Relig. innerhalb d. Grenzen d. Vernunft 40. 43.
46. 58 f. 85 f. „Wären die Handlungen des Menschen, so wie sie zu
seinen Bestimmungen in der Zeit gehören, nicht blosse Bestimmungen
desselben als Erscheinung, sondern als Dinges an sich selbst: so würde
die Freiheit nicht zu retten sein. Der Mensch wäre Marionette oder ein
Automat." — „Das Selbstbewusstsein würde es zwar zu einem denkenden
Automate machen, in welchem aber das Bewusstsein seiner Spontaneität,
wenn sie für Freiheit gehalten wird, blosse Täuschung wäre, indem sie
nur komparativ so genannt zu werden verdient, weil die letzte und höchste
Ursache doch gänzlich in einer fremden Hand angetroffen wird. Daher
sehe ich nicht ab, wie die, welche noch immer dabei beharren, Zeit und
Raum für zum Dasein der Dinge an sich selbst gehörige Bestimmungen anzusehen, hier die Fatalität der Handlungen vermeiden

Moralität und die Freiheit im höheren Sinne sind ihm Wechselbegriffe; ob auch unser Verstand den Begriff und die Thatsache
dieser Freiheit nicht erreicht, so ist sie uns doch practisch, d. h.
sittlich gewiss, durch das Gewissen, seine kategorischen Forderungen und durch die Imputation unserer Handlungen. Die metaphysische Freiheit, als Unabhängigkeit von Naturgesetzen und
Neigungen, von äusserem und innerem Zwange, steht demnach als
arbitrium liberum hoch über dem *arbitrium brutum*: dort ist die
Wahl durch Vernunftursachen, hier nur pathologisch motiviert.[1]

Freilich ist die Ableitung dieser transscendentalen, dem
Menschen nur als Noumenon eignenden Freiheit rein logisch angesehen und nach Kant's eigenen Definitionen nicht über allem
Zweifel erhaben. Ist auch zuzugeben, dass das Dasein des Sittengesetzes als Imperativ, als ein Sollen den Zwiespalt constatiert,
der sich in uns findet zwischen der Idee und der empirischen
Wirklichkeit des Menschen (zwischen Noumenon und Phänomenon):
so ist doch Kant's Schluss von dem in uns sich findenden Bewusstsein vom Sittengesetze auf das Noumenon des Menschen und seine alleinige Freiheit kaum zulässig; jenes Bewusstsein ist ja doch ein empirisches, ist eine Erscheinung nur,
und von ihr aus ist auf das Ding an sich nicht zu schliessen.
Dadurch, dass uns die Freiheit als erfahrungsmässige Thatsache gewiss ist, wird Kant's Annahme von dem nur intelligibeln Charakter derselben erschüttert: die Freiheit ist thatsächlich mehr, als nur eine Idee, nach der wir unsere unter dem Gesetze der Notwendigkeit stehenden Handlungen beurteilen. Auch

---

wollen." — „Wenn man die Idealität der Zeit und des Raumes nicht an-
nimmt, so bleibt nur der Spinozismus übrig, in welchem Raum und
Zeit wesentliche Bestimmungen des Urwesens selbst sind, die von ihm
abhängigen Dinge aber (also auch wir selbst) nicht Substanzen, sondern
bloss ihm inhärierende Accidenzen sind." Vgl. Note 1 auf S. 14.

1) Zum Folgenden vgl. die Erörterungen über den Freiheitsbegriff bei
Rothe, Theol. Ethik I, 129—139. 223—229. 356—380; Luthardt, Lehre
vom freien Willen 4 ff. 124 ff. 438 ff.; Weisse, Philos. Dogmatik II, 269 ff.;
Jul. Müller, Lehre von der Sünde II. 36 ff. 107 ff. 245 ff. 255 ff.; Schelling,
Wesen der menschlichen Freiheit; Chalybäus in Wissenschaftslehre 308 ff.
und Philosophie und Christentum; Zeller, über die Freiheit des menschlichen Willens, das Böse und die moral. Weltordnung in Theol. Jahrbüch.
1846, Heft 3. 1847, Heft 2; Ulrici, in Herzog's Realencyklopädie VII, 341 ff.;
Schleiermacher, Krit. d. Sittenl. 131 ff. 148 ff. 185—196.

unsere empirischen, phänomenalen Handlungen sind nicht bloss
Folgen des äusseren Causalnexus, sie tragen mehr oder weniger
in sich ein Moment freier Selbstbestimmung und stellen das Resultat
dar des Konfliktes zwischen höheren und niederen Bestimmungs-
gründen. Es ist ein Wahn des am abstracten Dualismus der Menschennatur starr festhaltenden Kant, dass der Mensch inmitten der
empirischen Welt ausschliesslich bestimmt werde von der Natur: die
Kulturgeschichte ist die bündige Widerlegung dieses Wahnes; wie
die Natur den Menschen, so bestimmt des Menschen Wille auch die
Natur, und je länger, desto mehr offenbart sich die fortschreitende
Uebermacht des letzteren, den das Geschlecht und der Einzelne
zur Geltung bringt; Kant's Anschauung passt nur auf die Urzeit der
Völker, auf die erste Kindheit der Individuen, die als Phänomena
allerdings noch fast ausschliesslich im Banne der Natur stehen.[1] —

In anderer Beziehung noch erweist sich jener Schluss Kant's
als fraglich. Die Formel des kategorischen Imperativs, das moralische Gesetz bezeichnet Kant als die *ratio cognoscendi* der Freiheit: diese werde durch jenes vorausgesetzt. Allein die logische
Notwendigkeit, die ja zuzugeben ist, führt noch nicht auf die
Wirklichkeit, auf die objective Realität des zunächst nur als
Vernunftidee vorhandenen Freiheitsbegriffes. Bekanntlich hat Kant
gerade dieses Moment geltend gemacht bei seiner Widerlegung des
ontologischen Gottesbeweises. In unserem Falle gilt gegen Kant
seine Erklärung: dass einem Begriffe (z. B. Freiheit, Gott) keine einzige
seiner Eigenschaften abgehe, wenn ihm das Dasein fehle; und dass
ihm andererseits keineswegs die thatsächliche (nicht bloss logische,
subjective) Existenz zuzusprechen sei, falls ihm alle Eigenschaften
zukommen.

Abgesehen aber von dieser logischen Schwäche in der Ableitung der transscendentalen Freiheit erweist sich die letztere auch

---

1) Vgl. Ritschl, Rechtf. u. Vers III, 450 ff.; Ulrici, in Herzog's Encyklopädie VII, 342 f.; Schmidt, Studien u. Kritiken 1874, 4. Heft, 620—628.
648—656: „Die Anfänge der Hegemonie des Menschen über die äussere
materielle Natur und die erfolgreiche bis zur absoluten Negation sich
steigernde Reaction gegen seine leibliche Aussenseite genügen, um ausser
Frage zu stellen, dass der freie Wille eine Rolle in der Erscheinungs-,
in der sensibeln Welt spielt und einen unleugbar wirksamen Factor ihrer
Entwickelung bildet, und also Kant's und seiner Jünger Behauptung sich
als unrichtig erweist, dass innerhalb derselben nur die Notwendigkeit,
nur der Naturmechanismus herrsche.“

practisch als durchaus unzureichend und machtlos. Als transscendentale hat sie ausgesprochenermassen keine Bedeutung, keine
Wirkungsfähigkeit in dieser unserer empirischen Welt; aus ihr wird
sie in eine unserer Wahrnehmung unzugängliche andere, rein in-
telligibele Welt geflüchtet; dort entwirft die Vernunft wohl eine
ideale Ordnung der Dinge kraft ihrer Freiheit, aber sie ist nicht
im Stande, diese ideale Ordnung in eine reale umzusetzen; wohl
erwartet und fordert sie ihre Verwirklichung, aber sie über-
windet nicht den Widerspruch der sensibelen Welt. Es ist ein
leidiger Trost, wenn Kant lehrt: Freiheit und Naturnotwendigkeit
in einer und derselben Handlung müssten sich nicht geradezu
widersprechen, sie könnten beide gleichzeitig und harmonisch sich
geltend machen, obschon sie von verschiedenen Causalitäten ausgingen. Diese abstracte, rein dialectische Möglichkeit lässt
practisch und *in concreto* doch jeden ratlos und trostlos, der
in sich den Widerspruch des intelligibeln und des empirischen
Charakters, des Sollens und des Seins empfindet. Die letzten
Gründe von Verdienst und Schuld, so giebt Kant selbst zu, bleiben
uns — trotz unserer Freiheit — verborgen, sie verlieren sich im
Mysterium der intelligibelen That und in dem *meritum fortunae,*
das dem Einen eine ohne sein Verdienst glückliche, dem Anderen
eine ohne seine Schuld unglückliche Natur- oder Temperaments-
anlage verlieh.

Aber nicht nur die abstracte Unterscheidung zwischen dem
Noumenon und dem Phänomenon des Menschen erweist sich bei
der Ableitung des Freiheitsbegriffes als misslich: sondern auch die
schroffe Unterscheidung der theoretischen und der practischen
Vernunft. Als Wurzel der Freiheit offenbart sich doch nicht
bloss die letztere; schon die theoretische Vernunft erkannte die
Freiheit als möglich, d. h. als sich nicht selbst widersprechend; die
practische Vernunft fordert nur auf Grund des Sittengesetzes, dessen
Sollen unser Wollen und Können voraussetzt, die Thatsache und
die Wirklichkeit der als an sich möglich erkannten Freiheit, und
so gelangt Kant zur Lehre vom Primate der practischen Vernunft
über die theoretische, weil die Ergebnisse jener nur negative, die
dieser positive seien. Dieser sachliche Primat der einen über die
andere gefährdet die dialectische Coordination beider; und wenn
Kant in der Entwickelung seiner Freiheitslehre gern die „reine"
Vernunft als Quelle des Freiheitsbegriffes bezeichnet, so giebt er

bei diesem „obersten Vermögen", dem Schlusssteine seines Systemes,
„dem Ausgangspunkte aller Moralität" wider Willen selbst die An-
deutung, dass jene abstracte dualistische Scheidung schwer durch-
zuführen und anzuerkennen sei, es gebe in Wahrheit weder eine
theoretische noch eine practische Vernunft, sondern sie sei beides
in Einem. Indem Kant über die beiden Hälften seines Vernunftbegriffes hinaus greifen muss, um die Heimstätte der Freiheit in
der intelligibelen Welt nachzuweisen, schwächt er die fundamentale
Bedeutung des Vernunftbegriffes überhaupt stark ab. — Andere
haben nach Kant diesen Vernunftbegriff daher nicht nur als die
Wurzel seines Systems negiert, sie haben auch den viel tieferen
und fruchtbareren der „Persönlichkeit" an seine Stelle gesetzt;
und damit treten sie aus dem Bannkreise der abstracten Moral
hinüber auf den lebensvollen Boden des biblischen Christentums.
Wohl gebraucht auch Kant den Begriff der Persönlichkeit, doch
fasst er ihn nur in seiner practischen, noch nicht in seiner universellen Bedeutung für das Wesen des Menschen auf. Persönlichkeit
ist ihm geradezu identisch mit „Freiheit und Unabhängigkeit von
dem Mechanismus der ganzen Natur" (Krit. d. pract. Vernunft 155),
was irrig ist; denn die Persönlichkeit ist nicht, sondern hat diese
Freiheit als eines ihrer Momente. Zugleich ist ihm Persönlichkeit
„das Vermögen, das moralische Gesetz als für sich hinreichende
Triebfeder der Willkür zu achten", hierbei aber gilt nur die practische Vernunft als konstitutives Moment (Krit. d. pract. Vernunft
155; Relig. innerhalb d. Grenzen d. Vernunft 18 f.: „Die Idee des
moralischen Gesetzes mit der davon unzertrennlichen Achtung ist
die Persönlichkeit, d. h. die Idee der Menschheit ganz intellectuell
betrachtet", ihre Wurzel ist „die für sich selbst practische, d. i.
unbedingt gesetzgebende Vernunft"). — Namentlich durch Schleiermacher und Rothe ist der Begriff der Persönlichkeit vertieft und
erweitert,[1] vor allem auch religiös bestimmt, d. h. unmittelbar
an Gott geknüpft worden.[2] Persönlichkeit und Wille decken sich

---

1) Schleiermacher, Dogmatik I, 331 ff.; II, 1 ff. (§§ 74. 78 ff.); Rothe,
Theol. Ethik I, 325 ff. 155—229. 324—393; Baader, Weltalter 131—381
(1868 ed. Fr. Hoffmann); Martensen, Christl. Ethik I, 99 ff.; Ulrici, Gott
und Mensch 595 ff. 606 ff.
2) Vgl. z. B. Fichte, Psychol. I, 15: „Persönlichkeit ist die Grundform
des Geistes als solchen, daher als Form in allen Geistern, im absoluten wie im endlichen, schlechthin gleich." — Die „Einheit von Selbst-

nicht; jener ist der umfassendere Begriff und bezeichnet den geistigen Centralpunkt, die innere Einheit unseres Wesens, von der aus alle Geistes- und Seelenkräfte ihre principielle Bestimmung erhalten als blosse Organe. Das Ich in seiner innersten, geheimnisvollen Tiefe ist nicht Vernunft, Wille, Gefühl, sondern es hat sie; es selbst aber wird wieder gehabt von der absoluten Persönlichkeit (Gottes), vom absoluten Geiste. Dass auch Kant sich schliesslich über seine rationalistisch nur bestimmte Ethik hinaus zur Anerkennung einer religiös bestimmten gedrängt sah, beweist namentlich die dritte seiner grossen Kritiken, in der er erst vollen Ernst macht mit der schöpferischen und sittlichen Einwirkung Gottes auf die Welt.

Das Fernhalten des Gottesbegriffes als eines konstitutiven (nicht bloss regulativen) Factors hat Kant bei der Ableitung und Fixierung seines Freiheitsbegriffes in einen augenscheinlichen Widerspruch verwickelt. — Er lehrt: Freiheit wäre nicht Freiheit, wenn sie nicht das Sittengesetz sich selber gegeben hätte; ferner aber bestimmt er dies Sittengesetz als kategorischen Imperativ der Pflicht. — Zunächst ist nicht einzusehen, weshalb zum Begriffe und Bestande der Freiheit jene Autonomie gehören soll. Ist nämlich die Freiheit eine absolute, so verträgt sich mit ihr überhaupt nicht der Begriff des Gesetzes; denn: die absolute Freiheit ist sich selber Gesetz, sobald man sie nur formell als Willkür und *purus actus* versteht, und fasst man sie als reale, als materiale, so gilt, dass dem Reinen, dem Heiligen kein Gesetz gegeben ist; er ist sich selbst Gesetz.[1] Ist aber die Freiheit eine relative, so bleibt sie als solche in Kraft, gleichviel ob sie es mit dem Gesetze zu thun hat, das von ihr selbst oder etwa von Gott herrührt (Heteronomie als Theonomie); sie vermag ja in beiden Fällen, gemäss

bewusstsein und Selbstbestimmung" macht das Ich, die Persönlichkeit aus; beides aber giebt der Mensch nicht sich selbst, er findet beides als entwickelungsfähige Keime, als gegebene Anlagen in sich vor: als Mitarbeiter Gottes hat er sie zu entfalten und zu bethätigen. Wie Gott sich im Menschengeiste spiegelt, so soll sich dieser spiegeln in der Natur. *Persona est quam personat deus.*

1) Ulrici, Herzog's Encyklopädie VII, 343: „Ein Wesen, welches das Sittengesetz sich selber gegeben hätte und dessen Freiheit also Autonomie wäre, könnte gar kein Bewusstsein von einem Sollen, von einer Pflicht haben, weil in ihm das Sittengesetz mit seinem freien Wollen in Eins zusammenfiele." Vgl. Jacob. 1, 25; 2, 2; 1 Tim. 1, 9; Röm. 2, 15; Gal. 5, 22 f.

oder entgegen dem Gesetze sich zu entscheiden, sie vermag das Gesetz oder etwas ihm Fremdes zum Bestimmungsgrunde ihrer Handlungen zu machen. Vor allem aber: aus der Kant'schen Fiktion, das Sittengesetz entspreche dem Noumenon des Menschen und stamme von diesem, das Phänomenon des Menschen aber widerstrebe ihm, ergiebt sich kaum die Folgerung, dass der Mensch gleichzeitig autonom und doch auch dem Gesetze verhaftet, verpflichtet sei. Die Folgerung lässt sich wohl *in abstracto* anstellen, aber nicht *in concreto* bewahrheiten. Vielmehr würde — bei konkreter Anwendung des Kantischen Dualismus und seiner Konsequenzen — entweder das Für und Wider das Gesetz, das Bejahen und Verneinen des Gesetzes, also Noumenon und Phänomenon sich kompensieren, d. h. es würde zu gar keinem Wollen und Handeln kommen;[1] oder es würde die positive, bezüglich die negative Seite dergestalt sich geltend machen, dass thatsächliche Unfreiheit des Willens einträte, weil auf Grund der einseitigen Entscheidung nur Zwang und Notwendigkeit übrig bleibt.

Was die Definitionen der Freiheit betrifft, so giebt Kant sowohl negative als positive Formeln. Dieser doppelte Ausdruck ist zur Erschöpfung ihres Inhaltes nötig, weil sich die Freiheit ja negativ zu der Erscheinungswelt, positiv zur Welt der Ideen verhalten soll. — Auch die Schrift hat die christliche Freiheit bezeichnet als ein Lossein von (Sünde, Tod, Gesetzesknechtschaft) und als ein Lossein für (Gott, Christus, der die *lex viva* und des Gesetzes Erfüllung ist);[2] und ebenso definierte Luther die *libertas*

---

1) Aehnlich Martensen, Ethik I, 445 f. „Ein solcher unversöhnlicher Dualismus zwischen dem Sittengesetze und dem Naturgesetze würde (nicht nur in Gottes Wesen selbst einen ungelösten Dualismus hineinlegen, sofern es ein und derselbe Gott ist, der sich in beiden Welten offenbart, sondern würde zugleich) die Einheit der menschlichen Natur aufheben, sofern es derselbe Mensch ist, dessen sinnliche Triebe, Blutumlauf u. s. f. bestimmt werden durch das Naturgesetz, und derselbe, dessen Wille sich nach dem Sittengesetze richten soll, welcher aber verurteilt sein würde zu einem unablässigen und resultatlosen Kampfe.“

2) Negativ: Röm 6, 18. 22; 8, 2. 21; 1 Petri 2, 16; 2 Petri 2, 19; Gal. 5, 13. Positiv: Röm. 8, 21; 6, 20; Joh. 8. 36. 32 ff.; Gal. 4, 22 ff.; 2, 4; 5, 1; 1 Cor. 7, 22; 2 Cor. 3, 17. Besonders Röm. 8, 21 ist bezeichnend für die Zusammengehörigkeit des negativen (als des früheren) und des positiven Factors; das passive ἐλευθερωθήσεται spricht scharf den Gegensatz aus zur Kant'schen Selbstbefreiung und Selbsterlösung.

christiana negativ als „die das Herz frei machet von allen Sünden, Gesetzen und Geboten", positiv als „Glauben und Lieben" (d. h. Leben in Gott). — Während nun die Schrift aber ausschliesslich die reale Freiheit betont, welche ihre *res*, d. i. ihre Wesenheit, ihren Grund und ihren Zweck in Gott hat:[1] kennt Kant nur die formale Freiheit. Die formale und reale Freiheit verhalten sich nicht wie Abstufungen des einen Begriffes, sondern wie die Form zum Inhalt, wie das Abstractum zum Konkretum, wie das Physische zum Ethischen.[2] Nach Kant ist die Freiheit identisch mit der Willkür, jene geht in dieser auf: Willkür aber ist zunächt ein ethisch neutraler Begriff. Im *acquilibrium* liegt keinerlei Garantie für sittliche Konsequenz. — Doch Kant hat sich nicht begnügt, seinen rein psychologischen Freiheitsbegriff zur Basis der gesamten Moral zu machen (eine μετάβασις εἰς ἄλλο γένος): er setzt diesen psychologischen Begriff auch absolut (Freiheit der Willkür

---

1) Das lateinische Wort *liberi* hat den doppelten Begriff „Freie" und „Kinder"; biblisch sind die *liberi* (die Freien) „Gottes Kinder" (Röm. 8, 14. 21; 2 Cor. 3, 17; Joh. 8, 32 ff.), von Gottes Sohn erlöst und von Gottes Geist getrieben.

2) Vgl. Relig. innerh. d. Grenzen d. Vernunft 11 f. 18. 21. 25. 48. Ueber den Begriff der formalen und der realen Freiheit vgl. Luthardt, Lehre v. freien Willen 6 ff.; Jul. Müller, Lehre von der Sünde II, 35 ff. 40 ff. 176 f. 230 ff; Rothe, Theol. Ethik I. 359 ff. „Die Macht der Selbstbestimmung ist keineswegs schon dasjenige, was man die „wirkliche" oder „reale" Freiheit zu nennen pflegt." Letztere ist „die mit der Notwendigkeit identische Freiheit, die Notwendigkeit als die moralische verstanden". „Freiheit und Notwendigkeit bilden ja logisch keinen Gegensatz und schliessen sich also nicht aus; der Freiheit steht der Zwang gegenüber, der Notwendigkeit die Zufälligkeit." — „Die formale Freiheit, d. h. die Macht der Selbstbestimmung ist die s. g. Wahlfreiheit, das bloss psychische Vermögen der Willkür, d. h. die Möglichkeit für das individuelle Ich, gegenüber jeder einzelnen Sollicitation zum Handeln, woher sie auch immer kommen möge, von aussen oder von innen her sich auf entgegengesetzte Weise, also sowohl affirmativ als negativ, zu verhalten." — Vgl. Schmidt. über die Freiheit des menschlichen Willens, Stud. u. Krit. 1874, IV, 613. 639. 658 f. Reale Freiheit ist Einigung des individuellen Willens mit Gottes Willen — *deo servire vera libertas*. Das den Menschen auf sich allein stellende moderne Grundprincip der Spekulation *cogito ergo sum* hat vor sich und über sich noch das *cogitor, ergo sum* oder *cogito quia cogitor* (mein von Gott Gedachtwerden ist nicht nur früher als mein Denken, sondern dieses ist auch erst möglich durch jenes). — Baader, Weltalter 250 f.: „Wahrhaft frei kann nur dasjenige Leben sein, das über der Zeit sich befindet."

ist ihm das Vermögen des absoluten Anfanges einer Handlung); damit aber verliert er sich in leere Abstractionen. Denn als Vermögen des absoluten Anfanges einer Handlung kommt die formale Freiheit (der Wahl, der Willkür) nirgends mehr vor. Denkbar ist sie wohl: jedoch dieses volle *aequilibrium*, diese volle sittliche Neutralität wäre vor den absoluten Anfangspunkt aller sittlichen Entwickelung zu verlegen (also noch vor Kant's unfassbare und phantastische intelligible That), der für unser jetziges Sein und Thun keine practische Bedeutung mehr hat.[1] Das Ungenügende des rein formalistischen Freiheitsbegriffes, sowie der Wahn von der Absolutheit und Unverlierbarkeit der Freiheit ist nun zu prüfen.

Der Unterschied zwischen *arbitrium liberum* und *arb. brutum*, den Kant statuiert, hat keinerlei Beziehung auf den Unterschied zwischen realer *(libertas)* und formaler *(aequilibrium)* Freiheit; er betrifft nur den Gegensatz zwischen Persönlichem und Tierischem, zwischen selbstbewusster und physischer, instinktiver, pathologischer Wahl; er besagt nur, dass die ächte Willkür, das Vermögen der bestimmten Wahl (gegenüber dem unentschiedenen Schwanken und Wählen) eine Prärogative der Persönlichkeit sei; dieses Vermögen ist ihm ein reines, absolutes, *purus actus*, wobei es nur auf das „Ob" oder „Dass", nicht auf das „Wie" und das „Was" des Handelns ankommt. Von ihm ist allerdings — mit Kant — in gewissem Sinne zu sagen, es sei unverlierbar:[2] denn erst mit dem Aufhören des menschlichen Bewusstseins kann diese Art der Freiheitsbethätigung enden, die identisch ist mit bewusster Selbstbestimmung ohne jedweden (moralischen oder physischen) Zwang. — Aber es ist nicht genug, diese Form der Freiheit, dies auch anders Können an dem persönlichen, sittlichen

---

1) Dem ersten Menschen vor seinem Falle mag man dies absolute *aequilibrium* beilegen; doch (nach Röm. 7, 11—24) den Adamiten ist es verloren, da unsere Willkür geknechtet und gefesselt ist durch die Sünde. „Gerade ihr Triumph im sündigen Menschen beweist ihre Schranke" (Luthardt). Vgl. Zezschwitz, Apolog. d. Christentums 201 ff.

2) Vgl. Anselm *de libero arbitrio* cpp. 10—12 (Hasse. Ans. v. Ktb. II, 388 ff.). Im Gegensatze zu Augustin's Lehre vom *servum arbitrium* betont Anselm: *homo semper liber est naturaliter*, und deshalb: *a libertate sua nec per se nec per alium potest privari*, freilich ist für Anselm diese Freiheit nur *potestas*, d. i. Möglichkeit der Bethätigung, eine schlummernde oder durch die Hegemonie der Sünde niedergehaltene Kraft.

Menschenwesen zu betonen. Diese Form der Freiheit ist ja doch nur die äussere, die Naturseite der menschlichen Freiheit.[1] Ihr fehlt die Seele. Die Seele der Freiheit, ihre *res* und *materia*, ihr sittlicher Inhalt muss zu dem abstracten Begriffe hinzu kommen, wenn er lebendig werden und als Attribut eines sittlichen Wesens gelten soll. „Unabhängigkeit von aller Materie des Gesetzes" ist beim Wollen und Thun doch nur ein Wahn. Selbst angenommen, es hätte der freie Wille bei seiner ersten (nach Kant intelligibeln) That sich nur deshalb geäussert, um sein Dasein zu erweisen: so wäre er doch auch damals nicht schlechthin ohne Motiv verfahren. Irgend ein Motiv (in uns), irgend einen Zweck (ausser uns) hat jede Handlung;[2] fragt auch die Willkür nicht nach Recht und Unrecht, erscheint sie auch unberechenbar und inkonsequent: in jedem einzelnen Falle ihrer Bethätigung verfährt sie doch nicht ohne Ziel und Zweck, sondern wenigstens mit der Absicht, ihr Dasein — trotz Anderer Erwartungen und Forderungen — eben so und nicht anders zu erweisen. Das sachliche, zugleich sittliche Princip solcher Freiheitsbethätigung ist der Egoismus. Es ist das niedrigste unter den denkbar möglichen, das bei steter Befolgung der Freiheitsbethätigung einen dämonischen, moralisch bösen Charakter aufprägt.[3] Das höchste Princip des Willens und der Freiheit ist die Selbstlosigkeit, d. h. Liebe, „die nicht das Ihre sucht", Rücksichtnahme auf fremde Interessen, Unterordnung des Ich unter „Gott und die Brüder"; durch dieses Princip werden erst die Individuen, diese Atome im Universum zusammengefasst zum einheitlichen Organismus des ja auch von Kant postulierten „Reiches Gottes." Fehlt dem Willen

---

1) „Absolut frei (oder der absoluten Freiheit Gottes teilhaftig) ist nur der vollendet Gute, nicht der noch der Freiheit der Wahl Ausgesetzte." „Nur der ist frei vom Zwange des Gesetzes, der in dessen Geiste lebt; das Hervortreten des Gesetzes begleitet nur den Zustand der Entgeistung des Gemütes und dessen Entfernung von seinem rechten, gesunden Leben." Baader, a. a. O. 251.

2) Spinoza's Satz: „Die Seele kann nicht die unbedingte Fähigkeit des Wollens und Nichtwollens haben, sondern sie wird zu diesem oder jenem Wollen von einer Ursache bestimmt" (Ethik, ed. Kirchmann. S. 59. 68. 77. 92 f.) wurde auch von Leibniz und Herbart adoptiert, bezügl. erwiesen (vgl. Leibniz, *Theodicee ed. Gottsched* S. 200 ff).

3) Shakespeare lässt dieses Princip von Richard III. (Akt 5, Scene 3) in der Formel aussprechen: „Richard liebt Richard, d. h. Ich bin Ich".

seine principielle Bestimmtheit und Richtung, so zersplittern
seine Thaten nach allen Seiten hin; es fehlt ihm Charakter, Einheit, Stetigkeit; so lange diese Eigenschaften fehlen, ist von
einem Fortschritt in der sittlichen Gestaltung des Einzelnen ebenso
wenig zu reden, wie von einem Fortschritt in der Kulturgeschichte
der Völker, so viele einzelne Willensakte auch sich häufen mögen.
Gegenüber dem Augustinismus liegt eine der Hauptschwächen des
Pelagianismus darin, dass er das Individuum ohne Zusammenhang
mit dem Geschlechte und im Individuum die einzelne That ohne
Zusammenhang auffasst mit dem, was vor ihr schon gethan und
erfahren wurde. Nicht nur unser eigenes früheres Thun determiniert (mehr oder minder, je nach der Energie mit der wir handelten,
und je nach der Zahl der gleichartigen Akte), sondern auch das
determiniert unser späteres Sein und Thun, was wir leiden, was
Andere an uns thun.[1] Je länger desto mehr entwickelt sich
im Menschen ein *habitus* sittlicher Art, ein konstanter Charakter (im guten oder bösen Sinne); und so bewahrheitet sich nicht
nur das *operari sequitur esse,* sondern auch das *esse sequitur
operari.* Das Erste ist (auch nach Kant's Lehre von der Präexistenz der Seele und deren für unser gegenwärtiges Sein ver-
hängnisvollen, weil dasselbe prädestinierenden That) immer:
operari sequitur esse; mein Charakter *(esse)* wird mir nicht angeboren, sondern er ist das Resultat meiner eigenen sittlichen Entscheidungen, das Gepräge, welches meine vereinzelten Thaten meiner
Erscheinung aufdrücken. Andererseits aber gilt auch: *esse sequitur operari;* bin ich einmal von einer bestimmten Qualität,
eignet mir ein bestimmter Charakter; so bin ich im einzelnen Falle
gebunden und unfrei.[2] An den Wendepunkten des Lebens, in den
eminent entscheidenden und bedeutsamen Krisen des sittlichen Werdens stehen die Thaten, die auf weite Strecken hinaus unser äusse-
res Schicksal wie unser inneres Wollen determinieren; seit wir

---

1) „Das menschliche Individuum steht keineswegs allein, sondern ist
ein Glied im Organismus des Geschlechtes, der Sünde desselben teilhaftig; die Sünde als Erbsünde ist eine dem Individuum angeborene
Naturbestimmtheit und seine Entwickelung ist vielfach bedingt durch
seine Umgebungen." Martensen, Ethik 146 f.; Dogmatik 150 f. 157 ff.;
Ebrard. Apologetik I, 241 ff.; Luthardt, Die modernen Weltanschauungen
21 ff. 27. 35 f.

2) Vgl. Matth. 12, 33. 35; Martensen, Ethik I. 159 ff. 166 ff. 143 f. 179.

unter diesen Bann gerieten, waren unsere einzelnen Handlungen nicht mehr frei, sondern sie waren die notwendigen Folgen des von uns all- mählich angenommenen Charakters; für diese einzelnen Handlungen (falls sie böse sind) sind wir in zweiter Linie erst verantwortlich, in erster Linie sind wir's dafür, dass wir unseren Charakter so und nicht anders ausgeprägt haben: „hab' ich des Menschen Kern *(esse)* erst untersucht, so hab' ich auch sein Wollen und sein Handeln" *(operari).*

Kant nun schwankt zwischen der Anerkennung des Satzes: *operari* (der intelligiblen That) *sequitur esse* (Thatsache des radi- calen Bösen) und der Leugnung desselben (die Freiheit ist absolut, ist unverloren und unverlierbar) unklar hin und her. Konsequenter Weise ergiebt die — doch ernst gemeinte — Prämisse vom vor- zeitlichen Falle nur die sittliche Determiniertheit der Gefallenen inmitten des zeitlichen Lebens; letzteres behält also nur die Be- deutung einer Offenbarung und Weiterentwickelung des präexistenten Falles; und es ist nicht abzusehen, wie und in welchem Momente der habituelle (böse) Charakter sich nach der entscheidenden und fortwirkenden That von sich aus soll in sein Gegenteil umwandeln können; die psychologische *potestas* (anders zu handeln, als der ge- knechtete Wille handeln muss) führt nicht zur moralischen facti- schen *potestas.* [1]

Nach Kant ist die Freiheit des Menschen absolut. Der Phi- losoph stimmt überein mit dem Dichter: „Der Mensch ist frei ge- schaffen, ist frei, und wär' er in Ketten geboren." Nur ist leider diese Freiheit eine rein imaginäre, keine praktische: sie über- windet weder die Ketten, die uns die Natur, noch diejenigen, die wir uns selber — sittlich uns prädeterminierend — angelegt haben. Auf dem physischen wie auf dem sittlichen Gebiete gilt: nicht immer und nicht sofort können wir, was wir wollen; wohl können wir in Gedanken jederzeit uns frei bestimmen, aber des guten Ge- dankens Blässe kontrastiert oft schmerzvoll mit der Macht des ab- normen, des bösen Charakters. Frühere Willensakte haben eine Reihe von Folgen nach sich gezogen: ihnen vermögen wir uns nicht mehr, nicht sofort, nicht allein zu entziehen. Freie Selbstbe- stimmung hat ihre Schranke an dem, was hinter uns liegt, als

---

1) Vgl. Schmidt, a. a. O. 606 ff. 611 f. 619 f. 635—644; Ritschl, Rechtf. und Versöhn. III, 550 f. 308.

eigene That oder fremdartige Hemmung (Raum, Zeit, körper-
liche Organisation, physische und geistige Beanlagung`; seit der
Thatsache, dass der Mensch mit den Schranken des ihm gegebenen
Gesetzes die Ziele und Zwecke der Welt wie seines Lebens (subjectiv) änderte, ist er selbst ein Anderer geworden; er ist nicht
mehr frei von der Sünde, sondern nur noch frei in und für die
Sünde; Irrtum und Schuld trüben des Geistes Auge und depoten-
zieren die urspüngliche Energie für's Gute.[1] — Kant's Behauptung,
die Freiheit des Menschen sei „absolute Spontaneïtät", „das Vermögen der absoluten Kausalität" oder „des absoluten Anfanges einer
Handlung", wäre wohl nicht so oft und so schroff von ihm ausgesprochen worden, wenn er nicht auf Kosten des Gottesbegriffs,
der für Kant mehr Hypothese als Wirklichkeit, mehr ideeller Re-
gulator als factischer Kreator und Konstitutor der Welt ist,[2] dem
Menschenbegriffe die Attribute des Absoluten zuerteilte. Nur Gott
hat Freiheit des Seins und des Handelns; der Kreatur eignet nur
die eine von beiden, denn ihr fehlt die Ascïtät; sie ist nur frei
zum Handeln — d. h. relativ frei, innerhalb der ihr vom Schöpfer
gezogenen Schranken. Nur Gott eignet die absolute Freiheit des
Handelns, weil sein Thun keine andere Schranke hat als sein Sein,
Gott aber ist *a se* (Gottes Heiligkeit ist die Schranke für seine Allmacht). Des Menschen Freiheit ist gemäss seiner Kreatürlichkeit
und seiner absoluten Abhängigkeit von dem Gotte des Lebens nur
eine relative:[3] selbst die ärgste Willkür eines dämonischen Men-

---

1) Vgl. Ebrard, Apolog. I, 231 f. und dessen Ausführungen über die
„Pathologie der Sünde im Einzelnen und im Geschlechte." — Bezeichnend
ist die Aeusserung des Erasmus, im Streite mit Luther über das *liberum*
bezügl. *servum arbitrium* habe er „seine" Freiheit verloren, für die er
schrieb.

2) Die Schöpfung ist nach Kant nicht empirische Thatsache, sondern
intelligibler Akt; nur als ob die Welt von Gott (und zwar mit Beziehung nur auf die Noumena) geschaffen wäre, haben wir sie zu begreifen. Vgl. Ulrici, Herzog's Encyklopädie VII, 312.

3) Vgl. z. B. „die menschliche Persönlichkeit (das Allgemeine) ist
durch die Individualität (das Besondere), die geistige und leibliche
Naturbestimmtheit, begrenzt, welche dem Menschen vor allem Selbstbewusstsein und aller Selbstbestimmung gegeben ist, und welche
durch den Willen zwar gebildet, niemals aber eine andere werden kann,
als sie von Hause aus ist; in seiner Individualität hat jeder Mensch nicht
nur seine Begabung, sondern auch seine Schranke". Martensen, Ethik
I, 141. 446 ff.; Paret, Herzog's Realencyklopädie IV, 568 (Aufl. 1).

schen zerstört nimmer die Zirkel der Gottheit, er bleibt frei — zum
Guten wie Bösen, zum Bilden wie zum Zerbrechen — doch nur
in seiner Sphäre. Das höchste Lebensziel des Menschen ist:
dass er ein „Mitarbeiter Gottes" werde, der willig seine Kraft,
was er ist und hat, dem göttlichen Weltenplane assimiliert und
dienstbar macht; das schlimmste Verhängnis ist, wenn der Mensch
wider seinen Willen der göttlichen Weltordnung dienen muss.[1]
Kant hat über dem Freiheitsbegriffe, der den Menschen ja allerdings hinaushebt über Naturzwang und Naturmechanismus, den
Wechselbegriff ignoriert, der zur Freiheit gehört: es ist der
der Autorität. Je höher der Mensch sittlich steht, je freier er
sich bewegen darf innerhalb der weiten, ihm angewiesenen Sphäre;
desto geistiger, desto fühlbarer sollte ihm die schöpferische Autorität
entgegen treten, desto pietätsvoller sollte er seiner Abhängigkeit
von dem allwaltenden Gotte (der für ihn insonderheit ein Gott der
Gnade ist), auch vor und ausserhalb der Erlösung inne werden.
Kant vergöttert im Menschen das Pflichtgebot, das abstracte formale Gesetz, die autonome und autokratische Freiheit; so aber
entgötterte er über und ausser dem Menschen die Welt. Diese
unpersönlichen Begriffe und Ideen versperrten ihm den Weg
zu dem persönlichen Gotte (als Schöpfer und Regierer, Gesetzgeber und Richter), und sie erschwerten ihm — trotz seiner Hymnen
auf „Pflicht" und „Gewissen"[2] — die Geltendmachung der vollen, der
wahren Autorität. „Die wahre Autorität kommt weder von unten
noch lediglich von innen (so Kant): sie kommt von oben und
verlangt, in dieser ihrer hohen Herkunft auch anerkannt zu werden."
    Die abstracte Fassung der Freiheit als formaler d. h. sittlich
neutraler und ihre Loslösung von der Beziehung auf den heiligen Gott der Liebe brach die Strenge der im Einzelnen oftmals
rigoristischen Moral, die Kant lehrte. Befremdlicher Weise nämlich findet sich im Kant'schen Moralsysteme zwischen die Begriffe
des Guten und Bösen der des Erlaubten[3] eingeschoben. — Befremd-

---

1) 1. Cor. 3, 9 (Bengel dazu: *sumus operarii dei et cooperarii invicem*);
2 Tim. 3, 17; 1 Cor. 3, 16 f.; Gen. 50. 20; Röm. 9, 17 ff.; Joh. 11, 50 f.; 17, 12.
    2) Krit. d. pract. Vernunft 154. 288 f. (143—146).
    3) Krit. d. pract. Vernunft 117. Nach der Modalität gliedert dort
Kant die Begriffe des Guten und Bösen in das Erlaubte und Uner-
laubte, die Pflicht und das Pflichtwidrige, vollkommene und unvollkommene
Pflicht. Vgl. a. a. O. 21. 39.

lich ist schon äusserlich, dass Kant a. a. O. auch für die sittlichen Begriffe die reine Trichotomie festhält, statt die durch das strenge Entweder-Oder jeder wirklichen (nicht nur „rigoristischen") Ethik erforderte Dichotomie einzuführen. Auch auf dem Gebiete der Moral ist Kant zu sehr systematischer Logiker; er bringt auch da den auf dem Gebiete der rein theoretischen Philosophie berechtigten Satz: *dualitas* (Thesis und Antithesis) *ad unitatem* (Synthesis) *reducta est trinitas* zur formellen Anwendung, doch freilich auf Kosten des Inhaltes seiner ethischen Begriffe. — Sachlich ist schon die Unterscheidung zwischen „Pflicht" und „vollkommener Pflicht" anstössig; so wenig wie sich der Begriff „gut", in seiner Fülle und Strenge genommen (vgl. Matth. 19, 17), komparieren lässt, so wenig auch der Begriff der Pflicht: in einer korrekten Ethik hat der Pflichtbegriff die ganze Summe des sittlichen Thuns zu umfassen und auf jede Handlung als sittlich bestimmbare sich zu beziehen. Das Kant'sche Schema giebt eigentlich neben der „vollkommenen Pflicht" zwei negative Begriffe, Depotenzierungen der Pflicht — nämlich: „Pflicht" und „Erlaubtes". Der Begriff des Erlaubten bezeichnet nichts Positives im sittlichen Sinne, er enthält kein klares sittliches Urteil, sondern fordert nur, dass etwas, was der sittlichen Bestimmtheit und Wertschätzung noch nicht unterliegt, ihr unterzogen werde. So hat dieser Begriff auch nur ein relatives Recht: im alltäglichen Leben, das voller sittlicher Mängel und Unklarheiten ist, und für Individuen, welche das Antlitz des Heiligen als höchste richtende Instanz noch nicht zu ertragen und zu befragen vermögen. In der Kant'schen Moral aber, die sich als die Erfinderin und Trägerin des absoluten sittlichen Gesetzes ankündigte, sollte dieser laxe und unklare Begriff keine Stelle haben. Sittliche Adiaphora giebt es nicht, wo das vollkommene „Gesetz der Freiheit" (Jacob. 2, 8; 1, 25) regiert und richtet; daher schränkte Paulus sein grossartiges Wort πάντα ὑμῶν ἐστιν, um jede Missdeutung (durch Indifferenz oder sittliche Schlaffheit) fernzuhalten, sofort ein durch ὑμεῖς δὲ χριστοῦ, χριστὸς δὲ θεοῦ (1 Cor. 3, 22 f.); darum fügt er zu dem kühnen πάντα μοι ἔξεστιν zweimal die, jeden Libertinismus subjectiver Art durch Rücksicht auf die Nächsten niederhaltende Erklärung: ἀλλ' οὐ πάντα συμφέρει, ἀλλ' οὐκ ἐγὼ ἐξουσιασθήσομαι ὑπό τινος (1 Cor. 6, 12: *potestas penes fidelem, non penes res, quibus utitur, esse debet: libertatem, in se bonam, tollit abusus libertatis*, erläutert Bengel).

Also: die formale und nur subjective Möglichkeit, sich frei
für Etwas zu entscheiden, hat ihre Schranke an dem materialen, objectiven Gesetze (Liebe zu Gott, Christus, den Brüdern);
factisch ist in jedem Momente nichts mir erlaubt, sondern jedes
ist mir entweder geboten oder verboten durch den Geist des Gesetzes. Hätte Kant es nicht vermieden, seine formalistische Gesetzgebung auch material zu bestimmen (vgl. Matth. 22, 38 ff.; 19, 17;
1 Joh. 4, 9 f. 16 f.; Röm. 13, 10; 1 Cor. 13, 1—13),[1] so wäre sein
Pflichtbegriff nicht fehlerhaft geworden (weil unvollständig und vorwiegend negativ) und der nur einer mangelhaften Sittlichkeit ent-

---

1) Das neue Testament fasst die „Freiheit" geradezu überall als
„reale", d. h. durch Gott bestimmte und auf Gott hingerichtete
auf (vgl. die Stellen in Note 2, S. 32); durch Christus und den heiligen
Gottesgeist wird sie uns errungen und mitgeteilt. — Die einzige
Stelle, in der man die formale Freiheit finden könnte, ist 1 Cor. 10, 29:
ἱνατί γάρ ἡ ἐλευθερία μου κρίνεται ὑπὸ ἄλλης συνειδήσεως (conf. auch 1 Cor.
3, 21 f. 6. 12); doch auch hier ist wohl Pauli persönliche ἐλευθερία, weil
unter dem Einflusse seiner religiösen und sittlichen Ueberzeugung stehend,
nicht „Willkür", nicht „material unbestimmt". — Die reale Freiheit ist
nach der Schrift für die Menschen ausserhalb der Gnade und Erlösung
verloren, da das natürliche Denken (1 Cor. 1, 18 ff. 26 ff.; 2, 5 ff. 12 ff.;
Ephes. 4, 17 ff. 23; 1 Tim. 6, 5; Röm. 1, 28; 12, 2) ebenso wie das natürliche
Wollen (Röm. 7, 14 ff.) ein (trotz der mittelst der Vernunftkritik Röm. 7, 23. 25
versuchten Reaktion gegen die Macht des Bösen) geknechtetes und sittlich
verkehrtes bleibt. Es ist daher nicht zufällig, dass Paulus in Röm. 7, 15 f.
19 ff. θέλω schreibt, nicht βούλομαι; θέλειν ist schwächer als βούλεσθαι, es
ist nur das innere Denken der — von der Ausführung noch weit ent-
fernten That — wogegen βούλεσθαι das der Ausführung sich nähernde,
bestimmte Wollen der That ausdrückt (vgl. Tittmann, Synon. 124 ff.: θέλειν
sei *simplex volitio*, βούλεσθαι *ipsa animi propensio*); die lahm gelegte sittliche, reale Freiheit bringt's eben nicht mehr, bezüglich noch nicht wieder
zum energievollen βούλεσθαι, sondern nur zum *pium desiderium* des θέλειν,
und die formale Freiheit dient bösen, dem Menschenwesen fremdartigen
Impulsen. — Die Schrift leugnet indessen nicht (wie Augustin), dass es
im natürlichen Menschen eine positive Sittlichkeit gebe — auch ausser der
durch Christus und die Erlösung uns vermittelten, und mit dem Geiste
der Heiligkeit erfüllten; nur lehrt die Erfahrung, dass ihre Keime und
Regungen niedergehalten werden ohne Hoffnung auf des Menschen volle
restitutio in integrum aus eigener Kraft. — Vgl. über den letzten Gedanken:
Martensen, Ethik I, 69 f. 209 f. (Röm. 1, 19 ff. 23 ff.; 2, 14 ff.; Act. 17, 22 ff.
28 ff.; Joh. 3. 16; Matth. 13, 33; 19, 29; 13, 45 f.); über die biblische Lehre
von der Freiheit: Weiss, Bibl. Theologie (3. Aufl.) 350 ff. 633 ff. 177 f. —
Auch Luthardt, Die modernen Weltanschauungen 24 f. 34 f. 59.

nommene Begriff des Erlaubten hätte nicht da in die leere Stelle
eintreten können, wo Kant's Gesetzesformel die sittlichen Grenz-
bestimmungen nicht zu treffen vermag.[1]

3. Die Autonomie der practischen Vernunft.

Mit der Lehre von der Autonomie der practischen Vernunft und dem ihr entnommenen Pflichtbegriffe trat Kant drei
theologischen und philosophischen Anschauungen entgegen. Erstens
bestritt er den Prädestinatianismus,[2] nicht nur in der Augustinischen, durch die Reformatoren[3] adoptierten und ausgebildeten Form

----

1) Zur Kritik des „Erlaubten" vgl. Schleiermacher, Krit. d. bisherigen
Sittenlehre 131. 131. 148 f. 151 f. 185—196; Rothe, Theol. Ethik III, 372 ff.
376 ff.; Fichte, System d. Sittenlehre 155 f. 261 f.; Martensen, Christliche
Ethik I, 531 ff. „Das innerliche und notwendige Verhältnis zwischen
der Willensfreiheit und dem Gesetze der Heiligkeit umfasst das gesamte
Freiheitsleben; auf dem Gebiete desselben giebt es durchaus Nichts, was
gleichgültig oder bloss zulässig (erlaubt) wäre." „Nur ein ein-
seitiger Nominalismus, der den Begriff der Pflicht äusserlich fasst
als ein bestimmtes Quantum von Geboten und Verboten, kann die An-
sicht vertreten, dass alle weder ausdrücklich gebotenen noch verbotenen
Handlungen darum gleichgültig seien und dass in Betreff derselben der
Einzelne sich als ausser dem Gesetze stehend (als Gesetzlosen) betrachten könne." „Man übersieht dabei, dass die Pflicht das ganze
Freiheitsleben als eine Einheit umfasst, und dass sie eins ist mit dem
Ideale der Persönlichkeit selbst." — Dagegen vertritt Wendt (über
das sittlich Erlaubte, 1880; Berlin, Habel) die Berechtigung des Er-
laubten in der sittlichen Welt; z. B. überall da, wo neben der Arbeit und
Pflichterfüllung die Erholung ihr Recht habe. Ob streng konsequent?

2) Seine eigene Anschauung über Prädestination und Präscienz for-
muliert Kant, Relig. innerhalb d. Grenzen d. Vernunft 178 f: „Das Vor-
hersehen ist in der Ordnung der Erscheinungen für den Welturheber,
wenn er hierbei selbst anthropopathisch gedacht wird, zugleich ein
Vorherbeschliessen. In der übersinnlichen Ordnung der Dinge
aber nach Freiheitsgesetzen, wo die Zeit wegfällt, ist es bloss ein all-
sehendes Wissen, ohne, warum der eine Mensch so, der andere nach
entgegengesetzten Grundsätzen verfährt, erklären und doch auch zugleich
mit der Freiheit des Willens vereinigen zu können."

3) Die Stellung der vier Reformatoren zur Lehre von der Vorausbe-
stimmung: bei Kahnis, Kirchenglaube (Dogm. II. Thl., 1. Aufl., 502—515;
Luthardt, Lehre v. freien Willen 87 ff. 108 ff. 150 ff. 168 ff.; Gass, Gesch.
d. prot. Dogm. I, 94 ff. 116 ff.; Beck in Stud. und Krit. 1847, 70 ff. 331 ff.;
Dorner, Gesch. d. prot. Theologie 198—232. 385—395).

der rein theologischen, auf objective Gründe (*voluntas dei occulta, aeternum dei decretum*) zurückgeführten Prädestinationslehre, sondern auch in der Leibniz'schen Fassung[1] des inneren, subjectiven Determiniertseins des Willens, das Kant als ein „mechanisches" erschien, als ein „durch ein Uhrwerk getriebener Bratenwender". Mit Nachdruck trat er für die Freiheit des Menschen ein, ohne welche die Persönlichkeit und die Sittlichkeit des Menschen ihres Adels verlustig gehe. — Zweitens bestritt Kant den Empirismus und Realismus der anglikanischen Schule, die ähnlich wie die epicuräische das höchste Gut in der Glückseligkeit suchte (Eudämonismus). Glückseligkeit dürfe nur die Folge sein eines rein sittlichen Grundes, der Tugend; sonst verliere sich die Maxime (das persönliche Motiv) in rein materialen, subjectiven, daher nicht allgemein gültigen Regeln, die insgesamt sich um das egoistische Princip der eigenen Glückseligkeit nur drehten. „Moral ist nicht sowohl die Lehre, wie wir uns glücklich machen, sondern wie wir der Glückseligkeit würdig werden sollen." — Drittens wendet sich Kant bei Aufstellung des Tugendbegriffes gegen die Stoiker, die Wolffianer und ihren an eine ferne Zukunft nur sich haltenden Idealismus. In dem Wolff'schen Imperative: „Suche dich immer vollkommener zu machen", und in dem Wolff'schen Kriterium für die Vollkommenheit einer Handlung: „Uebereinstimmung mit dem Wesen des Handelnden und besonders mit den Folgen der Handlung" vermisste Kant die scharfe Scheidung zwischen Legalität und Moralität, die Kant durch seinen Pflichtbegriff einführte. Polemisch wie sachlich ihn bestimmend ruft er enthusiastisch aus: „Pflicht, du erhabener grosser Name, der du nichts Beliebtes, was Einschmeichelung bei sich führt, in dir fassest, sondern Unterwerfung verlangst, doch auch nichts drohest, was natürliche Abneigung im Gemüte erregte und schreckte, um den Willen zu bewegen, sondern bloss ein Gesetz aufstellst, das von selbst im Gemüte Eingang findet und doch sich selbst wider Willen Verehrung — wenn gleich nicht immer Befolgung — erwirbt, vor dem alle Neigungen verstummen, wenn sie gleich im geheimen ihm entgegen wirken: welches ist der deiner würdige Ursprung? Es kann nichts Minderes sein, als was den Menschen über sich selbst erhebt (als einen Teil der Sinnenwelt), was ihn

---

1) Vgl. bei Erdmann, Gesch. d. Philosophie II. 165 ff.

an eine Ordnung der Dinge knüpft, die nur der Verstand denken kann, es ist nichts Anderes, als die Persönlichkeit, d. i. die Freiheit und Unabhängigkeit von dem Mechanismus der gesamten Natur, doch zugleich als ein Vermögen eines Wesens betrachtet, das eigentümlichen (nämlich von seiner eigenen Vernunft gegebenen, rein practischen) Gesetzen — die Person also als zur Sinnenwelt gehörig ihrer eigenen Persönlichkeit — unterworfen ist, sofern sie zur intelligibeln Welt gehört."[1]

Dieses in jedem vernünftigen Wesen vorhandene sittliche oder practische Gesetz bestimmt Kant als objectives, d. h. als für den Willen jedes vernünftigen Wesens gültigen practischen Grundsatz, als objectives Princip des Wollens. Dem Gesetze gegenüber stellt er die Maxime, als subjectives Princip des Wollens.[2] Das moralische Gesetz bildet den Wechselbegriff zur Freiheit: jenes ist für diese die *ratio cognoscendi* und hat an dieser seine eigene *ratio essendi*. — Rätselhaft bleibt sowohl sein Ursprung, als die Art und Mächtigkeit seiner Wirkung. — Es lässt sich nicht aus vorhergehenden Datis der Vernunft (etwa dem Bewusstsein der Freiheit) herausvernünfteln, sondern es ist das einzige Factum der Vernunft, die sich dadurch als ursprünglich gesetzgebend ankündigt (*sic volo sic jubeo*); es drängt sich für sich selbst als synthetischer Satz *a priori* auf, der auf keiner (weder reinen noch empirischen) Anschauung gegründet ist.[3] — Was seine Wirkung betrifft, so ist weder durch Vernunft einzusehen noch durch Beispiele zu belegen, dass die blosse Idee einer Gesetzmässigkeit eine mächtigere Triebfeder unserer Willkür sein könne, als alle nur erdenklichen materialen Bestimmungsgründe und Vorteile, also dass die blosse Form des Gesetzes unabhängig von empirischen Bedingungen den Willen absolut bestimmt;[4] ebenso ist es bewunderungswürdig, dass im Gegensatze zur Selbstliebe und dem Eigendünkel das nur durch sich wirkende Gesetz sich die Achtung erzwingt,[5] d. h. das einzige durch einen intellectuellen

---

1) Krit. d pract. Vernunft 154 ff.
2) Krit. d. pract. Vernunft 36 ff. 64. 238 ff.; Relig. innerh. d. Grenzen d. Vernunft 16. — Vgl. Rothe, Theol. Ethik III, 369.
3) Krit. d. pract. Vernunft 55 f. 5. 13. 30. 51 ff. 203.
4) Relig. innerhalb d. Grenzen d. Vernunft 71 f. 77; Krit. d. pract. Vernunft 55. 60—71. 126 ff. 133 f. 210 ff.
5) Krit. d. pract. Vernunft 132. 137 ff. 210 ff. 231. „Achtung für das moralische Gesetz ist die einzige und zugleich unbezweifelte Triebfeder";

Grund gewirkte Gefühl, das wir völlig *a priori* erkennnen und dessen Notwendigkeit wir einsehen können.

Das absolut bindende Gesetz der reinen practischen Vernunft lautet: „Handle so, dass die Maxime deines Willens jederzeit zugleich als Princip einer allgemeinen Gesetzgebung gelten könne." Im Tugendhaften soll die subjective Maxime sich decken mit dem objectiven, universellen Gesetze. Jenes Gesetz ist ein rein formales, ein kategorischer Imperativ, d. i. eine Regel, die durch ein Sollen, welches die objective Nötigung der Handlung ausdrückt, bezeichnet wird; und Kant rechnet sich den Tadel seiner Kritiker, dass sein practisches System kein neues Princip, sondern nur eine neue Formel aufstelle, zum entschiedenen Lobe an.[1] Denn durch Aufnahme irgendwelches materialen Bestimmungsgrundes in die Maxime des Handelnden gehe die Autonomie der practischen Vernunft verloren und es trete die sittlich verpönte Heteronomie ein. „Unabhängigkeit von aller Materie des Gesetzes ist Freiheit im negativen, die eigene Gesetzgebung aber der reinen und als gesetzgebender zugleich practischen Vernunft ist Freiheit im positiven Verstande";[2] sie ist „das alleinige Princip der Sittlichkeit". Durch die Heteronomie entsteht die Unlauterkeit (*impuritas, improbitas*) des menschlichen Herzens, die darin sich zeigt,

---

sie ist „eine Demütigung" und „Schwächung" des Eigendünkels; sie ist „so wenig ein Gefühl der Lust, dass man ihr sich in Ansehung eines Menschen nur ungern überlässt".

1) Krit. d. pract. Vernunft 36 ff. 54 ff. 14. 113; Relig. innerh. d. Grenzen d. Vernunft 131 ff.; Erdmann, Gesch. d. Philosophie II, 350.

2) Krit. d. pract. Vernunft 58—71. 74 ff. 110 ff.; Relig. innerh. d. Grenzen d. Vernunft 61 ff. Da der Begriff des Guten und des Bösen nicht vor dem moralischen Gesetze, sondern nur nach demselben und durch dasselbe bestimmt werden müsse: so sei es ein uralter Fehler der ethischen Systeme, dass sie einen Gegenstand nach Begriffen des Guten und Bösen zum Grunde alles practischen Gesetzes machten, der doch ohne vorhergehendes Gesetz nur nach empirischen Begriffen gedacht werden könne. „Mochten sie diesen Gegenstand der Lust, der den obersten Begriff des Guten abgeben sollte, in der Glückseligkeit, in der Vollkommenheit, im moralischen Gesetze oder im Willen Gottes setzen: so war ihr Grundsatz allemal Heteronomie; sie mussten unvermeidlich auf empirische Bedingungen zu einem moralischen Gesetze stossen, weil sie ihren Gegenstand als unmittelbaren Bestimmungsgrund des Willens nur nach seinem unmittelbaren Verhalten zum Gefühle, welches allemal empirisch ist, gut oder böse nennen konnten.",

dass die Maxime nicht das Gesetz allein zur hinreichenden Triebfeder in sich aufnimmt, sondern noch anderer Triebfedern bedarf,
also dass pflichtmässige Handlungen nicht rein aus Pflicht gethan werden. Dazu komme noch ein Doppeltes, was unter Voraussetzung der Heteronomie nicht gelte: nämlich, dass, was nach dem
Princip der Autonomie der Willkür zu thun sei, für den gemeinen
Verstand ganz leicht einzusehen sei und dass dem kategorischen
Gebote der Sittlichkeit Genüge zu leisten (d. h. die erkannte Pflicht
zu erfüllen) in jedes Gewalt sei zu aller Zeit.[1]

Was den im Begriffe der Autonomie als Selbstgesetzgebung
liegenden scheinbaren Widerspruch betreffe: so sei diese eigene
Gesetzgebung so zu verstehen, dass der Mensch als Noumenon
das Gesetz gebe, als Phänomenon es erhalte. Drücke auch
die Majestät des Gesetzes den Menschen als Phänomenon nieder, so
wirke doch die Achtung vor dem Gesetze dermassen erhebend,
dass nach Ueberwindung der Furcht und des Zitterns die Hoffnung
auf Vermehrung der sittlichen Kraft, ja sogar die Bereitwilligkeit
zur Gesetzeserfüllung sich einfinde, obschon der Mensch nie dahin
kommen könne, alle moralischen Gesetze gern zu thun; denn dies
sei nur dann denkbar, wenn in ihm nicht einmal mehr die Möglichkeit der Begierde, die zur Abweichung reize, vorhanden sei;
dann aber müsste die Achtung vor dem Gesetze zur Liebe des Gesetzes, die Moralität und Tugend zur Heiligkeit selbst werden, ja
das Gesetz müsste aufhören Gebot zu sein: doch dies anzunehmen,
sei religiöse oder moralische Schwärmerei.[2]

Da diese Sätze direct und indirect auch gegen Ursprung und
Inhalt des biblisch-christlichen Sittengesetzes polemisieren, so mögen
die biblischen Urteile hier eine Stelle finden, die Kant's Prämissen
widersprechen.

------

1) Krit. d. pract. Vernunft 61 f.; Relig. innerhalb d. Grenzen d. Vernunft 22. 42 f. 52.

2) Krit. d. pract. Vernunft 139 ff. 149 ff. 230 ff.; Religion innerhalb d.
Grenzen d. Vernunft 18 f. 55 ff. 87 ff. Vgl. Erdmann, Gesch. d. Philos. II,
348 ff. — Zur Kritik vgl. Pünjer, Die Religionslehre Kant's 1874; Hildebrand, Grundlinien der Vernunftreligion Kant's 1875. Jener betont besonders die Selbstwidersprüche Kant's bei Bestimmung von Religion und
Sittlichkeit, dieser weist die Unmöglichkeit einer blossen Vernunftreligion
nach. — Thilo, Gesch. d. Philosophie 233 f. (1881. 2. Aufl.).

Dass im Innern des Menschen ein Gesetz sich vorfinde, das mit absoluter Machtvollkommenheit ausgerüstet seine Forderungen fort und fort ausspreche, dessen Ursprung aber für uns rätselhaft sei, ist eine der Grundlehren auch des neuen Testamentes (Röm. 2, 14 ff.; 7, 15 ff.). Aber es erscheint da nicht als Vernunftgesetz, geschweige als absolutes Vernunftgesetz: von der **erfahrungsmässigen** sittlichen Beschaffenheit des Menschen ausgehend protestiert das Christentum (wie jede positive Religion) gegen den angeblichen **Vernunftursprung des höchsten** Gesetzes sowie gegen dessen **Absolutheit.** Des Menschen νοῦς erscheint derart durch die in σάρξ und μέλη dominierende ἁμαρτία geknechtet, dass die erste Forderung des Christentums die μετάνοια ist, d. h. völlige Umwandelung des νοῦς.[1] Diesem finster gewordenen Auge fehlt die Sehkraft für das hoch über dem Menschen, wie er ist, stehende Heilige (Matth. 6, 23). Ihm kann das **oberste** Gesetz **weder entstammen noch entsprechen** (Röm. 7, 12. 14).[2] Dieses oberste Gesetz ist seinem **Ursprunge** nach **göttlich** (νόμος τοῦ θεοῦ

---

1) Matth. 3, 2; 4, 17; 5, 3. 6; Joh. 3. 5. 8. 3; 1, 3. 5. 11 f.; Eph. 2, 8; 4, 17. 18. 23. 24. Die μετάνοια ist keineswegs nur That des Menschen, sie vollzieht sich nicht ohne göttlichen Gnaden- und Geistesbeistand; vgl. Weiss, Bibl. Theologie 68—70. 243 ff.

2) Im neuen Testamente findet sich νοῦς an 22 Stellen: 19 mal in den Paulinischen Briefen, 2 mal in der Apokalypse, 1 mal bei dem Pauliner Lucas; die Vulgata übersetzt νοῦς meist mit *sensus* (Röm. 1, 28; 11, 34; 12, 2; 14, 5; 1 Cor. 1, 10; 2, 16; 14, 14 f.; Eph. 4, 17; Phil. 4, 7; Col. 2, 18; 2 Thess. 2, 2; Apokal. 17, 9; Luc. 24, 45), seltener mit *mens* (Röm. 7, 23. 25; 1 Cor. 14, 19; Eph. 4, 23; 1 Tim. 6, 5; 2 Tim 3, 8; Tit. 1, 15) einmal mit *intellectus* (Apokal. 13, 18): nie durch (Kant's) *ratio*. Während νοῦς (von νοεῖν), *sensus* (von *sentire*), Vernunft (von vernehmen) vorwiegend rezeptiv ist, ist die Kant'sche *ratio* mehr **spontan,** sie sucht und entwickelt, sie beurteilt und befiehlt. — Dass Paulus vor allen anderen Aposteln den νοῦς und die Notwendigkeit seiner Reformation betont, hängt mit seinem Apostolat unter den Heiden, unter den Hellenen zusammen. Als **theoretisches Fassungsvermögen** erscheint νοῦς Luc. 24, 45; Phil. 4, 7; Apok. 13, 18; 17, 19; 1 Cor. 14, 14. 15. 19; als **sittliche Denkart,** als Gesinnung und Ueberzeugung mit Beziehung auf die Beeinflussung des Willens Röm. 1, 28; 7, 23; 11, 34; 12, 2; 1 Cor. 2, 16; 1 Tim. 6, 5; 2 Tim. 3, 8; Eph. 4, 17. 23; Tit. 1, 15; Col. 2, 18; — Röm 14, 5; 1 Cor. 1, 10; 2 Thess. 2, 2: so dass also die sittliche, die practische Anlage und Funktion des νοῦς **vorwiegend** betont wird. Vgl. Delitzsch, Bibl. Psychologie 139 ff.; Beck, Bibl. Seelenlehre 48 ff.; v. Zezschwitz, Profangräcität 69 ff.; Weiss, Bibl. Theologie 217 ff. 345 f. 458. 578.

Röm. 7, 25; 8, 7), seinem Wesen nach geistig im specifisch-
christlichen Sinne (Röm. 7, 12. 14): denn Gott ist Geist schlechthin
(Joh. 4, 24; 16, 8—11; 2 Cor. 3, 17). Göttlich und geistig ist nicht
nur Israels (Röm. 9, 4; 2, 17; 3, 2; Glt. 3, 19; Hebr. 2, 2) besonders geoffenbartes Gesetz, sondern auch das der Heidenwelt ins Herz
geschriebene und angeborene Gesetz, dessen Deutung durch das Gewissen,[1] dessen Erfüllung φύσει[2] (d. h. in Folge der sittlichen Naturanlage) geschieht (Röm. 2, 14 f.) oder doch geschehen sollte
(Röm. 1, 21 ff. 7, 15 ff.).

Denn ein ἕτερος (anders, nicht nur der Zahl, sondern auch der
Art nach) νόμος, dessen Sitz und Organ die σάρξ, die μέλη sind
und das von der ἁμαρτία ausgeht, hält den νόμος θεοῦ nieder
(Röm. 7, 23. 25). Der Mensch ist erfahrungsmässig σάρκινος,
ὑπὸ τὴν ἁμαρτίαν πεπραμένος und deshalb steht ihm der νόμος
πνευματικός fremd, feindlich gegenüber; der ἔσω ἄνθρωπος und der
noch nicht aller sittlichen Kritik und Energie bare νοῦς ist ja

---

1) Die συνείδησις gehört zum natürlichen Geistesleben des Menschen
(Röm. 2, 15; 13, 5; 1 Cor. 8, 7. 10. 12; 10, 25—29; 2 Cor. 1, 12; 4, 2; 5. 11)
und fällt das Urteil über die sittliche Qualität der Handlungen und Gesinnungen (Hebr. 13, 18), auch ehe sie (ἡ συνείδησις) zur Stimme des πνεῦμα
(ἅγιον) im Wiedergeborenen wird. Das Wort (τὸ συνειδός, später erst ἡ
συνείδησις) entstammt dem Heidentume; es findet sich nicht bei Israel,
dem Volke des geschriebenen und in zahllose Satzungen (365 Verbote, 248 Gebote) gegliederten Gesetzes. Wie der νοῦς kann auch die
συνείδησις (das innere Bewusstsein um den Herzenszustand) sich ver-
dunkeln (2 Tim. 1, 9); Wissen und Gewissen hängen zusammen wie
Irrtum und Schuld (Matth. 6, 23; Röm. 1, 19 ff. 23 ff.; Eph. 4. 17—23). Vgl.
Weiss, Bibl. Theologie 146. 315 f. 458. 487 f.; Ebrard, Apolog. I. 215 f.;
Baumstark, Apolog. I. 210 ff. 219 ff.; Luthardt, Zeitschr. f. kirchl. Wissenschaft 1880, Heft 1, 24 ff.; Harless, Ethik (6. Aufl.) 51 ff.; Ulrici, Gott und
Mensch I, 631 ff.; Rud. Hofmann, Lehre vom Gewissen 1866; Kähler, Das
Gewissen (I, 1: Altertum und neues Testament) 1878; Delitzsch, Biblische
Psychologie 95 ff.; v. Zezschwitz, Profangräcität 75; Martensen, Ethik I.
457—473.

2) Das φύσει in Röm. 2, 14 legt ein Zeugnis ab für die *anima naturaliter Christiana*, der (Röm. 1, 19 ff.) Gott sich in der Natur (τὰ ποιήματα)
durch den νοῦς (τὰ νοούμενα) offenbart. Dem stoischen Gesetze (τῇ φύσει
ὁμολογουμένως ζῆν) liegt die Wahrheit zu Grunde, dass die Naturordnung
eine göttlich sanktionierte und für das Menschenleben typische ist; auch
die Gleichnisse des Herrn sehen in der Naturordnung Symbole und Spuren
des göttlichen, rein geistigen Lebens. (Alles Vergängliche ist nur ein
Gleichnis.)

ohnmächtig, es zu erfüllen.[1] Unerreichbar steht das hehre Gesetz Gottes (oder des Geistes) über der gesunkenen Menschheit, so lange sie nicht durch den charismatischen Gottesgeist auf Grund eigener μετάνοια umkehrt vom Wandel ἐν ματαιότητι τοῦ νοός und ἀνανεοῦται τῷ πνεύματι τοῦ νοός (Eph. 4, 17. 23.).

Nur scheinbar leistet die Paulinische Stelle Röm. 7, 23 der Kant'schen Behauptung vom Vernunftsprunge des Sittengesetzes Vorschub, sofern die Worte τῷ νόμῳ τοῦ νοός (vgl. 7, 22: κατὰ τὸν ἔσω ἄνθρωπον) Kant's Satz zu bestätigen scheinen, dass der Mensch als Noumenon das Gesetz gebe (als Phänomenon es erhalte.) Doch 1) ist τοῦ νοός nicht *gen. auctoris*, sondern lokal zu verstehen entsprechend dem vorausstehenden (ἕτερον νόμον) ἐν τοῖς μέλεσιν, abgesehen davon, dass V. 22. 25 ausdrücklich als Autor des Gesetzes Gott genannt ist. 2) Der Kant'sche Gegensatz zwischen dem Noumenon und Phänomenon des Menschen deckt sich nicht mit dem

---

1) Das psychologische Verhältnis zwischen νοῦς und dem animalischen πνεῦμα erhellt aus Eph. 4, 23; 1 Cor. 14, 14—19; νοῦς ist spontan, aktiv, er urteilt, indem er dialektisch von den Erscheinungen auf das Wesen schliesst; πνεῦμα ist zunächst passiv (Endung μα. *afflatus divinus*) und wird in rätselhafter Weise, innerlicher und heftiger als jener erregt durch Eindrücke, die sich der rationalen Kritik entziehen. Eph. 4, 23 lautet die Forderung ἀνανεοῦσθαι τῷ πνεύματι τοῦ νοός, d. h. nicht nur τῷ νοΐ, sondern im Innersten, im Sanctuarium des νοῦς (Bengel: πνεῦμα *penetrale* τοῦ νοός; *spiritus est intimum mentis*). Vgl. Weiss, Bibl. Theol. 249 ff. 345 f. In 1 Cor. 14, 14 ff stehen sich πνεῦμα und νοῦς gegenüber: den Geist entführt die ekstatische, rein persönliche und individuelle, darum objektiv unverständliche Begeisterung nach der Höhe, so dass eine Kluft sich aufthut zwischen der stürmisch erregten Gefühlsempfindung und dem nüchternen, allgemein verständlichen Vernunftausdruck; was der Geist unmittelbar empfindet in einer höheren Sphäre, soll der νοῦς nur übersetzen in die Sprache des gewöhnlichen Lebens; freilich versagt ihm gar leicht die Sprache gegenüber den dunkelen, der gewöhnlichen ¦psychologischen Erfahrung fremden Gemütsphänomenen; daher νοῦς ἄκαρπός ἐστι für die Hörer (denn *fructum habet, sed non affert*). — Vermag nun der νοῦς nicht einmal, der Interpret des rein natürlichen Geisteslebens im Menschen zu sein, so ragt er vollends nicht empor zum Verständnis des πνεῦμα (ἅγιον) θεοῦ, der reformatorischen Macht der Gnade, des gottgegebenen Principes des neuen Lebens (Röm. 1, 28; Eph. 4, 17; Col. 1, 9; 2. 18; Apg. 3, 19; 26, 20; 1 Cor. 2, 16; Röm. 12, 2; Hebr. 6, 1; Apokal. 2, 21 f.; 9, 20 f.; 16, 11); vgl. Luthardt, Lehre v. freien Willen 397 ff.; Weiss, Bibl. Theol. 326 ff. 331 ff. 353 f. — Ueber die relative Hoheit des νοῦς vgl. Weiss, a. a. O. 248—253. 386; Pfleiderer, Paulinismus (1873) 62.

Paulinischen zwischen νοῦς und σάρξ (μέλη), denn beide letztere
Potenzen *(im homo nondum renatus)* haben bei Paulus über sich
das von Kant ignorierte πνεῦμα (ἅγιον) θεοῦ, d. h. die übernatürliche Potenz der Erlösung *(im homo renatus)*. 3) Eine Parallele
zu dem Kant'schen Noumenon des Menschen könnte allenfalls bei
Paulus in (1 Cor. 15, 45 ff.) dem „Geistesmenschen“ gefunden werden, der als Urbild der neuen, zweiten Menschheit und als Anti-
typus der empirischen sündigen Menschheit erscheint; jedoch ist
die Parallele nicht durchführbar, da Kant die Objectivität des Erlösers und des charismatischen Geistes leugnet und in subjective
Gedanken oder Eigenschaften umsetzt: ein Verfahren, das als letzte
Konsequenz die Identifizierung von Gott und dem Noumenon
des Menschen fordert, als deren Ausfluss die absolute Geltung
des Vernunftgesetzes als eines dem Menschen immanenten erscheint.[1]

Kant's Erklärung: „reine Vernunft ist für sich allein practisch und giebt ein absolutes Gesetz“ dürfte sich als eine Erschleichung herausstellen sowohl betreffs des Ursprunges, als des
Wortlautes, als der Gültigkeit und Wirksamkeit des Gesetzes.

Unmittelbar aus der Vernunft leitet Kant sein „absolut gültiges“ Gesetz ab. Und doch ist es mit der practischen Vernunft
nicht mehr *res integra,* nicht mehr eignet *in concreto* der
Vernunft die ihr an sich ja zukommende Fähigkeit, allgemein
Gültiges festzusetzen. Die intelligible That kommt ja auf Rechnung
des Noumenon im Menschen und seiner Freiheit; und jene

---

1) Den Anspruch des älteren Rationalismus, seine Vernunftlehren als
Kern der Schriftlehren, anerkannt zu sehen (vgl. Weiss, Bibl. Theol. 21. 21;
Kahnis, Innerer Gang d. Protest. II. 102. 106 ff. 121 f.) weist u. a. Rothe
(Theol. Ethik III, 161 f.) nachdrücklichst zurück. „Das Sittengesetz darf
nicht als natürliches bezeichnet werden; von Natur liegt wohl das un-
abweisliche Bedürfnis desselben in uns, aber nicht es selbst, auch
nicht das Vermögen es aufzufinden. Es ist somit auch kein s. g. Vernunftgesetz. Im Zustande der Integrität der Vernunft würde es
überhaupt nicht vorkommen, von der alterierten kann es schlechthin nicht entdeckt werden. Es kann vielmehr nur ein positives
sein. d. h. ein dem Menschen mit seinen Anmutungen sich von aussen her
mit einer ihm gebietenden Autorität gegenüberstellendes Es ist nur als
göttliches denkbar (unbeschadet übrigens seiner geschichtlichen Vermittelung): denn kein natürliches menschliches Individuum steht ausserhalb der Sünde und der durch sie angerichteten Verwirrung.“

That wirft ihre starken Schatten in unser empirisches Dasein herein, nämlich die sittliche Imputation und den Hang zum Bösen. Es ist doch Willkür, wenn Kant gegenüber der von ihm bewiesenen Blindheit der theoretischen Vernunft eine Allmacht der practischen Vernunft postuliert in sittlichen Fragen, trotzdem gerade die practische Vernunft in directem Zusammenhange mit der Urthat steht. Ob die Vernunft, gemäss etwa der Platonischen ἀνάμνησις, trotz der Verdunkelung und Schwächung der sittlichen Menschennatur durch das radicale Böse, das absolute Gesetz noch zu finden und aufzustellen vermag: dies ist die Frage, welche Kant durch blosse Postulate, nicht durch Beweise für die thatsächliche Vernunftkraft beantwortet.

Die Formel, der Wortlaut ferner, worin uns Kant's kategorischer Imperativ entgegentritt, ist sicherlich kein apriorisches Factum der menschlichen Vernunft überhaupt; sie ist eine, keineswegs leicht verständliche und populäre Abstraction, zu welcher Kant auf dem Wege der Kritik[1] (der früheren, meist materialen und oft empirischen, pathologischen Principien) und der Accommodation[2] (an das christliche Kardinalgesetz der Heiligkeit und Liebe) gelangte. Diese seine individuelle Formel nun giebt er als unbedingte und einzig gültige, als allgemein empirische aus.

Gegen die Gültigkeit und die Kraft des von Kant aufgestellten „ausschliesslich formalen" Gesetzes sind von jeher[3] die lautesten Proteste erhoben worden. „Kalt, stolz, gefühllos" er-

---

1) Krit. d. pract. Vernunft 61 ff. 229 ff. 40 ff.

2) Deut. 6, 4; Matth. 22, 38 ff.; Levit. 19, 2; Matth. 5, 8. 48; 1 Joh. 4, 9—21; Jacob. 3, 2. Es ist bezeichnend, dass Kant als Moralprincip des Christentums nur die Heiligkeit (nicht auch die material gefärbte, da aus Gott stammende und zu Gott führende Liebe) nennt; er kommt nicht über die alttestamentliche starre, strenge Formel des Gesetzes hinaus: und doch entlehnte er den sachlichen Kern seines kategorischen Imperatives — die Vernichtung jedes Egoismus — nicht aus dem Judentume, das die „Nächstenliebe" nur auf die Genossen des eigenen Volkes und Glaubens ausdehnte (Matth. 5, 46. 47; Luc. 10. 25—37; Galat. 3, 26; Joh. 4, 9).

3) Vgl. Zeller, über das Kant'sche Moralprincip; Schiller, über Anmut und Würde (Bd. 11, 350 ff); Schleiermacher, Krit. aller Sittenl. 64 f. 74 f. 134 f. 137 ff.; Baader, Weltalter 250 ff.; Dorner. Gesch. d. Protest. 742 ff.; Martensen, Ethik I, 283. 473. 478. 471. 484. 501 f.; Ebrard, Apologetik I, 218. 236. — Die Schiller'schen Epigramme Bd. 1, 375. 392 enthalten keine Uebertreibungen, wenn man die Kant'sche Definition von Pflicht als „einer Nötigung zu einem ungern genommenen Zwecke" sich vergegenwärtigt

4*

schien diese abstracte, das Wie des individuellen Handelns nur
mysteriös andeutende Formel nicht nur denen, die sich zum lebensvollen religiös abgeleiteten Materialprincipe der christlichen Liebe
bekannten, sondern auch denen, die von der factischen Konstitution
des Menschen ausgehend, Kant's feindseligen Gegensatz gegen Nei-
gung und Sinnlichkeit als Spiritualismus verurteilten. Das „Frei-
sein" des Kant'schen Imperatives von jedem materialen Bestimmungsgrunde erschien allgemein als ein „Leersein", als Mangel und Fehler,
sobald es sich um die Kraft und den Willen, das Gesetz zu erfüllen, handelte. — 1) Es ist nicht abzusehen, wie der rein formale Grundsatz sich in reale Gebote umsetzen lässt. Denn a) so
lange jener nur ein abstractes Verhältnis angiebt, so lange kann
er nur als Kriterium für gegebene Fälle dienen, nicht aber als
Quelle realer Gesetze, Tugenden und Pflichten. Mit dem Bewusstsein der höheren Menschennatur ist noch nicht die Kraft zum neuen
Handeln, sondern nur der Massstab gegeben, der die Einzelmaxime
darauf hin prüft, ob sie sich eigene, allgemeines Gesetz zu werden.[1]
b) Auch die Kant'schen Bestimmungen von einem Reiche der Zwecke
und vom Menschen als Selbstzweck schlagen keine Brücke vom Formalen zum Realen, weil sie selbst lediglich formal keinen Ver-
bindungsbegriff aufstellen, der eine reale Bezeichnung für die
absolute Maxime enthalten müsste. c) Ferner ist der Sprung von

(Krit. d. pract. Vernunft 143 ff.) und festhält, dass der harte, finstere
Pflichtbegriff unerfüllbar bleibt und nur endlosen Kampf, ohne des
Kampfes Ende je absehen zu lassen, in Aussicht stellt. da jede Gnadenhilfe und Gnadenverheissung ausgeschlossen bleibt. — Goethe lehnt die
Strenge des Kant'schen Moralgesetzes mit den, freilich mattherzig die
Schwächen des Menschen entschuldigenden Worten ab: „Ich habe vor
dem kategorischen Imperativ allen Respekt; ich weiss, wie viel Gutes
aus ihm hervorgehen kann; allein man muss es damit nicht zu weit
treiben, denn sonst führt diese Idee der ideellen Freiheit sicher zu nichts
Gutem." Eckermann, Gespr. mit G. I, 309. Die Forderung übersteigt
die Kräfte dessen, dem sie gilt. — Energischer betont dies Baur, Die
christl. Gnosis (1835) 667 f. „Die Kant'sche Religion ist, ungeachtet aller
Antipathie gegen das Judentum, doch selbst nur eine Religion des Gesetzes, da sie, wie dies das Wesen des Gesetzes ist, den Widerspruch des
Einzelnen mit dem moralischen Sollen nie aufheben kann, und so lange
der Erlöser immer wieder in die unerreichbare Ferne eines Ideales ent-
schwindet, auch das Göttliche und Menschliche nie wahrhaft werden lässt."
    1) Konkrete Erläuterung in Jesaias 6, 4 ff.; Exodus 3, 1 ff.; 4, 13 f;
1 Joh. 4, 17 ff.

der als notwendig angenommenen einmaligen Aufforderung des Ich, von dem eine völlige Revolution fordernden kategorischen Imperativ im Ich, zur Allgemeinheit nicht innerlich motiviert, da thatsächlich die Kant-Fichte'sche Ethik bei der Pflicht des Individuums stehen bleibt und den Zusammenschluss der Individuen als zufällig und nebensächlich für das System behandelt. — 2) Das Fehlen eines realen Begriffes für den Inhalt des obersten Gesetzes lässt den sittlichen Trieb und das Gesetz nicht als absolut und frei thätig erscheinen. Denn a) ist das Gesetz sachlich wesentlich kritisch und komparativ, so muss die zu kritisierende Maxime ja schon vor dem Gesetze gegeben sein; das Gesetz kann also durch und aus sich allein nichts hervorbringen. So erhält es eine passive und relative Stellung, so lange nicht die unmittelbare Aufforderung zur Einzelthat von anderwärts an dasselbe herantritt (dies aber ist gegen die Spontaneität des Kant'schen Gesetzes). b) Aus dieser passiven Stellung des Gesetzes nun folgt, dass die Unterlassung nicht schlechthin als widersittlich zu bezeichnen ist, da die sittliche Thätigkeit als abhängig von einer früheren, anders motivierten zu denken ist. So lange die dem allgemeinen Gesetze entsprechende Maxime noch nicht ins Bewusstsein trat, so lange darf eine ethische Beurteilung dieser thatsächlichen Pflichtversäumnis darum nicht stattfinden, weil das Nichterkennen kein absichtsvolles ist.[1] Dies Nichterkennen aber ist ein Beweis für die Schwäche der sittlichen Kraft des Gesetzes und für das Unzureichende seiner Bestimmungen.[2]

　　Dieser Wahrnehmung hat sich auch Kant insofern nicht verschlossen, als er — freilich im Widerspruche mit der Ausschliess-

---

1) Vgl. Röm. 4, 15ᵇ οὖ οὐκ ἔστι νόμος. οὐδὲ παράβασις, d. h. es kann wohl thatsächliche ἁμαρτία (Verfehlen des Weges und des Zieles), aber nicht in der Form der absichtsvollen, mit Bewusstsein vollführten παράβασις da sein.

2) Im Nathan (IV, 7) führt Lessing die edele, fast übermenschlich edele That Nathans (Adoption eines Christenkindes an Stelle seiner eben erst von Christen gemordeten sieben Kinder) auf „die allmählich wiederkehrende Vernunft" zurück. Freilich: ob je solcher Sinn und solche That die lebensvolle Frucht sein kann aus der trockenen Wurzel der „trockenen Vernunft" (III, 5)? — Das an Kant erinnernde Vernunftgebot: „Uebe, was du längst begriffen hast; was sicherlich zu üben schwerer nicht, als zu begreifen ist, wenn du nur willst," ist nicht oder doch sehr schwach motiviert (*video meliora proboque, deteriora sequor: trahit invitum nova vis aliudque cupido, mens*

lichkeit und Selbstgenügsamkeit des von ihm aufgestellten Sittengesetzes — die abstracte Vernunftordnung ergänzt durch die aus
anderen Kräften (Gefühl und Gemüt, Phantasie und Liebe) abge-
leitete Forderung der individuellen Glückseligkeit. Zwar
erscheint letztere nur indirect als egoistische, sofern zur eigenen
Tugend und Vollkommenheit zunächst die Forderung fremder Glückseligkeit und für den nach strengem Vernunftgesetze Handelnden
zunächst nur der Anspruch tritt, der Glückseligkeit „würdig" zu
sein. Allein diese Wendung drängt zwar den Eudämonismus um
einen Schritt zurück, vermag ihn aber nicht aus der Perspective
zu bannen. Jedenfalls wird durch Einführung der dem Sittengesetze heterogenen Glückseligkeitsforderung das strenge, einheitliche
Princip dem Dualismus geopfert; und aus diesem erhellt, dass
auch für Kant die strenge Durchführung des Gesetzesformalismus,
die absolute Vermeidung jedes materialen Motives, sich als Unmöglichkeit erwies. Sein ethisches Gesetz und Princip erscheint demnach nicht wahrhaft frei und von sich aus bildend, sondern nur
als ein kritisches, beschränkendes, formell herrschendes. Das wahrhaft freie und befreiende, lebendige und belebende Gesetz muss mehr
sein als blosse imperativische Formel; im „vollkommenen, königli-
chen Gesetze der Freiheit" müssen Inhalt und Form (Liebe) principiell Eines sein. Die „Liebe" ist nicht nur der Inbegriff alles
Gesetzes (Röm. 13, 10; 1 Cor. 13, 13; Joh. 15, 12—17), sondern
auch der Wesensbegriff des *summum bonum* (Gottes: persönlich, der Tugend: sachlich); vgl. 1 Joh. 4, 9–16; Joh. 14, 6;
15, 6 ff.; 1 Pet. 2, 9. 21 ff.; Gal. 2, 20.

Gegen dieses Kardinalgesetz des Christentums hat Kant sich
deshalb verwahrt, weil es als Theonomie zugleich Heteronomie
sei. Im Sinne Spinoza's[1] dringt auch der Kant'sche Rigorismus des
Gesetzes und der Pflichterfüllung stolz darauf, dass der Mensch
nicht verlangen solle, von Gott geliebt zu werden, und dass ihm
ipsa virtus beatitudo sein müsse; alle Liebe ist für Kant (wie für
Spinoza) nur „pathologisch", „empirisch", fällt also ausserhalb der

---

aliud suadet); Lessing selbst lässt unmittelbar darauf seinen Nathan
in Demut „zu Gott rufen": „Ich will, willst du nur, dass ich will." Vgl.
Augustin (*opus imperf.* 1, 95): *dominus operatur in nobis et velle.*
   1) Spinoza, Ethik V. Lehrs. 17. 19. 40. 42 (Ausgabe von Kirchmann
S. 211 ff. 256 f.); dazu Erläuterungen 170 f. 182 f. — Nur scheinbar so
Jacob. 1, 25.

Kategorie des Sittlichen; und ebenso ist ihm nur das Handeln, die eigene Thätigkeit sittlich. Freilich beruht diese Abneigung Kant's gegen das oberste Gesetz und Princip der christlichen Ethik auf einem Missverständnis desselben. — Dass diese „Liebe" (ἀγάπη ist höherer Begriff als die momentan sich bethätigende, rein menschliche φιλία, vgl. Joh. 21, 15—17) nichts Sinnliches, Pathologisches (ἔρως nirgends im neuen Testamente) enthält und enthalten soll, beweist schon die Thatsache, dass ἀγάπη die *virtus absoluta*, die *virtus formata* (*forma* gleich εἶδος im Aristotelischen Sinne) des Christentums ist, die Seele und der Kern aller christlichen Tugend (1 Cor. 13; Galat. 5, 6; Matth. 22, 37 ff.). Die Religion der Gnade und der Erlösung kennt freilich keine Tugend, die nur von dieser Welt und für diese Welt wäre, die im Sein und Können des Ich ihre ausschliessliche Begründung fände;[1] sie knüpft den Menschen dieser Welt an den Gott jener Welt. Darum sind auch Liebe und Glaube Wechselbegriffe;[2] Johannes, der Apostel der Liebe, fordert im Thema seines Evangeliums (3, 16) den Glauben des Menschen als Antwort auf Gottes Liebe und Gnade (vgl. 20, 31), und Paulus, der Apostel des Glaubens, dichtete nicht nur den Hymnus der Liebe (1 Cor. 13), sondern preist sie auch als höchstes χάρισμα (1 Cor. 12, 31—13, 3) und als die göttliche Energie im Glauben (Galat. 5, 6). Glaube und Liebe sind beide: persönliche Hingabe auf Grund moralischer Ueberzeugung und moralischen Vertrauens. Das Gebot der Liebe hat seine Erfüllung, seine urbildliche und vorbildliche Realität in der *viva lex*,[3] die in Christo erschien als höchste Offenbarung (λόγος) des Gottes, der die Liebe ist; das Gesetz und die Incarnation der Liebe will uns emporführen zu dem Urquell der heiligen, ewigen Liebe. Das Mysterium des Christentums und die oberste Forderung des

---

1) Kahnis, Dogmatik I (1. Aufl.), 139 ff.; Weiss, Bibl. Theologie 214 f. 279 f. 356 f. 360. 381. 614 f. 654 f.

2) Auch die vier heidnischen Kardinaltugenden behalten im Christentume noch neben 1 Cor. 13. 13 ihre Bedeutung; vgl. σωφροσύνη Röm. 12, 3; 1 Petr. 4, 7; Tit. 2, 6; 2 Cor. 5, 13; 1 Tim. 2, 9. 15; Apg. 26, 25; δικαιοσύνη 1 Tim. 6, 11; 2 Cor. 9, 9 f.; Eph. 3, 24; 5, 9; 6, 14; Hebr. 1, 9; 1 Joh. 2, 29; σοφία Apg. 6, 22; 1 Cor. 12, 8; Matth. 15, 54; Luc. 2, 40. 52; Apg. 6, 3; 7, 10; Eph. 1, 8; Col. 2, 3; 2 Petr. 3, 15; Apokal. 17, 9; ἀνδρεία klingt nur aus ἀνδρίζεσθε 1 Cor. 16, 13 wieder.

3) Bei Lactantius (*institut.* 4, 11. 17. 23. 25) erscheint Christus als *viva praesensque lex*; vgl. Dorner, Christi Person I. 177 ff.

christlichen Gesetzes besteht in der Kommunion, d. h. des Einzelnen mit Gott und seinen Brüdern (Eph. 5, 32; 1, 10; 2 Cor. 8, 9; 1 Cor. 10, 16; 15, 28; 1 Joh. 4, 9—21; Joh. 13, 34; 14, 6 ff.). Ist das Wesen und das Endziel des Christentums Gemeinschaft mit Gott und den Kindern Gottes auf Erden, so ist die Art und Weise, es zu erreichen, nach dem Gotte zu bestimmen, ἐξ οὗ und ἐν ᾧ und εἰς ὃν τὰ πάντα (Röm. 5, 5; 11, 36; 1 Cor. 15, 28), d. h. aus der Art der Liebe heraus; als Gegensatz zu allem Egoismus, der Wurzel und dem Wesen des Bösen, trägt sie die vollendete Heiligkeit als integrirendes Moment in sich.[1] Diese Liebe ist recht eigentlich transscendental, da von oben kommend (Röm. 5, 5) und nach oben führend (1 Joh. 4); weil Gottes Abglanz im Menschen ist sie ewig (1 Cor. 13, 8 ff.) und universal (Matth. 5, 44 ff.; 1 Petr. 1, 15; Eph. 4, 13. 15 f.). — Gegenüber dem Kant'schen Argwohn, es wäre die christliche Theonomie und das Princip der Liebe als *summa lex* das Grab strenger Sittlichkeit, sei an die Platonischen Ausführungen (*de re publ.*, 6. 7. Buch) erinnert, wonach das Gute nicht nur das in sich selbst Vollkommene, sondern auch das sich selbst Mitteilende ist;[2] sein sinnliches Abbild habe es an der Sonne, welche die Dinge nicht nur sichtbar mache, sondern ihnen auch Leben und Gedeihen schenke; auch sei das Gute etwas Höheres als nur Dasein und Wesen, wohl aber teile es dies Alles uns mit.[3] Und andererseits ist des Menschen Liebe zu Gott nicht nur als sentimentaler Affect zu fassen, sondern als die Sehnsucht des nach Gottes Bilde Geschaffenen und in der Unruhe der Welt wie im Unfrieden des eigenen Herzens vom Heimweh Ergriffenen, der aus den Zerrbildern und Bruchstücken (1 Cor. 13, 9—12; Röm. 8, 19 ff.) des irdischen Daseins heraus zurückstrebt zur Quelle und Fülle des wahren Lebens (Eph. 1, 10; Joh. 14, 6 f.; 1, 12 ff.). Den Wahn

---

1) Köstlin (Studien und Kritiken 1879, S. 608) leitet „Seligkeit" nicht ab von *saal* = Fülle, sondern von *sâl* = gut, *saelde* — Gutsein, Gutgeraten, also *saelec* = besitzend was gut ist. — Vgl. Martensen, Ethik I, 490: „Christi Heiligkeitslehre ist zugleich Seligkeitslehre"; vgl. auch Rothe, Ethik II, 194 f.; III. 212.

2) Vgl. in Röm. 5, 7 die Subordination des δίκαιος unter den ἀγαθός; auch Matth. 19, 17. 20 f.

3) Vgl. Martensen, Ethik I, 32. 43. 63 f. 87. 253. 247. 306. 309. 483—485. 490 f. 498.

endlich, als ob Gottes Gnade und Liebe den Ernst des Gesetzes und der Gesetzeserfüllung schwächten, hat gerade das Christentum durch seinen Stifter und dessen grossen Heidenapostel auf das Nachdrücklichste bekämpft.[1] Allerdings reifen die Früchte des Geistes (Galat. 5, 22 f.) nicht unter dem Gesetzesdienste (Galat. 5, 18; 3, 23 ff.); und wer Gotte leben will, muss zuvor dem ertötenden Buchstaben des Gesetzes sterben (Galat. 2, 19; Joh. 6, 63); aber auch dem Glauben und der Liebe eignet die sittliche Energie des freien, willigen Gehorsams, der das selbstische Ich untergehen und je länger desto mehr übergehen lässt in Gott (Röm. 6, 4 ff.; Eph. 4, 22 ff.; Col. 2, 12; 3, 9 f.; 1 Cor. 3, 16 f.).[2] Statt Lust und Lohn seinen irdisch hoffenden Bekennern in Aussicht zu stellen, fordert Christus das unbedingte Selbstopfer gegenüber dem welterhabenen Willen des Vaters (Luc. 24, 25; Apostelgesch. 1, 7 f.; Matth. 20, 20 ff.; 10, 38; 16, 24; 19, 27—30; Röm. 4, 4 f.; 9, 16). — Nicht gegenüber dem christlichen Gesetze, sondern nur gegenüber den Moralprincipien, welche das antike Heidentum und der moderne Sensualismus (bezüglich Naturalismus) aufgestellt hatten, bezeichnet Kant's Gesetzesformel einen sittlich erhaberenen Standpunkt.[3]

Gelegentlich urteilt Kant gerechter und milder über das christliche Moralprincip und sucht es sogar mit dem seinen nahezu zu identificieren:[4] es sei doch „nicht rein theologisch (mithin Heteronomie), sondern auch Autonomie der reinen, practischen Vernunft für sich selbst, weil sie die Erkenntnis Gottes und seines Willens nicht zum Grunde dieser Gesetze, sondern nur der Ge-

---

1) Vgl. Matth. 5, 17 ff.; Luc. 17, 10; 18, 25—27; Röm. 6, 1 ff.; Galat. 2, 16—21; Col. 1, 22 f.; 1 Petr. 1, 19—21.

2) Ritschl, Rechtfertigung und Versöhnung III, 292. 448. 452 f. 462. Sofern „die Genossen der Gemeinde Christi in dem Glauben an Gott als ihren Vater folgerecht auch den Entschluss des Gehorsams gegen den Herrn des Gottesreichs fassen", und „sofern in dem durchaus gemeinnützigen Handeln auf den Endzweck des Reiches Gottes die Formen des Egoismus ungültig sind, die in dem Streben nach Lust und Lohn dahin wirken könnten, das Guthandeln in die Stellung eines Mittels zu einem fremden Zwecke zu drängen": treffen die Merkmale der Heteronomie nicht das christliche Sittengesetz.

3) Vgl. Harms, Philosophie seit Kant 238; Martensen, Ethik I, 445 f. 460. 483. 457. 83. 86. 182.

4) Krit. d. pract. Vernunft 230 ff.

langung zum höchsten Gute unter der Bedingung der Befolgung
derselben macht, und selbst die eigentliche Triebfeder zur Befolgung der ersteren nicht in den gewünschten Folgen derselben,
sondern in der Vorstellung der Pflicht allein setzt, als in deren
treuer Beobachtung die Würdigkeit des Erwerbes der letzteren
allein besteht." — Dieses Zugeständnis Kant's ist nur insoweit
zu acceptieren, als allerdings die christliche Theonomie keine Heteronomie, sondern insofern auch Autonomie ist, als das Christentum die Immanenz Gottes ausdrücklich anerkennt (Apostelgesch.
17, 28; Röm. 2, 14 f.) und von dem Einzelnen fordert, dass er sich
selbst bestimme „zu dem Bestimmtwerden durch die Erkenntnis
des ewig-persönlichen, heilig-liebenden Gottes."[1]   Aber gegen Kant
ist festzuhalten, dass nicht im Willen und in der Erkenntnis
des Einzelnen jenes Gesetzes Ursprung liegt, da es sich ja
gegen des Einzelnen Willen und Erkenntnis kehrt: sondern dass es
mit dem Wesen und im Wesen des Menschen schon gegeben,
anerschaffen worden ist; der Menschenbegriff erschöpft sich erst
in der Bestimmung ὁ τοῦ θεοῦ ἄνθρωπος, πρὸς πᾶν ἔργον ἀγαθὸν
ἐξηρτισμένος (2 Tim. 3, 17; 1 Tim, 6, 11; Gen. 1, 26 ff.; 2, 7).
Ferner lehnt die Schrift nicht absolut die „Erkenntnis" Gottes als
ethischen Bestimmungsgrund ab (vgl. zu 1 Cor. 13, 10—12; 1 Tim.
6, 16 auch Joh. 17, 3; 1, 18; 14, 6 f.; 1 Joh. 4, 16—20): Pascal
deutete die Schrift richtig, wenn er die Liebe als den Weg zur
Erkenntnis Gottes bezeichnete;[2] Kant freilich nimmt Erkenntnis
immer nur im theoretischen, logischen Sinne. Endlich ist zwischen
dem Kant'schen „Gelangen zum höchsten Gute" und dem christlichen
„Gelangen zur persönlichen Gemeinschaft mit Gott selbst" der bedeutsame Unterschied, dass letzteres ohne die von Kant perhorres-
cierten Momente der Gnade und des Glaubens als unmöglich erscheint (Hebr. 11, 6; Ephes. 2, 9 f.). „Das christliche Sittengesetz
ist bei all seinem Dringen auf Heiligkeit (Matth. 5, 17 ff.) ohne
Vergleich gelinder, als das Sittengesetz Kant's, das für uns schlechthin zu hoch und zu schwer ist."[3] Jenes berücksichtigt die relative
Beschränktheit des individuellen wie des allgemeinen Standes der

---

1) Ebrard, Apologetik 1, 21—23. 212 ff. 217—220.
2) γνῶσις, besonders ἐπίγνωσις steht in nahem, ethischem Zusammenhange mit ἀγάπη (Röm. 1. 28; Phil. 1, 9; Col 3, 10; 1. 9 f.; 2. 2; 2 Petr.
1, 2. 3. 8; Matth. 11, 27; 1 Cor. 13, 12).
3) Rothe, Theol. Ethik III, 361 f. 371 ff.

Sittlichkeit; es fordert nicht bloss, es kräftigt und erhebt vorerst
(Joh. 15, 6 fl.; 13, 15. 17; Röm. 5, 5); es führt nicht an eine endlose Reihe einzelner Aufgaben, sondern zeigt über der Gegenwart
und nach dem momentanen Kampfe in der Pflichterfüllung eine Zukunft der sittlichen Kontinuität und Vollendung auf Grund der Gemeinschaft mit Gott und der Verklärung der menschlichen Persönlichkeit (εἶναι ἐν θεῷ).

Uebrigens bequemt sich Kant zu jener Anerkennung der christlichen Theonomie doch nur in einem Zusammenhange, der ihm
selbst den Vorwurf zugezogen hat, dass er auf die strenge Autonomie verzichtend selbst der Heteronomie sich schuldig gemacht
habe. Obwohl nämlich Kant behauptete, Gesetz und Freiheit (diese der
Grund des Sittengesetzes und seine *ratio essendi*) bedürften nicht
der Idee Gottes, um selbst Geltung zu erhalten: so kommt er doch
schliesslich [1] zu dem Bekenntnis, „die Idee Gottes anzunehmen sei
practisch notwendig, um die Glückseligkeit mit der Sittlichkeit verknüpfen zu können." Der Rückfall in den Eudämonismus liegt hier klar zu Tage;[2] auch Kant beruhigt sich nicht
bei der Tugendübung inmitten der irdischen Konflikte und Misser-
folge, auch er fordert einen (einstigen) Ausgleich zwischen Tugend
und Glück; die vornehme „Selbstzufriedenheit" und „Würdigkeit"
schlägt schliesslich doch auch bei ihm um in den Anspruch auf Anerkennung und Lohn. Während so der stolze Gedanke *beatitudo
ipsa virtus* zurückgenommen wird, bleibt das ähnlich lautende, doch
religiös motivierte Wort des Jacobus (1, 25, 31): ὁ ποιητὴς
ἔργου, ὁ παρακύψας εἰς νόμον τέλειον τὸν τῆς ἐλευθερίας καὶ παρα-

---

1) Kritik der pract. Vernunft 224 ff.; vgl. Kritik der Urteilskraft § 91,
S. 359 ff.

2) Vgl. oben S. 54. — Ritschl, Rechtfertigung u. Versöhnung III, 188.
415. 449. 454; Martensen. Ethik I, 192 f. 195 f. 200; Ebrard, Apologetik I.
217; Ulrici. Herzog's Encyklopädie 343 ff. „Das Sittengesetz bleibt bestehen, auch wenn der Tugend weder im diesseitigen noch im jenseitigen
Leben die Glückseligkeit entspräche, und mithin kann die practische Vernunft nur fordern, dass das Sittengesetz befolgt werde ohne alle
Rücksicht auf Glückseligkeit; nach Kant's Principien ist ihre Einführung
in die philosophische Ethik eine völlig willkürliche." — Rousseau: „Die
strengste Moral kostet nichts auf dem Papiere." — Zur historischen und
sachlichen Klarstellung des vielumstrittenen Begriffes „Eudämonismus" vgl.
E. Pfleiderer. Eudämon. und Egoismus (1880); besonders S. 5 ff. 29 ff. 49 ff.
68 ff. 82.

μείνας, οὗτος μακάριος ἐν τῇ ποιήσει αὐτοῦ ἔσται in Kraft; in *vita
sua beatus est, ita ut ipsa actio sit beatitudo,* jedoch steht voran
(V. 21) das δέξασθαι τὸν ἔμφυτον λόγον τὸν δυνάμενον σῶσαι τὰς
ψυχάς; und dieser λόγος ist das hervorragendste der δωρήματα
τέλεια ἄνωθεν καταβαίνοντα (V. 17 f.).[1] — Aber nicht nur und
nicht erst die befremdende Verbindung der Glückseligkeit mit der
Tugend drängt Kant zur factischen Heteronomie, sie droht schon
vor der Aufstellung des Begriffes des *bonum supremum,* das als
„oberstes Gut" einen Bestandteil nur bilde des *bonum consummatum,*
„des höchsten Gutes."[2] Schon da droht sie, wo auf Grund des
schroffen Dualismus zwischen Noumenon und Phänomenon jenes als
Gesetze gebend, dieses als Gesetze empfangend erscheint. Denn:
das infolge der intelligibeln That doch sittlich nicht mehr intacte
Noumenon kann unmöglich das absolute Gesetz gesucht und
ebensowenig aufgefunden haben; ersteres nicht wegen seines ethischen Zustandes, dieses nicht, weil die ethische Depravation immer
die intellectuelle nach sich zieht, da wo es sich um ethische Fragen
handelt. Die Kant'sche, der Erfahrung (gemäss Röm. 7, 14 ff.) ent-
nommene Prämisse, dass die Pflichterfüllung doch immer „ungern"
geschieht und dass wir dem Gesetze widerstreben, welches wir —
angeblich — uns selbst gegeben haben, führt nicht sowohl auf die
abstracte, theoretisch und empirisch nicht haltbare Scheidung
zwischen Noumenon und Phänomenon, als auf die Annahme, dass
uns von aussen und von oben der thatsächlich vorhandene
νόμος πνευματικός gegeben sei. Wären wir autonom, so müsste
von uns gelten: dem Reinen und Gerechten ist kein Gesetz gegeben,
d. h. es dürfte nimmer in uns das freie Wollen differieren
von dem Sollen und der erkannten Pflicht.

Kant's Schwanken zwischen dem Principe vollster Autonomie und der factischen Einführung eines durchaus hetero-
nomen Motives (Glückseligkeit) hat dem Gottesbegriffe in Kant's
Systeme eine sehr unsichere, schwankende Stellung zugewiesen. —
Volle Autonomie des Menschen fordert dessen Apotheose, also
auch die Streichung des Gottesbegriffs als eines im Systeme

---

1) Vgl. Huther zu Jacob. 1, 2. 5; auch Weiss, Bibl. Theol. 176. 178.
2) Krit. d. pract. Vernunft 194 ff. Das „höchste Gut" (*bon. cons.*) ist
nach Kant die Synthesis von Tugend und Glückseligkeit, das „oberste
Gut" (*bon. supr.*) ist die Tugend, die Conformität des Wollens und Thuns
mit dem kategorischen Imperative.

irgendwie we sentlichen und constitutiven.[1] Denn, hat Gott das
Sittengesetz nicht gegeben, so kann er es auch nicht überwachen
und seine Uebertretung strafen; dann aber hat Gott für den Menschen keine sittliche, das ist überhaupt keine Bedeutung mehr.[2]
Unleugbar hat Kant mit dieser Folgerung in der „Kritik d. pract.
Vernunft" Ernst gemacht; Gott bringt es da nicht zum Wesen und
Sein; als regulative Idee nur und als Hypothese steht er am fernen
Horizonte; zur Erklärung der sittlichen Welt ist er nicht nötig,
denn Gesetz und Freiheit sind da ohne ihn, sie sind nicht seine,
sondern der Vernunft Offenbarungen und Attribute. In den ver-
schiedensten Tonarten hat die Kritik auf diese dem Pantheismus
(z. B. Fichte's) direct vorarbeitenden Anschauungen Kant's hingewiesen. Friedrich Stolberg nannte ihretwegen Kant einen geschick-
ten Diener des Atheismus, in dem der unruhige stürmische Geist
des Protestantismus, der mehr zum Zerstören, als zum Bauen ge-
neigt sei, zur vollen Ausgestaltung gelangt sei.[3] Ulrici sieht „in
der Autonomie der menschlichen Freiheit und Vernunft das irreli-
giöse Element, das Kant's Philosophie im Geheimen durchzieht."[4]
Martensen tadelt an der Kant'schen Vernunftgesetzgebung, dass sie
trotz ihrer Anknüpfung an den Gedanken Gottes doch nur „einem
Briefe vergleichbar sei, der zwar den göttlichen Willen im Siegel
führe, wenn er aber geöffnet werde, nicht das Mindeste besage
von irgend einem persönlichen Verhältnisse zwischen dem Brief-
steller (Gott) und uns."[5] Ritschl bestreitet Kant, dass die Geltung
des Gottesbegriffes einzuschränken sei auf den pflichtmässigen Ge-

---

1) Ein wesentlicher Unterschied der Spinozistischen und Kant'schen
Ethik, zugleich ein Beweis für die energische Konsequenz der ersteren
liegt u. a. darin, dass Spinoza bei Ausführung seiner Ethik auf persönliche Unsterblichkeit und auf den Ausgleich zwischen Tugend und Glück
durch einen überweltlichen Gott ausdrücklichst verzichtet; vgl. Spinoza,
Ethik V, §§ 14—42.

2) Ganz anders im Christentume; hier schliesst die Immanenz Gottes
(ἐν αὐτῷ ἐσμεν) keineswegs die Transscendenz aus; auch das Sittengesetz
im Menschen ist nur eine Offenbarung des Gottes ἐξ οὗ καὶ δι' οὗ καὶ εἰς
ὃν τὰ πάντα (Röm. 11, 36; 1 Cor. 15, 28).

3) Vgl. Gelzer, Deutsche National-Litteratur I, 256 f.

4) Herzog, Encyklopädie VII, 342; vgl. 343—348. 452 ff.; Kirchner,
über die Notwendigkeit einer metaphysischen Grundlage für die Ethik;
Programm der kgl. Realschule, Berlin 1881, 33 f.

5) Christl. Ethik I, 480 f. 283. 473. 478. 446. 484. 501 f.

brauch der practischen Vernunft und dass die Idee Gottes nur eine
Ueberzeugung des practischen Glaubens sei; die Kant'sche Artbe-
stimmung unseres Geisteslebens setze mit Unrecht die practische
Vernunft als eine Art der theoretischen als einer anderen Art entgegen, da doch die Erkenntnis der Gesetze unseres Handelns zugleich auch theoretisches Erkennen sei, nämlich die Erkenntnis der
Gesetze des geistigen Lebens; das theoretische Erkennen habe einen
Antrieb und so die Möglichkeit in sich selbst, das Zusammensein
von Natur und Geistesleben zu begreifen; die Gottesidee sei auch
als wissenschaftlich gültige Wahrheit anzunehmen.[1] Vielfach ist
endlich die durchaus berechtigte Anklage erhoben worden, dass
Kant Wesen und Inhalt der Religion verflüchtige in allgemeine moralische Begriffe und dass er darauf ausgehe die Religion aufzulösen in Philosophie.[2] — Die schärfste Kritik hat jedenfalls der
„alternde"(?) Kant an sich selbst vollzogen, und zwar dadurch, dass
er inkonsequenter Weise von einer absolut selbständigen Moral ausging und doch mit religiösen Postulaten (Gott, Unsterblichkeit, Ausgleich zwischen Tugend und Glück) abschloss, weil es auch ihm
auf die Dauer nicht genügte, wohl eine gesetzgebende Autorität in
sich zu wissen, aber dabei auf diejenige Autorität zu verzichten,
welche allein den Gesetzen unbedingten Erfolg sichert. Freilich,
„weil er durch die angebliche Autonomie der Vernunft sich den
geraden Weg versperrt hatte, vom Begriffe des Sittengesetzes zur
Idee Gottes zu kommen, so musste er einen krummen Seitenweg
einschlagen, um zum Ziele zu kommen",[3] d. h. nur durch das eudämonistische Moment der Glückseligkeit, das die Strenge und Folge-
richtigkeit seines Systems logisch wie ethisch aufhob, gelang es
ihm überhaupt noch, seinen Gottesbegriff zu motivieren. Durch
solche Inkonsequenz rächte sich auch bei Kant der Versuch, das Ich
zu emanzipieren und mit dem Absoluten auf gleiche Stufe zu erheben; der Versuch, die Sittlichkeit von der (sie im letzten Grunde
bestimmenden und mit Inhalt füllenden) Religion zu lösen; der Versuch, die Freiheit des Menschen allein zu betonen und die Abhängigkeit desselben von Gott zu ignorieren.

1) Rechtf. u. Versöhnung III, 187–192.
2) Z. B. Kahnis, Innerer Gang d. Protest. II. 46; Ebrard, Apolog. I,
229. 236.
3) Martensen, Ethik I. 21 f. 28. 450 f. 483; Ulrici. Herzog's Encyklopädie VII, 343.

Einen geraden Weg zur Gottesidee hätte Kant wohl von seiner Erklärung: „in der allergenugsamsten Intelligenz wird die Willkür als keiner Maxime fähig, die nicht zugleich objectives Gesetz sein könnte, mit Recht vorgestellt" aus einschlagen können. Denn es scheint, als ob die von Kant geforderte Identität der Maxime und des Gesetzes in materialer Hinsicht, wie sie beim vollendet Tugendhaften sich finden soll, die Gottesidee unbedingt fordere als Urbild und Vorbild menschlicher, geistiger Vollkommenheit. — Allein bei der Definition seines Persönlichkeitsbegriffes lehnt Kant wiederholt jede Beziehung des Ich zur Gottesidee ab, welche die letztere zum Bestimmungsgrunde oder Zielpunkte des Ich machen könnte. Der Mensch ist jederzeit „Zweck an sich selbst", niemals „Mittel, selbst nicht von Gott."[1] Diese selbstische Unmittelbarkeit und Unbedingtheit des Ich und seines Gesetzes schloss für Kant die Accommodation an den christlichen Persönlichkeitsbegriff aus, der die Gottesverwandtschaft und Gottesgemeinschaft, somit Geistigkeit (formell), Heiligkeit und Liebe (materiell) als Wesensmomente in sich trägt;[2] vgl. Joh. 3, 5. 8; 4, 24; Levit. 19, 2; 1 Joh. 4, 16; Matth. 5, 7 ff. 48; 2 Petr. 1, 4; Röm. 5, 5; 11, 36; 1 Joh. 1, 3. 6; 2, 24. 27 f.; 3, 6. 9 f. 19. 24; Apost. 17, 28.

4) Die Autarkie der practischen Vernunft.

Nach Kant muss das Ideal der Gott wohlgefälligen Menschheit (d. h. einer moralischen Vollkommenheit, wie sie an einem von Bedürfnissen und Neigungen abhängigen Weltwesen möglich ist) unter

---

1) Krit. d. pract. Vernunft 57 f. 155. 236 f.; Relig. innerh. d. Grenzen d. Vernunft 18.

2) Das kühne Wort von der *felix culpa* hat seine Begründung in dieser Fassung der in Gott begründeten und von Gott gehaltenen, trotz Schuld und Irrtum unverlierbaren und unzerstörbaren (wenn auch der Schwächung ausgesetzten) Persönlichkeit. — Vgl. Luther: über den aus des Menschen Sündhaftigkeit abgeleiteten Wert des Menschen für Gott, bei Dorner, Person Christi II, 510—535. Das Schuldgefühl ist die negative Sicherstellung des Wertes der menschlichen Persönlichkeit. Die Schuld hat eine unendliche Bedeutung für Gott selbst, für seine Gerechtigkeit, denn sie macht Sühne notwendig. Im Schuldgefühl ergreift sich der Mensch zum ersten Male als Persönlichkeit, zwar als eine unwürdige, aber für Gott selbst und seine Gerechtigkeit nicht gleichgültige; im Verlangen nach Sühne ist der erste rein ethische Zug eine ideale

der Idee eines Menschen vorgestellt werden, der durch Leben und
Lehre, durch Thun und Leiden alle Menschenpflicht selbst auszu-
üben bereit ist und somit im moralischen Sinne der Sohn Gottes,
das Urbild aller menschlichen, durch practischen Glauben an ihn zu
erreichenden Vollkommenheit heissen darf. Jeder nun, der sich einer
solchen moralischen Gesinnung bewusst sei, dass er glauben und auf
sich gegründetes Vertrauen setzen dürfe, er würde unter ähnlichen
Versuchungen und Leiden, wie sie zum Probiersteine jener Idee gemacht werden, dem Urbilde der Menschheit unwandelbar anhängig
bleiben: sei befugt, sich des göttlichen Wohlgefallens versichert,
sich selbst für einen Sohn Gottes zu halten. „Diese Idee hat ihre
Realität in practischer Beziehung vollständig in sich selbst. Denn
sie liegt in unserer moralisch gesetzgebenden Vernunft. Wir sollen
ihr gemäss sein, und wir müssen es daher auch können.“ „Die
Pflicht gebietet, der Mensch solle dem Vorsatze treu bleiben, und
hieraus schliesst er mit Recht, er müsse es auch können, und
seine Willkür sei frei.“[2]

In dem Satze, dass dem Sollen das Können notwendig entspreche, liegt Kant's Hauptbeweis für die Autarkie der practischen Vernunft. Sie ist ihm ebenso gewiss, wie das moralische
Gesetz. Durch äussere Argumente nicht fassbar, sei sie innerlich
garantiert wie jenes Gesetz, dessen logische Konsequenz die
Vernunftautarkie sei.

Kant's Einzelausführungen sind folgende.

Die Heiligkeit des Willens, wie sie in der allgenugsamsten
Intelligenz vorgestellt wird als Identität von subjectiver Maxime
und objectivem Gesetz, ist eine practische Idee, die uns notwendig zum Urbilde dienen muss, dem sich ins Unendliche zu
nähern das Einzige ist, was allen endlichen, vernünftigen Wesen
zusteht. Diese Idee wird durch das Sittengesetz uns beständig vor

---

Huldigung vor dem Rechte der göttlichen Gerechtigkeit (a. a. O. 514. 518 ff.).
Die Ueberzeugung von der (als Natur) uns angeborenen, auch durch Depravation der Persönlichkeit nie ganz zu ertötenden und zu verwüstenden
Macht des Göttlichen im Menschen hat ihren paradoxesten (und doch nicht
schlechthin unevangelischen) Ausdruck in dem Satze gefunden: auch Satan
sei erlösbar, da in keinem Geschöpfe Gottes die Spuren der göttlichen Natur
je ganz vernichtet werden könnten. (Vgl. z. B. Gregor von Nyssa bei
Kahnis, Kirchenglaube [Dogmatik II] 241).
    1) Relig. innerhalb d. Grenzen d. Vernunft 50. 58. 75 ff.

die Augen gehalten. Das moralische Gesetz ist heilig (unverletzlich); der Mensch zwar ist unheilig genug, aber die Menschheit in seiner Person (das Noumenon) muss ihm heilig sein; denn nur der Mensch ist Zweck an sich selbst, sofern er das Subject des moralischen, heiligen Gesetzes ist vermöge der Autonomie seiner Freiheit. In des Menschen Persönlichkeit, d. h. in der Empfäng- lichkeit der Achtung für das moralische Gesetz als für sich hin- reichender Triebfeder der Willkür liegt des Menschen sittliche Hoheit und Würde als unverlierbares, unzerstörbares Eigentum von Natur aus.[1] Was der Mensch ist oder werden soll im morali- schen Sinne, dazu muss er sich selbst gemacht haben oder machen laut seiner persönlichen Anlage; sonst könnte es ihm nicht zugerechnet werden, er würde weder gut noch böse heissen. — Zu dem erfahrungsmässigen Problem des radicalen Bösen gesellt sich die trotz des Abfalls in ungeschwächter Kraft verbliebene For- derung: wir sollen bessere Menschen werden. Folglich müssen wir es auch können, sollte auch das, was wir thun können, für sich allein unzureichend sein und wir uns dadurch nur eines für uns unerforschlichen höheren Beistandes empfänglich[2] machen. Freilich: letzterer ist nicht, weder zum theoretischen noch zum practischen Gebrauche, in unsere Maxime aufzunehmen, sondern nur als etwas Uebernatürliches, Unbegreifliches an sich einzuräumen als blosse Möglichkeit. Falls diese übernatür- liche Mitwirkung als positiver Beistand gedacht wird, so hat der Mensch zuvor sich würdig zu machen, ihn zu empfangen und an- zunehmen, „welches (als moralische That) nichts Geringes ist."[3] — Die Frage, wie der im Grunde seiner Maxime verderbte Mensch durch eigene Kräfte eine völlige, plötzliche Revolution der Gesinnung und des Charakters (nicht etwa eine allmähliche Reform der Handlungen bei unlauterer Grundlage der Maximen) hervor- bringen könne: löst sich so, dass die Revolution für die Den- kungsart, die allmähliche Reform aber für die Sinnesart

---

1) Krit. d. pract. Vernunft 57 f. 72. 79. 119. 155 f. 283; Relig. innerh. d. Grenzen d. Vernunft 18. 57.

2) Krit. d. pract. Vernunft 234. 210 ff. 156 f.; Relig. innerh. d. Grenzen d. Vernunft 42 f. 48 ff. 266 f.; vgl. Fichte, Krit. aller Offenbarung (2. Aufl. 1793) 106 ff. 133 ff.

3) Relig. innerhalb d. Grenzen d. Vernunft 51 ff. Romundt, Antäus (1882). S. 102 f. 125 ff. 128 f.

(des empirischen Menschen) notwendig, somit aber auch möglich sei. Durch Umkehrung des obersten Grundes seiner vormals
bösen Maximen werde der Mensch — vermittelst der reinen, un-
wandelbaren Entschliessung — im Principe ein fürs Gute empfängliches Subject, obschon nur in kontinuierlichem Wirken und Werden
ein guter Mensch. — Diese principielle Umkehr des obersten Bestimmungsgrundes der Maximen sei für den, der den intelligibeln
Grund der Herzen durchschaut, genügend zur Beurteilung des Menschen als eines guten, Gott wohlgefälligen; für die Menschen selbst
aber, die sich und die Stärke ihrer Maximen nur nach der Ober-
hand, welche sie in der Zeit über die Sinnlichkeit gewinnen,
schätzen könnten, sei sie nur als hoffnungsvolles, stetes Streben
zum Besseren anzusehen.

Zu dem Hauptargumente von der dem Sollen entsprechenden
Kraft fügt Kant noch folgende Momente als sekundäre.

1) Erst durch das Gesetz werde die Freiheit erkannt; das Gesetz sei die *ratio cognoscendi* für die Freiheit. Nun sei aber den
Mut auffordern schon zur Hälfte so viel als ihn einflössen.
Dagegen wirke die faule, sich selbst misstrauende, auf äussere
Hilfe harrende, kleinmütige Denkungsart in Moral und Religion
abspannend auf alle Kräfte des Menschen; ja sie mache ihn dieser
Hilfe unwürdig.[1] — 2) Die Anlage zum Guten werde dadurch, dass
man das Beispiel von guten Menschen anführe (erfahrungsmässig
trage aber jeder das Urbild aller menschlichen Vollkommenheit
in sich), wesentlich kultiviert.[2] — 3) Bei allmählichem Fortschritte
gegenüber dem Hange zum Bösen erhalte die ächte Triebfeder der
Maxime eine gesteigerte Kraft, indem die Selbstzufriedenheit eintrete, ein ethisches Analogon des Glückseligkeitsgenusses,
das im Bewusstsein der Tugend bestehe.[3] — 4) Schliesslich gehe
die blosse Achtung vor dem, infolge der Neigungen des Erscheinungsmenschen nur mit Widerstreben und ungern erfüllten,
Gesetze über in moralisches Interesse, in grenzenlose Hochschätzung, ja in Ehrfurcht und Begeisterung für dasselbe.[4]

---

1) Krit. d. pract. Vernunft 5. 72. 79. 282 f.; Relig. innerh. d. Grenzen
d. Vernunft 68. 87. 93.

2) Krit. d. pract. Vernunft 285; Relig. innerhalb d. Grenzen d. Vernunft
56. 68. 78 ff. 112 ff.

3) Krit. d. pract. Vernunft 142 f. 210 ff. 284 ff.

4) Krit. d. pract. Vernunft 130 f. 139 ff. 149 ff. 154 ff.

Durch den Begriff und die Motivierung der Vernunftautarkie löst Kant die Moral vollständig von dem religiösen
Grunde und Ziele (Gott) ab; der Mensch steht im Sollen und
Können allein auf sich; jeder Gnadenbeistand wird als unsitt-
lich, magisch verworfen.[1] Gleichwohl sieht sich Kant genötigt,
bei der Anrechnung der durch den Menschen (als Noumenon) angeblich bewirkten „principiellen Revolution der Gesinnung" von
Gnade zu reden. Als richterliche Instanz braucht er schliesslich dieselbe Gnade, die er als sich bethätigende (innerhalb
der sittlichen Entwickelung) schlechthin abwies; hier soll sie
magisch sein, und doch erscheint sie dort als *deus ex machina.* —
Kant verkennt vollständig Pauli „Evangelium der Gnade" (Röm.
1, 16 f.), das als δύναμις θεοῦ (von Gott stammend und zu Gott
führend) die vor Gott geltende (nicht durchs Gesetz des Buchstabens, sondern der Liebe vermittelte) Gerechtigkeit wirkt, falls
es im Glauben (persönliche Kommunion mit Gott und Christus)
aufgenommen wird (Galat. 2, 20; 5, 6; 1. Joh. 4, 9 ff.). Dynamisch,
nicht mechanisch wirkt die christliche χάρις und nur auf Grund
des sittlichen sich Einlebens in Gott (πιστεύειν εἰς, πρός, ἐπί
c. acc., ἐν, ἐπί, πρός *cum dat.*) vollzieht sie sich. — Das Verkennen
der Gnade aber nach Seiten ihrer Notwendigkeit und ihres ethischen Charakters ist (auch bei Kant) die Folge davon, dass die
Sünde in ihrer Schwere und Universalität verkannt ward. Kant
springt von dem scheinbaren Pessimismus, den seine Prämissen von
der intelligibeln That und dem die Maximen im innersten Grunde
verderbenden Bösen enthalten, über in einen thatsächlichen Optimismus, den er durch die Annahme der unverlorenen, absoluten Freiheit im Menschen stützt: sie kann, was sie soll; der kategorische
Imperativ ist der Garant für die ungebrochene sittliche Kraft. Die

---

1) Damit geht Kant weit über die Folgerungen hinaus, die einst
Pelagius aus der Freiheit des Menschen auf das Wesen und die Wirkungen
der Gnade gezogen hatte. Nach Pelagius besteht die Gnade nicht nur in
der Naturanlage zum Guten, sondern — für die Christen — auch in
der Offenbarung von Gesetz und Evangelium, im Opfertode Christi. in der
Beeinflussung von Vernunft und Willen durch die heiligende Kraft des
göttlichen Geistes; nur ist ihm die Gnade Belohnung und Ergänzung
des menschlichen Thuns: *qui bene libero utentes arbitrio merentur domini
gratiam, hi remunerandi sunt (August. de gratia Chr. 31).* Vgl. Kahnis,
Kirchengesch. (Dog. II) 120 ff.; Baur, Kirchengesch. II. 123 ff.

materialen Schwierigkeiten umgeht Kant, indem er Gesetz und
Freiheit nur formal bestimmt.

„Wir sollen, folglich müssen wir können"; in der Prämisse
betont Kant nicht nur das „Sollen", sondern ebenso sehr das „Wir",
die Adresse, an die sich der kategorische Imperativ einzig und
allein wendet; das stete Festhalten am „Wir" ist für Kant's sub-
jectivistischen Idealismus gleichbedeutend mit Wahrung des sittlichen Prozesses. — Es reicht daher nicht aus, den logisch-
formalen Fehler nachzuweisen, den Kant's Schluss (vom Sollen
auf das sofortige Können) enthält. Es ist auch die moralische,
die sachliche Unmöglichkeit des Schlusses aus dem „Wir" nachzuweisen, das in seiner sittlichen Schwächung und ohne die Amphibolie des Kant'schen Dualismus (Ich: bald Noumenon, bald Phänomenon in abstrakter Koordination und Geschiedenheit) zu betrachten sein wird.

Was zunächst den formalen, logischen Fehler[1] anlangt: so
folgt aus dem absoluten Sollen noch nicht das sofortige
Können aus eigener Kraft, sondern nur die Möglichkeit, dass
irgendwie das Sittliche realisiert werde. — Denn dem Sollen entspricht *in abstracto* entweder das Können, oder das Nichtkönnen,
oder das noch nicht Können (relatives Können und Nichtkönnen).
— Dieser bereits von Storr erhobene allgemeine (und in solcher
logischer Allgemeinheit auch richtige) Einwand trifft freilich
nicht den Kern des besonderen Kant'schen Argumentes, das seine
moralische Kraft aus dem „Du", dem vom Sittengesetze in Anspruch genommenen sittlichen Subjecte, zieht. Der logische Einwand ist durch den sachlichen zu stützen, dass Kant, der innerhalb der Sphäre der theoretischen Vernunft die vielen bekannten Antinomien[2] aufstellte, nicht auch die practische (und
factische, erfahrungsmässige) Antinomie ausgeführt hat: „Du sollst"
(gemäss dem Gesetze), „aber du kannst nicht" (gemäss deinem
Charakter).

---

1) Storr. *annotationes quaedam theol. ad philos. Cantii doctrinam* 1793 f.
Vgl. Reinhard. Dogm. 480 f.; Dorner, Person Christi II, 990; Martensen,
Ethik I, 17. 27—31. 461 f. 141 ff.; Baader, Weltalter 222 f. — Oben S. 10.
  2) Vgl. in Kritik d. rein. Vernunft: „von den Paralogismen d.
rein. Vernunft" (psychologische Idee), „von den Antinomien d. rein.
Vernunft" (Kritik der Kosmologie), „vom Ideal der reinen Vernunft"
(Gottesidee).

Kant's Ich ist ein abstract dualistisches[1]. So richtig Kant vielfach seine beiden getrennten Seiten schildert, so wenig vermag
er ihr gegenseitiges Verhältnis und ihre konkrete Einheit darzustellen. Soweit es sich um den Gegensatz des doppelten Ich,
der „zwei Seelen in unserer Brust" handelt, stimmt Kant mit Pauli
Worten Röm. 7, 14—23 überein; und doch zieht er nicht Pauli
Konsequenzen, weil ihm (V. 24 f.) das Ich als Einheit der ringen-
den Momente, als moralisch zurechnungsfähige und haftbare Totalität des factischen Menschen fremd bleibt. Jener Antinomie
entzieht sich Kant, indem er aus dem: „Du sollst" nur die Forderung heraushört und ihr genügen lässt nur durch des Menschen
Noumenon: während er die Anklage des Gesetzes (debes, d. i.
auch: Du bist schuldig im negativen Sinne) ignoriert, welche sich
gegen das ganze Ich, gegen die ganze Persönlichkeit in ihrem
thatsächlichen sittlichen Zustande kehrt. Trotz der idealen Per-
sönlichkeitsanlage ist die Person des Menschen, als einheitliches
Ganzes, geknechtet; und Kant begeht den Fehler, dass er das
absolute Sittengesetz doch auf das nur relativ normale sittliche Subject überträgt und zwar als Massstab für das sittliche
Können des letzteren.[2] Sein Postulat „einer plötzlichen Revolution

---

1) Vgl. dagegen Jacobi's Protest (Brief an Fichte; 3. Teil d. Wke.),
bei Martensen, Ethik I, 501 f.

2) Hiergegen erklärt sich auch trotz mancher Verwandtschaft
mit Kant (z. B. in der Anerkennung einer Sittlichkeit auch ausserhalb des
religiösen Gebietes, sowie in der Subordination des Religiösen unter das
Sittliche: I. 464 ff. 478 f. II, 170 f. 219 f.) mit voller Entschiedenheit Rothe,
theol. Ethik III. 360 f.: „Das absolute Sittengesetz setzt eine ganz
andere sittliche Welt voraus als die, in der wir unsere sittliche Aufgabe zu lösen haben, nämlich eine schlechthin normale, während wir uns
im allerbesten Falle immer nur in einer relativ normalen bewegen (eigene
Schwäche, unser Tagewerk mitten unter Sündern). Andererseits setzt es
ein sittliches Subject voraus, in dem wir uns nicht wieder erkennen
können; es wendet sich mit seinen Forderungen an das unverdorbene
Geschöpf. Wir mit unserer abnormen sittlichen Ausrüstung können seinen
Forderungen nicht nachkommen, auch kraft der Gnade der Erlösung
nicht. Denn es erfordert ein absolut normales Handeln; wir aber können,
so lange der Process der Erlösung an uns noch nicht schlechthin
vollzogen ist, auch kraft der göttlichen Gnade nur ein relativ normales
Handeln zustande bringen. Die Forderungen dieses Sittengesetzes sind
uns schlechthin zu hoch und zu schwer: es gilt wohl für den Erlöser,
nicht aber für die Erlöstwerdenden. — Daher kam die begründete

der obersten Maxime" steht ausser jedem Zusammenhange mit dem
doch noch unbeseitigten radikalen Bösen. Mochte ein derartiger
Sprung auch im Systeme, in *thesi* leichthin sich wagen lassen; in
praxi, im konkreten Leben, wo die sittlichen Factoren sich kompensieren und bestreiten, ist er ohne Beispiel; so bleibt auch an
dieser Stelle ein starker irrationaler Rest, ein Mysterium in Kant's
practischem Systeme des Rationalismus.

Zuzugeben ist nur, dass dem Menschen ursprünglich kein
Gesetz gegeben wurde, ohne die Kraft, es zu erfüllen. Aber
seit des Menschen Fall steht des Gesetzes Imperativ inhaltlich
hoch über ihm; das Gesetz ist für den Gefallenen nicht mehr bloss
Mahnruf zur Pflichterfüllung, es ist auch Klage und Anklage geworden; der einstige Schutzengel ist Strafengel geworden, der, um
die Sünde zu bekämpfen, uns Sünder bekämpfen muss, in denen sie
ihren Sitz und ihre Werkzeuge hat.[1] Das Gesetz blieb nach wie vor
ἅγιος und πνευματικός, aber das „Du", zu dem es spricht, ist ein
andres geworden (σάρκινος, ὑπὸ τὴν ἁμαρτίαν πεπραμένος). Das
bezeugt das „böse" Gewissen und die Reue.[2] Die Reue, als der
Schmerz über das begangene Unrecht und also auch nur der Vergangenheit zugekehrt, hat in sich keineswegs die Kraft der
Besserung; sie gleicht in ethischer Beziehung der ἀνάμνησις des
Plato, in ihr besinnt sich das Ich auf sein einstiges Sein und
auf sein stetes Sollen, freilich mit dem drückenden Gefühle, jetzt
sei das Einst verwirkt und das Sollen sei der geschwächten Kraft
nur ein Haftbefehl des heiligen Gesetzgebers und Richters (Matth.
7, 17 f.; 12, 33). In dem „bös gewordenen Baume" wohnt nicht
die Kraft, von sich aus gute Früchte zu bringen, sondern nur
Empfänglichkeit, durch Einpfropfung eines Edelreises (vgl.

Klage über den Rigorismus dieser Moral. die uns Unmögliches anmute.
Die Ethiker verfielen auf seiner Basis unvermeidlich. wollten sie jener
Klage entgehen, in den Fehler, dass sie mit diesem Sittengesetze markte-
ten, ihm etwas abdingen mussten, wobei ihnen jedes objective Mass für
ihre Restriktionen fehlte. So verfielen sie in subjective Willkür, der es ein
Leichtes war, die sittlichen Forderungen auf ein Kleinstes herabzubringen.“

1) Röm. 7, 7—9; 4, 15a. (ὁ νόμος ὀργὴν κατεργάζεται).

2) Nicht ohne Bedeutung für diesen Zusammenhang ist die Bemerkung
und der Nachweis Ewalds (Theol. d. alten u. neuen Bds. III, 233 f.),
„dass die Wörter für den Begriff der Reue nirgends gerade in den alten
Sprachen zu dem ältesten Sprachgute gehören. sondern erst zu dem sehr
abgeleiteten und späteren.“

Jesaias 11, 1 f.) dynamisch gebessert zu werden. Kant's subjective practische Zuversicht, der practische Glaube an die Realisierung
des Guten ist ein übler Ersatz für objective Hilfe; vor allem aber:
wie soll dieser practische Glaube aufkommen gegenüber dem
theoretischen Bewusstsein und der practischen Erfahrung, dass das
Ich dem radicalen Bösen durch eigene That anheimfiel? Als „Empfänglichkeit" definiert Kant die „Persönlichkeit", diese sittliche,
unzerstörbare Naturanlage; aber er verwertet sie sofort als Kraft,
und zwar als eine durch das radicale Böse nicht einmal gelähmte,
gebundene: und zwar nur sich stützend auf den willkürlichen Begriff seiner Freiheit als absoluter Willkür.[1] Diese Definition,
wie der Fehlschluss vom Sollen auf das Sein und auf das Können
schliessen bei Kant künstlich die sittliche Kluft, welche das
Christentum durch das sachliche und historische Moment der
Gnade[2] ausfüllt. Die Gnade ist aber, als der heiligen Liebe verwandt, ein Wesensmoment Gottes, das den Begriff seiner Persönlichkeit sachlich mit konstituiert; und dieser göttlichen Persönlichkeit ist es notwendig[3] (als der Liebe), dass sie nicht allein und
einsam bleibe, sondern sich mitteile (Röm. 5, 5; 8, 14 ff.; 1. Joh.
4, 10. 19; Galat. 3, 23 ff.; 4. 21 ff.; Joh. 8, 36): so ist des Menschen

— — -

1) Relig. innerhalb d. Grenzen d. Vernunft 48 ff. 67 ff. 81 ff. 94 ff. 181.

2) Richterlich und dynamisch äussert sie sich gegenüber dem Gefallenen und sittlich Geschwächten (Röm. 3, 23 ff.; 4. 5; 2. Cor. 5, 18. 12, 9;
1. Cor. 12, 4 ff.; Phil. 1, 6; Eph. 2, 8—10), keineswegs aber magisch (so
Kant), sondern stets sittlich vermittelt durch Reue, Busse, Glaube. —
Ueber den ethischen Charakter der Gnade in der Schrift vgl. Weiss,
bibl. Theol. 212 f. 279 f. 414 f. 458 f; Ewald, Theol. d. neuen u. alten Bds.
III, 251 f. Sie ist „die zuvorkommende Liebe Gottes", „die göttliche Huld
in ihrer Aktivität", „die göttliche Kausalität des Heils". Auch Martensen,
Dogm. 308 f.; Ethik I, 169 ff. 458 f.; Ritschl, Rechtf. u. Versöhn. III,
237 ff.; 278 f. 335 ff.; Reinhard, Dogm. 458—463.

3) Vgl. Martensen, Ethik I, 85 ff. 99. 105. 122. „Im Rationalismus
vergass man gänzlich, was es mit diesem Ernährungs- und Aneignungs-
processe" (vgl. Joh. 1, 16; 3, 16; 15, 5; 16, 13; 6, 48 ff.; 7, 38 f.) „auf sich
hat; ohne eigentliche Pflege, ohne Seelenspeise und Geistesnahrung
sollte alles aufgehen in ausschliessliches, daher denn auch unfrucht-
bares Producieren. Wirken und Handeln." Vgl. die das Himmelreich unter
dem Bilde eines Gastmahles darstellenden Gleichnisse. — Reinhard,
Dogm. 461 ff.: „über die Vernunftmässigkeit" der Gnade und ihrer
Wirkungen. „Das Gesetz der Stetigkeit wird durch sie nicht unter-
brochen, denn die besseren Einsichten und Gefühle, die nun entstehen,

Persönlichkeit und ihre Mission auf Erden (Genes. 1, 26 ff.:
Vasallen- und Priesterdienst vor Gott, d. h. Beherrschung der Welt
durch den Geist Gottes — „das Ebenbild Gottes" — im Dienste
Gottes) in Gott gegründet.

An Stelle des Evangeliums: „selig aus Gnaden" setzt Kant
die stolze und doch frostige Forderung: erringe dir die Würdigkeit zur Glückseligkeit und die Selbstzufriedenheit. Aber sie
verstösst nicht nur gegen das evangelische (Luc. 17, 19; Matth.
19, 17 ff.), sondern auch gegen das Kant'sche Gewissen. Und
darum redet Kant, trotzdem er in *thesi* die Würdigkeit und Selbstzufriedenheit fordert, doch in *praxi* von „einem Ueberschusse über
das Verdienst der Werke" und „von einem Verdienste, das uns aus
Gnaden zugerechnet wird."[1] Auch in Kant dämmerte die
Ahnung der Thatsache, dass der Rigorismus des Gesetzes, der es
in uns nur zur „Achtung" vor dem Gesetze kommen lässt, zur
wahren inneren Sittlichkeit nicht führt, sondern vielmehr zur pha-
risäisch-pelagianischen Selbstgerechtigkeit auf Grund von
Selbsttäuschung Luc. 18, 11. 12. 14; 1. Joh. 4, 18). — Kant
verwirft freilich auch nachdrücklich die blosse „Legalität", er fordert,

sind insgesamt Folgen und Aeusserungen unserer eigenen Thätigkeiten die
nur insofern von Gott herrühren, als unsere Kräfte von ihm erhöht worden
sind." „Auch die menschliche Freiheit wird nicht gestört oder gezwungen,
nach fremden Gesetzen sich zu richten; nur wird sie immer fähiger sich
fühlen, nach den ihr sonst eigenen Gesetzen zu wirken und sich zum
Guten zu bestimmen." „Bei dieser Einwirkung richtet sich Gott nach dem
ordentlichen Laufe der geistigen Thätigkeiten" (vgl. 1 Cor. 12. 31 bis Cap. 13,
13 mit 12, 4 ff.; auch 14, 4 ff. 18 f. mit 14. 12. 20.). „Gott verleiht zur
sittlichen Besserung nur Kraft und Gelegenheit, die Anwendung aber von
beiden bleibt jedem Menschen selbst überlassen; seine Verantwortung ist
um so grösser, wenn er die von Gott verliehenen Kräfte ungebraucht
lässt." — Baader, Weltalter 112 f. z. B. „Es war ein glücklicher Weg, den
Kant in seiner Deduction der practischen Vernunft zum Gottesbeweise einschlug, indem er dem Elias folgend Gott weder im Sturm noch im wilden
Feuer, sondern im stillen Säuseln des Gewissens (und der Gnade: 1. Könige
19, 10 ff.) suchte. Aber er schnürte der kaum begonnenen Analyse des
Gemütsphänomens des Gewissens mit seinem Systeme wieder den Hals zu.
Warum giebt er uns dem frostigen moralischen Idealismus preis und
verwandelt das lebendige, kräftige Wort, das in uns gepflanzt,
unsere Seelen selig und frei — oder elend macht, in einen nichtigen
Lufthauch?"
    1) Kritik d. pract. Vernunft 212. 234 f.; Relig. innerhalb d. Grenzen
d. Vernunft 49. 99—101.

dass der Mensch „moralisch" gut sei. Nur bleibt seine hohe An-
forderung ohne Aussicht auf Erfüllung. Der Uebergang vom radicalen Bösen, vom bösen Hange bis zur Maxime der Heiligkeit
„muss durch eine Revolution in der Gesinnung bewirkt werden."
„Ein neuer Mensch kann er nur durch eine Art von Wiedergeburt gleich als durch eine neue Schöpfung des Herzens
werden."[1] Diese Worte haben biblischen Klang, aber während sie
bei Johannes und Paulus im passiven Sinne stehen (Joh. 3, 3—8;
2 Cor. 5, 17—21), deutet sie Kant in das Subjective um; statt
der heiligenden belebenden Kräfte des Gnadengeistes kennt er nur
„die eigenen Kräfte" (Tit. 3, 5—8; Eph. 2, 8—10). Und diese
sind ja doch unter dem Banne des radicalen Bösen; wie also lässt
sich das „Muss" der Revolution erklären? Kant verzichtet auf
die sachliche Beantwortung dieser Frage. Er gesteht ein, dass
„der Satz von der angeborenen Verderbtheit der Menschen dieser
Wiederherstellung durch eigene Kraftanwendung gerade entgegen-
stehe." Er sucht aber dem Selbstwiderspruche dialektisch zu entgehen; „allerdings was die Begreiflichkeit, d. h. unsere Einsicht
von der Möglichkeit" dieser Revolution betrifft, so steht jener Satz
der Möglichkeit einer sittlichen Revolution entgegen, „aber der
Möglichkeit selbst ist er nicht entgegen." Statt den geschürzten
Knoten zu lösen, durchhaut er ihn; durch den peremptorischen Satz:
„die Pflicht gebietet, sie gebietet aber nichts, als was uns thun-
lich ist" stellt er an Stelle des Beweises die *petitio principii*. —
Die von Kant vermiedene und bestrittene Position des Christentums
ist hier dialektisch wie sachlich die ungleich stärkere. Wo das Verstehen aufhört, beginnt der Glaube; wo die eigene Kraft versagt,
tritt die Gnadenhilfe ein. Wohl oder übel muss sich auch Kant
diesem Syllogismus anbequemen; auch er braucht schliesslich „practischen Glauben". „Zurechnung aus Gnaden", und seine „Neuschöpfung" oder „Wiedergeburt" vollzieht sich kraft eines „Christus",
des Christus in uns; freilich verliert das Kant'sche Christusbild jede
objective Bedeutung; der Christus vor und für uns verflüchtigt sich
in den „Christus in uns", d. h. bei Kant in „die eigene Kraft."
— Die Ohnmacht dieser eigenen Kraft erweist nicht nur Röm.
7, 18—24; Marc. 9, 24 (das drastische πιστεύω, κύριε βοήθει τῇ

---

1) Relig. innerhalb d. Grenzen d. Vernunft 54 ff. 59 f. Romundt, Antäus
S. 125. „Auch wenn zum Tiere entartet, kann der Mensch zum gottähn-
lichen Wesen sich wieder gebären" (?).

ἀπιστία μου), sondern auch Kant selbst: durch das, was er über den *dolus malus* (die selbstbetrügerische Tücke) des Menschenherzens sagt; und durch die geringe Zuversicht auf stetige Fortentwickelung der plötzlich inscenierten Revolution. „Wenn der Mensch den obersten Grundsatz seiner Maxime durch eine einzige unwandelbare Entschliessung umkehrt, so ist er dem Principe nach ein für das Gute empfängliches Subject, in kontinuierlichem Wirken und Werden ein guter Mensch, d. h, er kann hoffen, dass er sich auf dem guten, obwohl schmalen Wege eines beständigen Fortschrittes befinde."[1] Das „Wenn" ist keine Antwort auf die Frage, ob und wie die sittliche Metamorphose sich plötzlich vollziehen könne; das „er kann hoffen" zeugt von geringer Zuversicht auf die Ausdauer der sittlichen Energie. Ganz anders redet Paulus Röm. 7, 25, freilich nach 7, 24; 5, 2. 5. 8. 21. 6, 17 ff. 23.

Nicht nur ein apriorisches Postulat, sondern eine wirkliche Beweisführung giebt Kant, wenn er, von dem uns angeborenen Bewusstsein des Sittengesetzes ausgehend, den Glauben an seine Vollbringung fordert und letztere als durch das Gewissen garantiert betrachtet.[2] — Kant's Schlussform erinnert formell an den ontologischen Beweis — bei Augustin *(de libero arbitrio, lib.* II, 12—15), Anselm *(proslog.* 2. 3). Cartesius *(meditat.* II, V, *de methodo,* pag. 21—23 [ed. 1685]) und Wolff —, dessen Gültigkeit aber doch noch immer fraglich erscheint. Für dieselbe erklärten sich z. B. Hegel, Weisse, Ahrens, Kahnis, gegen dieselbe Kant, Prantl, Drobisch, Ritschl, Lipsius, Ebrard.[3] — Zwar scheint es, als lasse sich Kant's eigenes Argument gegen den ontologischen Beweis, „es sei ein Irrtum, vom blossen Begriffe auf die Existenz des Wesens zu schliessen", deshalb im vorliegenden Falle nicht gegen Kant selbst anwenden, weil dort der Syllogismus rein logisch, bei Kant aber auch ethisch begründet ist. Doch liegt

----

1) Relig. innerhalb d. Grenzen d. Vernunft 55. 61.

2) Relig. innerhalb d. Grenzen d. Vernunft 57—59; Kritik d. pract. Vernunft. 288 f. „Eines ist in unserer Seele, was wir nicht aufhören können, mit der höchsten Bewunderung zu betrachten, welches zugleich auch seelenerhebend ist: die ursprüngliche moralische Anlage in uns." „Selbst die Unbegreiflichkeit dieser eine göttliche Abkunft verkündigenden Anlage muss auf das Gemüt bis zur Begeisterung wirken."

3) Vgl. Weisse, Idee d. Gottheit 27 ff.; Kahnis, Dogm. I. (1. Aufl.) 154 ff; Ritschl, Rechtfertigung und Versöhn. III, 184 f.; Ebrard, Apolog. I, 198 f.

thatsächlich eine Erschleichung und *petitio principii* im Kant'schen Schlusse vor. „In der Wissenschaft ist das Sittengesetz nichts anderes, als eine Abstraction aus dem Gebiete jener Begriffe, welche den Inhalt der Theologie ausmachen. Der Schluss von dem unmittelbaren Dasein des Sittengesetzes auf die Gewissheit seiner unbedingten Verwirklichung ist daher in der That ein Schluss von einem äusserlich gegebenen Abstractum auf die Wahrheit der lebendigen und konkreten Wesenheit, von der dieses Abstractum abgezogen ist."[1] — Dazu kommt: in der abstracten Formel des Kant'schen kategorischen Imperatives hat wohl noch nie eines Menschen Gewissen von sich aus gesprochen. Giebt man aber die Kant'sche Prämisse nicht zu, dass Kant's kategorischer Imperativ — in der ihm von Kant gegebenen Fassung — uns *a priori* innewohne, so wird die Folgerung hinfällig, dass er sich verwirklichen müsse durch unsere eigene Kraft.

Abgesehen aber von der formellen Seite der Konklusio ist sachlich gegen die angebliche Verwirklichung des Sittengesetzes „durch die eigene Kraft" des Menschen noch zu erinnern: aus jenem Bewusstsein von dem uns angeborenen Sittengesetze folgt höchstens seine Verwirklichung überhaupt, zunächst als Gegenstand des sittlichen Glaubens und Hoffens, keineswegs schon der eigenen Energie. Wenn nun Kant selbst die moralische Anlage in uns, die Idee des moralischen Gesetzes in uns als „unbegreiflich" und eine „göttliche Abkunft verkündigend" bezeichnen muss: so drängt sich (nicht nur dem theologischen, sondern eben auch dem philosophischen Denken) der Gedanke an göttlichen Beistand, an göttliche Gnadenhilfe, da der Mensch ja ein gefallener ist, wie von selbst auf. Auch vom Sittengesetze gilt (Röm. 11, 36) ἐξ αὐτοῦ καὶ δι' αὐτοῦ καὶ εἰς αὐτόν, d. h. Gott ist nicht nur des Gesetzes Urheber und Zielpunkt, er ists auch, in dessen Kraft (δι' οὗ) wir es erfüllen. Das Paulinische διὰ αὐτοῦ deckt sich mit dem Johanneischen ἐν αὐτῷ: nur in der Lebensgemeinschaft mit Gott erfüllt der Mensch das Gesetz ganz, innerlich, im Geiste der Wahrheit und der Liebe. — Kant irrt formell und sachlich, wenn er die Frage: „wie und von wem wird das Gesetz erfüllt werden?" beantwortet durch den alleinigen Hinweis auf des

---

1) Weisse, Idee d. Gottheit 242 ff. — Vgl. Kant, Kritik d. pract. Vernunft 282: „In Gott denken wir das Ideal der Heiligkeit in Substanz."

Menschen eigene Kraft; unversehens verwandelt sich ihm der empirische Mensch in „des Menschen Sohn", der allein (so Schrift und Kant) „des Gesetzes Erfüllung" ist und bringt.

Es erübrigt die Prüfung der Nebenargumente, durch die Kant seine Thesis, dass dem Sollen das Können schlechthin entsprechen müsse, zu stützen sucht.

„Den Mut auffordern ist schon zur Hälfte soviel, als ihn ein· flössen." Unter Umständen wohl; doch auch dann ists eben nur eine halbe Sache. — Israel ist das Volk des Gesetzes und der Erhabenheit; es kannte nicht nur das Kardinalgesetz der Heiligkeit (Levit. 19, 2), sondern auch das der Liebe (Deuteron. 6, 4 f.: Israels Glaubensbekenntnis); es hat sein Kardinalgesetz zergliedert in die „10 Worte" (Exod. 20) und diese zerfasert in fast 700 Satzungen (365 Verbote, 248 Gebote). Israel aber stand dem göttlichen „Du sollst" gegenüber mit der Todesfurcht des Verschuldeten (so selbst Jesaias, in Cap. 6, 3 ff.). „Gott schauen" war ihm gleichbedeutend mit „sterben müssen" ob der Unreinigkeit des Herzens und der Lippen. Mit „knechtischem Geiste", furchtsam und mutlos stand Israel vor seinem heiligen Gotte und dessen heiligem Gesetze (Röm. 8, 15; 1 Joh. 4, 18). Nicht nur Israel, sondern jeder Mensch, der sich nicht pharisäischer Gesetzesabschwächung (Matth. 23, 16 ff.) schuldig macht, erfährt den Ernst des Paulinischen Wortes τῷ νόμῳ τοῦ θεοῦ οὐχ ὑποτάσσεται οὐδὲ γὰρ δύναται (Röm. 8, 7; vgl. 9, 16). Der kategorische Imperativ richtet zunächst den Schuldbewussten, vom radicalen Bösen Besessenen nicht auf, sondern hält ihm die traurige Thatsache vor: „du wolltest nicht gehorchen, du hast nicht gehorcht, und nun kannst du nicht mehr gehorchen, auch wenn du es möchtest."

„Dagegen die faule, sich selbst misstrauende und auf äussere Hilfe harrende kleinmütige Denkungsart — in Moral und Religion — alle Kräfte des Menschen abspannt und ihn dieser Hilfe selbst unwürdig macht." Kant's Polemik ist nur berechtigt gegenüber der feigen, unsittlichen πίστις νεκρά (Jakob. 2, 14—20), welche auch die Schrift verurteilt. Aber Kant verkennt,[1] über dem Zerrbild der πίστις ihr Urbild vergessend, vollständig die Tiefe des menschlichen Falls, die sittliche Natur der Gnade, den sittlichen und heroischen Charak-

---

1) Vgl. z. B. Relig. innerhalb d. Grenzen der Vernunft 168 ff.

ter des evangelischen Glaubens. [1] Der letztere ist sittliche Energie, buchstäblich *virtus* und ἀνδρεία d. h. eine mannhafte That, ohne die Niemand zum ἀνήρ τέλειος wird und ohne die Niemand zum ἀνήρ τέλειος — dem Gottes- und Menschensohne — kommt (Eph. 4, 13—16). Den Ernst und die Schwere des recht verstandenen Glaubens bezeugt schon 2 Thess. 3, 2 (οὐ πάντων ἡ πίστις): bis heute ist er den oberflächlichen, die sittlich-religiösen Principien des Denkens wie des Handelns scheuenden Majoritäten fremd. Nach Hebr. 11, 1. 3; Röm. 1, 19 ff. ist er die höchste „Vernunft" (das Vernehmen des Uebersinnlichen) und zugleich die höchste Energie, da eine That des ganzen Lebens (Glt. 5, 6. 13). Seine Seele, das θεῖον im Glauben ist die Liebe (1 Cor. 13, 13) aus Gott und zu Gott. Ohne des Menschen sittliche und zwar totale Erneuerung ist dies gottverwandte Princip undenkbar (2 Cor. 5, 17 f.; 7, 1; Glt. 3, 24 ff.; Eph. 4, 1. 22 ff.; 3, 10; Col. 1, 10; 3, 5. 12; Röm. 6, 2 ff.; Phil. 2, 1 ff.; 1 Thess. 4, 1 ff.; 2 Thess. 3, 6 ff.). Es wirkt nicht einmal nur, sondern kontinuierlich; das bezeugen die den Begriff genauer nuancierenden Präpositionen; die πίστις εἰς, πρός und ἐπὶ τὸν θεόν deutet das Streben und Wandern der Seele *in infinitum* (männlich und sächlich) an, die πίστις ἐν und ἐπὶ τῷ θεῷ bezeichnet auf der Basis des göttlichen Wesens und in der Gemeinschaft mit ihm einen jeweiligen Ruhepunkt, von dem aus die Wanderung der Seele höher und weiter führt; Grund und Ziel der πίστις ist das „verborgene Leben in Gott" (Col. 3, 1 ff.).

Als besondere Hebel unserer Sittlichkeit führt Kant an: eigene Tugendübung, das Beispiel guter Menschen, die zur That rufende Stimme des in unserer Vernunft wohnenden Urbildes sittlicher Vollkommenheit. — Der Weisung: „es muss sich jeder seinen Helden wählen, dem er die Wege zum Olymp sich nacharbeitet" kommt das Evangelium viel wirksamer nach als Kant, sofern jenes uns objectiv den zeigt, der „Weg, Wahrheit und Leben" ist (Joh. 14, 6 ff.; 15, 5 ff.; Matth. 11, 28 ff.; Luc. 22, 31 ff.; 1 Pet. 2, 9. 20 ff.) Wo sich sonst Tugend findet, ist ihr Licht nie ohne den Schatten der Fehler; nirgends ist sie sonst noch absolut, sondern nur relativ vorhanden; eigene und fremde Tugendübung steht unter dem Gerichte

---

1) Vgl. Ewald, Theol. d. alten u. neuen Bds. I, 249; III. 259 ff. 277 ff. 341 ff. 378 f. 389; Weiss, bibl. Theol. 319 ff. 211 f. 348 f; Ritschl, Rechtfertigung u. Versöhn. III, 20. 50 f. 448 f. 457 f. 469. 576. 589 ff; Kahnis, Dogm. I. (1. Aufl.) 602 ff.; Martensen, Ethik I, 434 ff.; Rothe, Ethik II, 179 ff.

von Röm. 3, 23; 8, 7; Jacob. 2, 10; Levit. 19, 2; wie alles Menschliche bleibt sie Bruchstück (1 Cor. 13, 8—13). Das Vernunftideal aber, das Bewusstsein von dem Christus in uns (im Sinne Kant's) d. h. von unserer eigenen höheren Natur ist nicht ohne weiteres gleichzusetzen einer selbstthätigen Kraft.[1] Von diesem Bewusstsein aus urteilen wir über das Treiben und Wesen des niederen Menschen in uns; aber dieses Urteilen und Verurteilen führt allein noch nicht hinaus über den Dualismus von Röm. 7, 14 ff.

Dass bei allmählichem Fortschritte gegenüber dem Hange zum Bösen die echte Triebfeder der Moralität eine gesteigerte Kraft erhalte, ist Kant zuzugeben. Höchst bedenklich aber ist das Ziel, wohin dieser allmähliche Fortschritt nach Kant führt: „die Selbstzufriedenheit". Zunächst: ob die sittliche Entwickelung so sicher und so stetig verläuft, ohne Rückfälle? ob je das radicale Böse, der *dolus malus* im menschlichen Herzen ganz aufhört? Vor allem aber: ist nicht die Selbstzufriedenheit ein Widerspruch zu dem Idealismus und Rigorismus des Kant'schen Sittengesetzes?[2] — Ein Analogon der Glückseligkeit nennt Kant die Selbstzufriedenheit; mit dem Bewusstsein der Tugend sei sie notwendig verbunden. Diese sittliche Selbstgenugsamkeit (Kant's) ist im Grunde der volle, frei heraustretende Egoismus, — und so das Gegenteil von dem christlichen Selbstbewusstsein und Streben. „Wachet und betet" (Luc. 22, 32): so ermahnt Christus die Seinen. „Mit Furcht und Zittern schaffet eure Seligkeit" (Phil. 2, 12): ruft Paulus seiner Lieblingsgemeinde zu, trotzdem sie vor anderen innerlich gereift und gefördert erscheint. Von sich selbst legt Paulus auf der Höhe seines Lebens stehend das demütige Bekenntnis ab: Phil. 3, 12 f. In demselben ist das passivische κατελήφθην ὑπὸ τοῦ Χριστοῦ, das die Voraussetzung bildet zu διώκω εἰ καὶ καταλάβω, ein bedeutsames Moment gegenüber dem Kant'schen „αὐτός".

Der Behauptung: „schliesslich gehe die Achtung vor dem Gesetze über in moralisches Interesse, grenzenlose Hochschätzung, Ehr-

---

1) Schleiermacher, Kritik d. bisher. Sittenlehre 71. 74. 130 ff. 142 f.

2) Ritschl, Rechtf. u. Versöhn. I, 370; III 590. Jener „unpractische Rigorismus" hat sich in der Geschichte gerächt, sofern die Theologie der Aufklärung „zu der entgegengesetzten Behauptung umschlug, dass Gott von jedem Menschen nur solche und soviel sittliche Leistungen verlange, als derselbe nach seinen Umständen und Anlagen fähig sei hervorzubringen." Vgl. Rothe III, 361.

furcht, ja Begeisterung" liegt die *petitio principii* zu Grunde:
„was du sollst, kannst du". Freude und Lust am Gesetze ist ja
doch nur dann denkbar, wenn seiner Forderung die innere Gewissheit entspricht: „ich kann sie erfüllen." Doch Röm. 4, 15; 1. Joh.
4, 18; Glt. 2, 19 f.; Eph. 2, 9; Glt. 3, 23 ff. Die „Begeisterung"
vollends will nicht stimmen zum kategorischen Imperative, der wohl
fordert, aber nichts giebt. Von welchem Geiste aus soll diese Begeisterung kommen? Kant kennt nur — und er rühmt sich dessen
— ein abstract-formelles Gesetz, keine geistige Persönlichkeit als
Quell und Ziel des individuellen Geisteslebens (ganz anders Joh.
15, 1—6; 16, 7—15; 14, 4 ff. 17, 7—9. 14 ff. 21—26; 1. Joh.
4, 16. 19. 9. 10; Röm. 5, 5. 8; 2. Cor. 3, 17; 5, 17—21).[1]
Kommt die Kant'sche Begeisterung, dies innige und warme Finale
seines starren rigoristischen Systems, doch vielleicht daher, dass es
seinem Herzen — trotz aller Kühle seiner Dialectik — unmöglich
war, das Ich aufgehen zu lassen in dem Vernunftbegriffe und es
zu isolieren in der Oede der nur halbvollzogenen Apotheose? Hat
er nicht doch im Stillen die — aus seinem dialectischen Ansatze
gestrichenen — Kräfte „der Liebe und der Phantasie" mit in Rechnung gestellt? Wahre innere Begeisterung gegenüber dem heiligen
Ernste des Gesetzes (Hebr. 4, 12) scheint nur da möglich zu sein,
wo die Prämissen ὁ θεὸς ἀγάπη ἐστίν und ἡ ἀγάπη τοῦ θεοῦ
ἐκκέχυται ἐν ταῖς καρδίαις ἡμῶν διὰ Πνεύματος Ἁγίου zu der
Konklusio führen πλήρωμα οὖν νόμου ἡ ἀγάπη (Röm. 5, 5;
13, 10).

Kant's Satisfactionslehre ist der Abschluss und die Konsequenz der Lehren von der Autonomie und Autarkie der Vernunft.
Aus der Selbstgesetzgebung und sittlichen Selbstgenugsam-

---

1) Martensen, Ethik I. 108 f. 423 f. 482. 522. „Im christlichen Leben
ist die dankbare Liebe zu dem erlösenden Gotte der tiefste aller Be-
weggründe zur Tugend." „Wenn Kant als das eigentliche Motiv der
Tugend die reine, uneigennützige Hochachtung vor der Majestät des
Pflichtgebotes geltend gemacht hat, so ist freilich diesem Motive Hochachtung nicht zu versagen; aber als tiefstes unter allen ist es nicht anzuerkennen; in dem Reiche der Persönlichkeiten kann nun einmal nicht
das Verhältnis zu einem unpersönlichen Gesetze, sondern nur das persönliche Verhältnis zu Gott den innersten Beweggrund des Handelns abgeben." „Achtung ist nicht wie die Liebe ein auf innerer Freiheit be-
ruhendes Gefühl, sondern etwas, was auch wider Willen aufgenötigt wird."

keit des Ich folgt dessen **S e l b s t g e n u g t h u u n g** und **S e l b s t-
r e c h t f e r t i g u n g**.[1]

Der Mensch als νοούμενον (der Christus in uns) **v e r t r i t t** nach
Kant den Erscheinungsmenschen (den „adamitischen", τὸν χοϊκόν,
ἐκ γῆς (1. Cor. 15, 45) d. h. der von der Erde genommen zur
Erde wird und an der Erde hängt mit seinem Dichten und Trachten).
Durch Reue und Leid, durch die erneute moralische Gesinnung und
deren Bethätigung im Leben ist der Mensch als **N o u m e n o n** der
S t e l l v e r t r e t e r (trägt die Sündenschuld) und **E r l ö s e r** (thut leidend
der höchsten Gerechtigkeit genug) und **S a c h v e r w a l t e r** (sichert
vor dem höchsten Richter den Glauben an die Rechtfertigung) des
e m p i r i s c h e n Menschen. Zu dieser Anschauung kommt Kant auf
Grund des Satzes: „was der Mensch in moralischem Sinne ist oder
werden soll, dazu muss e r s i c h s e l b s t machen oder gemacht haben;
es muss dies eine Wirkung seiner freien Willkür sein; denn sonst
könnte es ihm nicht angerechnet werden."

Kant's Ausführungen berühren insofern wohlthuend, als sie ausschliesslich die **e t h i s c h e** und **q u a l i t a t i v e**, nicht die juristische
und quantitative Auffassung der Stellvertretung und Rechtfertigung
betonen. Die letztere **ä u s s e r l i c h e** Fassung war schon **v o r** Anselm
oft geltend gemacht worden, aber erst **s e i t** und **d u r c h** Anselm be-
herrschte sie die theologischen Systeme;[2] über der **o b j e c t i v e n**,
richterlichen That Gottes ward zumeist die **s u b j e c t i v e**, persönliche
That des Menschen vergessen. Dem Anselm'schen Extrem gegen-
über tritt das Kant'sche: dort wird die „Ehre Gottes" durch das
Eingreifen der zweiten Person der Trinität, hier wird die „Ehre
Gottes" durch die freie Selbstthat des principiell sich umkehrenden
Menschen wieder hergestellt;[3] dort tritt der „unendliche" Sohn

---

1) Relig. innerhalb d. Grenzen d. Vernunft 48 ff. 90 ff. 169—176. 216 f.;
Kritik d. practischen Vernunft 231.

2) Vgl. Baur, Lehre v. d. Versöhnung (1838) 169 ff.; Hasse, Ans. v.
Cant. II, 463 ff. 590 ff.; Kahnis, Kirchenglb. (Dogm. II), 293 ff. 243 ff.;
Höhne, *Anselmi philosophia* etc. (1867); Thomasius, Christi Person und
Werk; Dorner, Person Christi (II. Teil).

3) Vgl. Anselm, monolog. 15. 16; *cur deus homo* I, 15 mit Kant, Kritik
d. pract. Vernunft 236. „Diejenigen, welche den Zweck der Schöpfung in
die Ehre Gottes setzten, haben wohl den besten Ausdruck getroffen. Denn
nichts ehrt Gott mehr, als die Achtung für sein Gebot." An Stelle des
mittelalterlich-ritterlichen Begriffes der Ehre setzt Kant den streng
ethischen.

Gottes ein für die — mit Rücksicht auf den beleidigten Gesetzgeber — unendliche Schuld der Menschheit, hier büsst „das intelligible Wesen" des erneuten Menschen „eine Unendlichkeit von Ge-
setzesverletzungen" ab, welche „das Böse in der Gesinnung und in
den Maximen" notwendig mit sich führt.[1] Durch die rein mecha-
nische, quantitative Abschätzung der Unendlichkeit menschlicher
Schuld und der (grösseren) Unendlichkeit des göttlichen Stellvertreters erreichte Anselm den Schein voller Kompensation. Mit
Recht hält sich Kant von diesem Schatten der Wahrheit fern.

Aber auch seine Theorie der Satisfaction führt zu keinem
verständlichen Resultate. Denn die (auch nach Kant) unendliche Schuld erfährt keine objective Sühne: die intelligible
That des Menschen als Noûmenon, seine eigene principielle Umkehr, ist ja mehr Postulat, als Thatsache. Auch Kant selbst verzichtet schliesslich auf die volle und objective Sühne; er bekennt
schliesslich ein „aus Gnaden".[2] So aber bleibt der Gegensatz
zwischen „Gerechtigkeit" und „Gnade" bei ihm ohne Vermittelung;
weiter als Johannes der Täufer (μετανοεῖτε) führt Kant uns thatsächlich nicht; über dem dualistisch zerrissenen Menschen zeigt er
uns nicht den objectiven Gott der Gnade und den historischen
Träger der Gnade, den Erlöser. — Wird ferner mit Kant's Eingeständnis, „dass das Böse in der Gesinnung und in der Maxime
eine Unendlichkeit von Verletzungen des Gesetzes, mithin der Schuld
bei sich führt", Ernst gemacht, so ergiebt sich im günstigsten
Falle (d. h. bei stetigem Wachstum im Guten, ohne jeden Rückfall)
als Kompensation die intelligible gute Gesinnung und die Unendlichkeit der beim Gutwerden sich vollziehenden guten Einzelthaten. So
aber steht der intelligibeln bösen die intelligible gute That, und den
unendlichen Verfehlungen das endlose Gutwerden doch eben nur
gegenüber; und die Gleichung reduziert sich somit auf Null. Wo aber

---

1) Vgl. Anselm, *cur deus homo* I. 21; II, 16 mit Kant, Relig. innerhalb d. Grenzen d. Vernunft 84 f. 95.

2) „Damit das, was bei uns immer nur im blossen Werden ist,
uns, gleich als ob wir schon hier im vollen Besitze desselben wären,
zugerechnet werde, dazu haben wir doch keinen Rechtsanspruch
(nach der empirischen Selbsterkenntnis). Der Ankläger in uns würde
eher noch auf ein Verdammungsurteil antragen. Es ist also immer
nur ein Urteilsspruch aus Gnade, obgleich der ewigen Gerechtigkeit gemäss, wenn wir um jenes Guten im Glauben willen, aller Verantwortung
entschlagen werden." Relig. innerhalb d. Grenzen d. Vernunft 101.

bleibt irgend ein Positives für die Güte des Menschencharakters?
Auch der Kant'sche intelligible Mensch könnte überhaupt nicht
weiter kommen, als zu Luk. 17, 10; ob er aber soweit kommt?
„Nach der empirischen Selbsterkenntnis" (so Kant) und nach Röm. 7
bleibt selbst die Leistung von Luc. 17, 10 nur Hypothese und
Forderung. Von einem Plus des Guten kann keine Rede sein,
wo der Verschuldete unter dem strengen Spruche (Matth. 18, 34)
sich müht, „dass er alles bezahlen muss, was er schuldig ward";
helfen kann nur „der Urteilsspruch aus Gnade". — Kant sucht
diesen möglichst abzuschwächen; immer und immer betont er, dass
aus eigner Kraft Würdigkeit und Heiligkeit zu erstreben und auch
zu erreichen sei; die Kraft zum Guten denkt er sich überlegen dem
Hange zum Bösen. Aber sein moralischer Purismus erhebt doch
nur einen spiritualistischen, nicht einen reell begründeten Einspruch
wider die thatsächliche sittliche Konstitution des Menschen. Wird
Kant's tadelnde Kritik, dass „Gnade Wunder" und also Magie
sei ohne sittliche Wirkung, adoptiert: so führt Kants's Theorie
nur zu einer „Unbegreiflichkeit" der Satisfaction; „denn der Wiederherstellung durch eigene Kraft steht der Satz von der angeborenen
Verderbtheit entgegen."

So viel über das Wie der Satisfastion. Wem wird sie ge-
leistet? Bei Kant nicht dem Gotte über uns, sondern dem Moral-
gesetze in uns. Also: uns selbst stehen und fallen wir. Vor dem
Christus in uns[1], vor dem Menschen als Noumenon, der gleicherweise „Stellvertreter, Erlöser und Sachwalter" des empirischen
Menschen ist, wird die „Gesinnung, welche als intellectuelle Einheit die Stelle der That vertritt", als Aequivalent deponiert.

Dass letztere nur ein principieller Anfang ist, dass wir über
das Werden nicht hinauskommen zum vollendeten Sein, dass also
„die vor uns geleistete Genugthuung für uns nur in der Idee der

---

1) Kant's Ausdeutung des Endgerichtes (Relig. innerhalb d. Grenzen
d. Vernunft 212 f.): „Der Weltrichter wird nicht als Gott, sondern als
Menschensohn vorgestellt und genannt. Das scheint anzuzeigen, dass
die Menschheit selbst, ihrer Einschränkung und Gebrechlichkeit sich
bewusst, den Ausspruch thun werde" streit zwar, aber verflüchtigt
auch den ethischen Grundgedanken von Joh. 5,'22. 27: Das Selbstgericht
des Einzelnen vollzieht sich beim geistigen Schauen dessen, der (ὁ υἱὸς τοῦ
ἀνθρώπου) alleiniger Träger der Eigenschaften der idealen, nach Gottes
Bild geschaffenen und daher noch sündlosen Menschheit ist.

gebesserten Gesinnung liegt, die aber allein Gott kennt": spricht
Kant bestimmt aus.[1] Und so braucht er im Gerichte einen Ueber-
schuss der Werke und ein Verdienst, das uns aus Gnaden zugerechnet wird, also „den Ratschluss eines Oberen zur Er-
teilung eines Guten, wozu der Untergeordnete nichts weiter als die
(moralische) Empfänglichkeit hat". — Um so unverständlicher[2]
wird nun der rein subjective, nur innerliche Vorgang der Rechtfertigung bei Kant. Wer ist der Richter in uns, der von sich
aus sagen kann: „Dir sind deine Sünden vergeben?" Etwa das
hehre, heilige, nur fordernde Gesetz? Etwa der im steten
Kampfe liegende, sachlich noch unfreie Mensch (Noumenon), der
zwar dem „unbegreiflichen, wunderbaren" Urbilde der Heiligkeit
nachstrebt, aber doch „von der Unveränderlichkeit einer solchen
Gesinnung nicht fest versichert ist?" „Nur Persönliches kann
Persönliches heilen" sagt im evangelischen Sinne Schelling;[3] nicht
aber heilt uns die abstracte Formel des Sittengesetzes. Und nur
Gesundes kann das Kranke heilen (Luc. 5, 30 f.); aber der Kant'-
sche (ohnehin dualistische und der Personeinheit bare) Mensch krankt
am radicalen Bösen, er ist kein gesunder „Heiland" und Arzt; ihm
fehlt die sittliche Würde und die sittliche Energie, um mit Erfolg die dreifache Rolle des „Stellvertreters, Erlösers, Sachwalters"
für den Erscheinungsmenschen zu übernehmen. Bei Kant sind Gesetzgeber und Richter, Schuldner und Erlöser zusammengefasst in
dem einen Ich; dem subjectiven, an sich prekären, da leicht
auf Selbsttäuschung hinauslaufenden (vgl. den *dolus malus* des Herzens
bei Kant) Zeugnisse der Rechtfertigung fehlt das objective, uns
innerlich vermittelte Geisteszeugnis (Röm. 8, 16). Auf dem sittlichen
Stückwerke des Ich sinkt die fröhliche Hoffnung zusammen. — Zwar
tröstet Kant: „die gute und lautere Gesinnung, deren man sich

---

1) Relig. innerhalb d. Grenzen d. Vernunft 100 ff. 168 f. 210 f. für be-
dingte Gnadenzulassung. Dagegen fehlt a. a. O. 150 f. 232. 266 f. 61 ff.;
Kritik d. pract. Vernunft 150 f. 230. 232. 265 die Gnade unter den Motiven der Gesetzerfüllung („Furcht, Hoffnung. Pflichtgefühl"), wenn man sie
nicht in das Motiv der Hoffnung — das freilich nicht das höchste ist —
hineindeuten will (im Sinne von Röm. 5, 5: ἡ ἐλπὶς οὐ καταισχύνει).

2) Vgl. Ulrici, Herzogs Ency. VII, 314 f.; Reinhard. Dogmat. 479 ff.;
Ebrard, Apolog. I, 283 ff. 292 f.; Ritschl, Rechtf. u. Versöhn. III, 40 f. 50 ff.
64. 80. 206. 279. 318 ff. 441. 462. 465. 467 ff. 511. 522; Martensen, Ethik I, 504.

3) Vgl. die Ausführungen bei Dorner, Person Christi II. 1080.

bewusst ist, ist der Tröster und Paraklet, wenn uns unsere Fehl-
tritte wegen ihrer Beharrlichkeit besorgt machen." Aber werfen
nicht letztere ein zweideutiges Licht auf die Kraft jener Gesinnung?
Und darf von diesem Paraklet, der doch nur in uns und nicht
auch über uns existiert, gesagt werden, was Röm. 8, 26 f. vom
heiligen Gottesgeiste, von seiner Intercession am Throne des Richters
und von seiner neubelebenden Kraft gesagt ist? Auch der Kant'sche
Mensch wird in seiner „empirischen Vollendung" nimmer hinauskommen über das apostolische Bekenntnis (Röm. 8, 23): καὶ ἡμεῖς
ἐν ἑαυτοῖς στενάζομεν; selbst die ἀπαρχὴ τοῦ Πνεύματος lässt τὴν
υἱοθεσίαν nur als Gegenstand der Hoffnung, noch nicht als gegenwärtigen Besitz, geschweige als Verdienst erscheinen.   Kant's
heroische[1] Tugend ist *in concreto* und in der gegenwärtigen
Wirklichkeit nicht erweislich.

Seinem eigenen Systeme hat Kant in seiner Beurteilung des
Stoicismus das Urteil gesprochen,[2] obschon er sich müht, die
Differenz beider zu erweisen. „Das stoische System machte das
Bewusstsein der Seelenstärke zum Angel, um den sich alle Ge-
sinnungen wenden sollten. — Tugend war bei ihnen ein gewisser
Heroismus des über die tierische Natur des Menschen sich er-
hebenden Weisen, der ihm selbst genug ist. — Den blossen
Gebrauch der natürlichen Kräfte fanden sie in Ansehung des
Weges für hinreichend." In diesen Worten ist auch Kant's System
(mit seiner Autonomie und Autarkie, der Selbstgerechtigkeit und
subjectiven Satisfaction, der „heroischen" Tugend, dem Appell an die
Weisen und Wissenden) gezeichnet. Mit Recht stellt Kant „die
christliche Moral" höher als die stoische. Aber er irrt, wenn er
glaubt in seinem Systeme des Rationalismus und Nomismus diese
höhere christliche Moral dargestellt zu haben: ihm fehlt der Geist

---

1) Baader, Weltalter 250 f. 292. 372. „Der unfrei gewordene Mensch
bedarf der Hilfe eines freien Wesens. Wer gefallen ist und wieder erhoben werden will, der muss sich vor Allem gegen jenen demütigen,
der ihn wieder erheben kann und soll, weil dieses Vertiefen des Empfängers
gegen den Geber diesem allein das Geben möglich macht." „Jede
freie Demütigung aus Liebe und Gehorsam stellt uns innerlich höher
und freier" zu dem Erlöser wie zu dem Richter. „Der Begriff des Erlösers
ist der desjenigen, der als Heros und Eros die ursprüngliche Einwesig-
keit von Liebe und Licht im Menschen wieder herstellt."
    2) Kritik d. pract. Vernunft 229 f.

des Evangeliums. An Stelle der stoischen Weisheitsidee hat Kant allerdings eine andere Idee, die der Heiligkeit, gesetzt. Doch indem er so den antik heidnischen Standpunkt verlässt, betritt er doch nur den alttestamentlichen eines Moses, Elias, Johannes des Täufers. Auf einer Vorstufe des Christentums bleibt er stehen, und von ferne nur ahnt man von ihr aus das heilige Land (Galt. 3, 23 ff.). Sein heroischer Egoismus bleibt ferne vom „Tuismus" der Gnade und Liebe und lehnt ausser und über dem Menschen einen objectiven (persönlichen) „Stellvertreter, Erlöser, Sachwalter, Richter" ab.

Diese vier, streng genommen sich ausschliessenden Functionen überträgt Kant dem Noumenon des Menschen. Dabei wird die Idee der Heiligkeit ihres Rigorismus entkleidet. Denn ein Urteil *de congruo*, nicht *de condigno* [1] ist das Finale, ein Machtspruch der Gnadenhoffnung, obwohl der Angeklagte seine sittliche Qualität auf „Würdigkeit" und „Heiligkeit" und „eigene Kräfte" basierte oder abzielen liess. Diese Gnadenhoffnung ist nahe verwandt mit der selig machenden *fides ingenua*, die von dem nicht genügenden Ich (nicht genügend aber ist ethisch soviel wie unselig) an einen gnädigen Richter über dem Ich appelliert, dass er aus seiner Fülle Leben und Wahrheit, Gnade und Frieden gebe.

---

1) Thomas von Aquino *(Prima Secundae* 114, 6): *Opus nostrum habet rationem meriti ex duobus. Primo quidem ex vi motionis divinae, et sic meretur aliquis ex condigno. Alio modo habet rationem meriti secundum quod procedit ex libero arbitrio, inquantum voluntarie aliquid facimus, et ex hac parte est meritum congrui: quia congruum est, ut, dum homo bene utitur sua virtute, deus secundum superexcellentem virtutem excellentius operetur.* Das *meritum condigni* hat Rechtsanspruch auf Lohn, das *meritum congrui* erhält Lohn nur wegen des ihm zu Grunde liegenden Strebens; vgl. Kahnis, Kirchenglb. (Dogmat. II) 308.

II.

Darstellung und Kritik des Kant'schen Nomismus.

Aus dem Axiom der „Autonomie der Vernunft" hat die practische Philosophie Kant's ein (trotz der Idee vom radicalen Bösen) bis zu den äussersten Konsequenzen durchgeführtes System des Pelagianismus sowie einen einseitigen idealistischen Nomismus abgeleitet. Der Kant'sche Nomismus kehrt seine Spitzen im Allgemeinen: gegen den Begriff und das Wesen der Religion, welcher im Gegensatz zur Sittlichkeit, als dem Postulate der practischen Vernunft, jede höhere und selbständige Bedeutung, ja fast das Anrecht auf Existenz abgesprochen wird; im Besonderen: gegen die historischen Gestalten Jesu Christi und seines Werkes, der Kirche, die nur noch als sinnliche Niederschläge und Verschlackungen der Gesetzesidee gelten sollen. Darstellung und Kritik des Kant'schen Versuches, der Religion ihre selbständige Bedeutung zu verkümmern, bietet das zunächst folgende.

1. Das Verhältnis von Religion und Sittlichkeit.

Das Verhältnis von „Gottseligkeit" und „Tugend" d. i. von Religion und Sittlichkeit hat Kant eingehend im vierten Stück der „Religion innerhalb der Grenzen der blossen Vernunft" („vom Dienst und Afterdienst unter der Herrschaft des guten Principes") behandelt. Ausser den Aftergestalten der Pietät kennt Kant recht wohl eine ächte Frömmigkeit, neben der *fides spuria (servilis, imperata)* ist ihm die *fides sacra (ingenua)* engegengetreten: doch auch diese edlen Formen der Pietät und des Herzensglaubens stehen ihm tief unter der „Tugend", der „Pflichterfüllung." — An Stelle des vor Kant traditionellen objectiven Religionsbegriffes („Gottseligkeits-

lehre") setzt Kant den subjectiven: „Erkenntuis" aller unserer
Pflichten als göttlicher Gebote." Durch diese Definition soll vom
Wesen der Religion ausgeschlossen werden a) „die Forderung eines
theoretischen Erkennens und Bekennens, jedes assertorischen Wissens"
(selbst das Dasein Gottes sei nur eine Hypothese der theoretischen
und ein Postulat der practischen Vernunft), b) der Wahn, es sei die
Religion „der Inbegriff besonderer, auf Gott bezogener Pflichten",
es gebe ausser den „ethisch bürgerlichen Pflichten (von Menschen
gegen Menschen) noch Hofdienste". „Die wahre Religion" ent-
halte „nichts als Gesetze, d. i. solche practische Principien,
deren unbedingter Notwendigkeit wir uns bewusst werden
können, die wir also, als durch reine Vernunft (nicht empirisch)
offenbart, anerkennen". Die wahre Religion ist sonach „die
natürliche, in der ich zuvor wissen muss, dass etwas Pflicht
sei, ehe ich es für ein göttliches Gesetz anerkennen kann". „Die
natürliche Religion als Moral (in Beziehung auf die Freiheit
des Subjects) verbunden mit dem Begriffe desjenigen, was ihrem
letzten Zwecke Effect verschaffen kann (Gott als moralischer Welturheber) und bezogen auf eine Dauer des Menschen, die diesem
Zwecke angemessen ist (Unsterblichkeit), ist ein reiner practischer Vernunftbegriff". Folglich sind auch ihre Gesetze
„natürliche, durch blosse Vernunft erkennbar"; ihre Quelle, Autorität
und Triebkraft ist die Vernunft.[1]

Objectiv angesehen ist demnach die Religion nicht sowohl
„Gottseligkeitslehre" (so vor Kant), als vielmehr „Tugendlehre".

Die Inferiorität jener früheren Bestimmung gegenüber der
seinigen erweist Kant folgendermassen. a) Die Gottseligkeit bestimmt die moralische Gesinnung als „Furcht Gottes" und als „Liebe
Gottes"; jene entspricht der Unterthanenpflicht und der Achtung
für das Gesetz, diese der freien Wahl und dem Wohlgefallen am
Gesetz. Aber Gottesfurcht und Gottesliebe bringen ausser der
Moralität, „noch über sie", den Begriff eines „übersinnlichen
Wesens", das wir uns nicht anders als anthropomorphistisch „und
dadurch oft unseren sittlichen Grundsätzen zum Nachteil"
denken. „Die Gottseligkeitslehre enthält den Begriff von einem

---

1) Relig. innerh. d. Grenzen d. bl. Vernunft. (Ausg. v. 1794) Vorrede
X sqq. 147. 229 ff. 236 ff. 247 ff. 260 ff. 281 ff. Kritik d. pract. Vernunft
(Ausg. v. 1788) 233.

Gegenstande, den wir uns in Beziehung auf unsere Moralität
als ergänzende Ursache unseres Unvermögens in Anschung des
moralischen Endzweckes vorstellen." „Die Tugendlehre aber besteht durch sich selbst, ohne den Begriff von Gott". „Die
Gottseligkeitslehre kann also nicht für sich den Endzweck der
sittlichen Bestrebungen ausmachen, sondern nur zum Mittel dienen,
das, was an sich einen besseren Menschen ausmacht (die Tugend-
gesinnung), zu stärken, dadurch dass sie ihr die Erwartung des
Endzwecks, wozu jene unvermögend ist, verheisst und (im practischen Glauben) sichert". — b) Während der Tugendbegriff aus
der Seele des Menschen genommen ist, muss der Religionsbegriff
„durch Schlüsse herausvernünftelt werden" und führt schliesslich
hinweg von der reinen Idee der Sittlichkeit, sofern die unvermeid-
lichen Anthropomorphismen und Bilder — die theoretisch zulässig
sind — uns practisch dazu verleiten, uns einen Gott zu machen,
wie wir ihn brauchen können. Nur zu leicht wird dann der
Gott ein „Idol", und an Stelle der Tugendübungen aus innerem
Pflichtgefühl tritt Gottesverehrung, ein schwächliches „Surrogat der
Tugend". — Von hier aus eröffnet Kant seinen Feldzug gegen alles
Statutarische, Zufällige, Historische in der Religion. Es fällt dahin
unter dem Kanon: „Es ist nicht wesentlich und also nicht jedermann
notwendig zu wissen, was Gott zu seiner Seligkeit thue oder gethan
habe; aber wohl, was er selbst zu thun habe, um dieses Beistandes würdig zu werden". So lehre auch Luc. 17, 21 f.[1]

Nur scheinbar erklärt sich Kant gelegentlich für eine Superiorität
des Religionsbegriffes über den Tugendbegriff. Sätze wie: „Moral
führt unumgänglich zur Religion" („wodurch sie sich zur Idee
eines machthabenden moralischen Gesetzgebers ausser dem Menschen
erweitert, in dessen Willen dasjenige Endzweck der Weltschöpfung
ist, was zugleich der Endzweck des Menschen sein kann und soll")
oder: „Gottseligkeit ist die Vollendung der Tugend" (um mit
„der Hoffnung der endlichen Gelingung aller unserer guten Zwecke
bekrönt werden zu können"), stellen doch die Religion nur hin als
integrierendes Moment der Moral. Sie sind nach dem Axiome
Kant's zu verstehen, dass „die Idee Gottes und der Religion wohl
aus der Moral hervorgeht; aber nicht die Grundlage der-

---

1) Relig. innerhalb d. Grenzen d. Vernunft 152 ff. 257 ff. 278 ff 286 f.
63. 167 f. 199. 208 ff. Kritik d. pract. Vernunft 71. 233.

selben ist"; auch ist auf Grund der Kant'schen Lehren von der
Autonomie und Autarkie der Vernunft festzuhalten, dass Kant's
„Vernunftreligion" und „reiner Religionsglaube" jegliche Heteronomie
bekämpft (also auch die Theonomie) und die „Pflichten" nicht als
objective „Sanktionen, als willkürliche, für sich selbst zufällige
Verordnungen eines fremden Willens" anerkennt.[1]

Die scholastische Auffassung von dem Verhältnisse der Theologie zur Philosophie, wonach jene als *domina*, diese als *serva* oder
ministra zu gelten habe, hatte Kant durch die Frage ironisiert: ob
denn je die *philosophia ministra* der angeblichen *domina theologia*
die Schleppe nachgetragen, ob nicht vielmehr jene dieser stets die
Fackel der Erkenntnis vorangetragen habe? Im Streite der Fakul-
täten verlor die Theologie ihren traditionellen Primat. Und zwar
infolge davon, dass nach Kant die Religion nicht oder doch nicht
mehr die Feuersäule ist, die den Völkern einst bei ihrem Wüsten-
zuge voranleuchtete; sie erscheint bei ihm mehr als die Nebelhülle,
die den Strahl des inneren Lichtes, vor allem der dem Menschen
immanenten practischen Vernunft, trübt und verkümmert. Der
Religion als solcher spricht Kant im Grunde eine höhere und
selbständige Bedeutung, ja fast das Anrecht auf Existenz ab: sie
soll aufgehen in der Moral; die Gottseligkeit soll ersetzt werden
durch die Uebung von Tugend und Pflicht; der Gottesbegriff, das
A und O jeder Religion, mag immerhin noch ein problematisches
Dasein fristen als Hypothese der theoretischen und als Postulat
der practischen Vernunft.[2]

Die Präponderanz des Moralischen über das Religiöse ist oftmals als Axiom aufgestellt worden, und zwar besonders von Per-

---

1) Relig. innerhalb d. Grenzen d. Vernunft VIII sqq. XIII. 167 ff. 173.
146 f. 212 ff 286. Kritik d. pract. Vernunft 232 f. 248. 71 ff. „Weil materiale Principien zum obersten Sittengesetze ganz untauglich sind,
so ist das formale practische Princip der reinen Vernunft das einzige mögliche." — Jedes materiale und heteronome Princip der Sittlichkeit, auch
das christliche, hemmt die „subjective Verwirklichung des Ideals der Heiligkeit", da es den Eudämonismus, wenn auch in verfeinerter Form,
in sich birgt.

2) Dorner, Lehre von der Person Christi II, 987 f. Gesch. d. protest.
Theol. 743. — „Kant sucht noch Anknüpfungspunkte für den theistischen
Gottesbegriff, aber allerdings hat ihm, wenn nicht die Idee, doch das Sein

sonen und in Zeiten, in denen ein äusserlicher Intellektualismus
und Ergismus das Leben des Gemütes und des Gefühles, die im
Stillen, oft im Verborgenen schaffende Macht der Gesinnung und
des Charakters übersah oder doch unterschätzte. Weil über das
Moralische, über das was Pflicht und Recht sei, weniger gestritten
werde, als über die religiösen Dogmen und Cärimonien, so sei durch
die practische Uebereinstimmung der Menschen schon der Beweis
erbracht, dass das Religiöse als das Unwesentliche, das Moralische
als das Wesentliche zu gelten habe. Kant hat diesem seichten, am
Sinnenfälligen und Greifbaren haftenden Rationalismus zwar nie
das Wort geredet.   Aber trotz seines Dringens auf die Lauterkeit
der Gesinnung, der Maximen, der Motive, trotz seines Appelles an
die geheimnisvolle Macht des Gewissens und des uns einge-
borenen kategorischen Imperatives kommt er, ob seiner Erkenntnistheorie und einseitigen Vernunftkritik, nicht zur entschiedenen
Anerkennung davon, dass der Mensch in seinem Gemüte eine
heilige Macht erfährt und einer Lebensfülle inne wird, „die
von innen heraus sich uns kundgiebt, meinem Gemüte als Gemüt,
meinem Willen als Willen".   „Es war ein glücklicher Weg, den
Kant in seiner Deduction der practischen Vernunft zum Gottesbeweise einschlug, indem er, Elias folgend (1 Kön. 19, 1—14), Gott
im stillen Säuseln oder Lispeln des Gewissens suchte.   Aber er
schnürte der kaum begonnenen Analyse des Gemütsphänomens des
Gewissens mit seinem Systeme wieder den Hals zu. Warum giebt
er uns dem frostigen moralischen Idealismus preis und verwandelt
dieses kräftige lebendige Wort, das in uns gepflanzt unsere Seelen
selig und frei — oder elend macht, je nachdem wir ihm in die
Hand oder zuwider handeln, in einen nichtigen Lufthauch?"[1] Kant
lässt wohl unsere Erkenntnis und unseren Willen, nicht aber das
Gefühl und Gemüt zur Geltung kommen; die Rechte und Funktionen
des Kopfes verkümmern bei ihm die des Herzens; der Lichtschein
seiner kritischen Philosophie ist und lässt ohne Wärme; seine Vernunft „vernimmt" nicht den Hauch des Geistes (Joh. 3, 8; 1 Cor.

Gottes nur eine hypothetische, ja müssige Stelle. Es kommt bei seinem
Systeme nicht sowohl darauf an, dass Gott sei, als darauf, dass er ge-
glaubt werde." — „Von dem alten Doketismus bildet Kant's System das
moderne d. h. anthropologische Seitenstück; denn bei ihm behält das Göttliche vor dem Menschlichen nur eine Scheinexistenz."
    1) Baader, Die Weltalter (von Hoffmann 1868) S. 112 f.

2, 14); wo nicht mit Hilfe logischer Kategorien klare Formeln sich ableiten lassen, wird seine Kritik zur Skepsis, zur Negation. Und doch: „Gefühlen überhaupt, als etwa nur zweideutigen Zeugen der Wahrheit Thor und Thüre verschliessen, heisst das Atmen darum aufgeben wollen, weil man mitunter unreine Luft einatmen könnte."[1] Mag auch unser Erkenntnisvermögen nimmer direct zum „Dinge an sich" (auf religiösem Boden zu Gott) führen: soll uns deshalb das Wesen nie zur unmittelbaren Gewissheit werden können? Giebt es nicht innere Erfahrung auch, und ist nicht der Glaube auch eine Art von „Vernunft", die höchste vielleicht, durch die der Mensch, ohne zu träumen und zu schwärmen, „vernimmt" die Geheimnisse und Kräfte eines — nicht schlechthin anderen, wohl aber — höheren Lebens? Die Gesetze des logischen Erkennens sind nicht die allein gültigen; „das logische Gesetz der Identität gilt nicht für das Gefühl, welches zugleich auf Lust und Unlust gestimmt sein kann," wie wir es im Heimweh, in der Wehmut erfahren; „die logische Beurteilung des Widerspruches, dass in ihm etwas Unmögliches und also auch Unwirkliches bezeichnet ist, passt nicht auf die Beurteilung des Bösen im Willen".[2] Für das Verständnis des Ineinander von Natur und Geist, von Notwendigkeit und Freiheit, genügt es nicht, die abstracte Trennung von theoretischer und practischer Vernunft als einzig möglichen Schlüssel anzubieten. Er erschliesst nicht das Innerste im Menschen, den geheimnisvollen Quellpunkt unseres Denkens und Seins, das „Herz";[3] er versagt, wenn es sich um die höchsten und heiligsten Begriffe

---

1) Baader, a. a. O. 244 f. vgl. 86. 97. 108. 121. 239; auch Goethe, bei Eckermann II, 68. „Der Verstand reicht zur Natur nicht hinauf; der Mensch muss fähig sein, sich zur höchsten Vernunft erheben zu können, um an die Gottheit zu rühren, die sich in Urphänomenen, physischen wie sittlichen, offenbart, hinter denen sie sich hält und die von ihr ausgehen."

2) Ritschl, Rechtfert. und Versöhnung III, 181. 185. 190 f. 22. — Vgl. die erste und zweite Rede Schleiermacher's über die Religion.

3) Martensen, Ethik I, 104: „Das Herz" (das Gott fordert als Kern der Persönlichkeit, aus dem die guten und bösen Gedanken kommen, Spr. 23, 26. Matth. 15, 29) „ist der Wille in seiner Einheit mit dem Gefühle, nur überwiegend von der practischen Seite aufgefasst." — Biblisch ist die καρδία das Centralorgan aller religiösen und sittlichen Thätigkeit, die Heimstätte des Gottesbewusstseins, des Geistes, des Gewissens. Vgl. Weiss, Bibl. Theol. (3. Aufl.) 250 f. 88 f. Delitzsch, System der bibl. Psychologie 133 ff.

und Thatsachen des menschlichen Lebens handelt, um Liebe und
Geist. Im Kant'schen Systeme haben dieselben keine Stätte gefunden; nur polemisch werden sie dann und wann gestreift; ihres
evangelischen, ja ihres sittlichen Gehaltes sind sie entleert. [1] Liebe
aber und Geist sind gerade die beiden lebensvollen Begriffe, die
den Menschen hinausweisen über sich selbst und die — wenn
auch im Spiegel nur und im dunkeln Worte (1 Cor. 13, 12) —
das Wesen der Gottheit unserer inneren Erfahrung ahnungsvoll
nahe bringen (Joh. 4, 24; 1 Joh. 4, 16. 19. 9. 10). Kein Verstand
der Verständigen kann und wird je das Wesen von Geist und von
Liebe definieren; *omnis determinatio* wird hier zur sachlichen
negatio; selbst die Schrift und der Herr reden nur in Bildern und
in Gleichnissen von ihnen (Joh. 3, 8; Jes. 49, 15; 54, 10). Sie aber
sind die unsichtbaren, geheimnisvollen Bande, die den Menschen
knüpfen an den lebendigen Gott. Die Erfahrung von Geist und
von Liebe verbürgt uns die Wirklichkeit von Gott, sofern sie
uns unmittelbar von der Wirksamkeit Gottes in uns überführt. [2]
Diese lebendige Liebe, die unsere Seligkeit will und durch Vor-
ahnungen uns verbürgt, ist das schlechthin Gute [3], das Göttliche
(Mtth. 19, 17): sie ist die *prima causa* der gesamten Schöpfung,
des Werdens und Seins der physischen wie der ethischen Welt,
und so ist sie für den Menschen Ausgangs- und Zielpunkt aller
Religion. Durch die Liebe wird auch Gott, trotz seiner Welter-
habenheit und trotz seiner theoretischen Unfassbarkeit (1 Cor. 13, 12;
1 Tim. 6, 16), für uns ein Gegenstand der Empirie (Röm. 5, 5). [4]
Wie für den Wissenden so ist auch für den Glaubenden Erfahrung
der sicherste Probierstein, die höchste und unwiderlegliche Instanz

---

1) Vgl. z. B. Kritik der practischen Vernunft 147 ff. 64. 130 f.

2) Zum Teil aus ähnlichen Gründen bestimmt Ritschl, Rechtf. und
Vers. III, 16. 22. 170 ff. 185 die Religion als „Function des menschlichen
Geistes", als „ein practisches Gesetz des menschlichen Geistes", als „Anerkennung der Abhängigkeit von Gott" in allen Arten und Stufen der
Pietät. — „Es ist ein erfolgloses Bestreben, die Religion im Principe
auf eine der elementaren geistigen Functionen (Vorstellen, Fühlen, Wollen)
zurückzuführen." Vgl. auch S. 568. — Luthardt, Apologet. Vortr. I, Vortr. 6.
v. Zezschwitz, Apolog. des Christentums, Vorles. 8. Pascal, Pensés II,
146 ff. (ed. Schwartz).

3) Lotze, Mikrokos. III, 608. Rothe, Theol. Ethik (2. Aufl.) I, 166 f.

4) Vgl. Rothe, Theol. Ethik 1, 19. Ritschl, Rechtfert. und Vers. III,
170 ff. 190 ff.

der Wahrheit[1]; auf Grund einer inneren, unabweisbaren Erfahrung hat der Mensch laut des *consensus gentium* von jeher bekennen müssen: „Ich glaube, darum rede ich." Denn auch von der Gottes-leugnung gilt des Aristoteles Kanon: προτέρα κατάφασις, εἶτα ἀπόφασις,[2] d. h. zuerst ist das Ja, dann erst das Nein laut geworden (Röm. 1, 19. 22). Den Gott, welchen Geist, Gemüt und Herz vernahmen, leugnete erst nachmals die kritische Reflexion des an die Schran-ken der sinnlichen Wahrnehmung gebundenen Verstandes.

Die ersten und zugleich obersten Principien für unser Denken und Thun stammen nicht aus Verstand und Vernunft nur, ebenso wenig wie nur aus dem Willen oder dem Gefühle. Tiefer als diese Funktionen liegt des Menschen Kern, die durch keine Definition zu erschöpfende Anlage zur Persönlichkeit. Wie sich der Ursprung des physischen Lebens in das Geheimnis hüllt, so auch der Ursprung des geistigen, des p e r s ö n l i c h e n Lebens. Gerade aus diesem ver-borgenen Quell des L e b e n s[3] aber stammt alles Licht des Menschen; nach ihrer F o r m und T e n d e n z kommen die Gedanken aus dem „H e r z e n"; und das Leben, das darin sich regt, bildet den Herz-s c h l a g für alle T h e o r i e und Praxis des Menschen. Kant rührt oftmals an dieses Mysterium[4]; a u s s e r und in dem Menschen bleibt

---

1) Vgl. Rothe, II, 180. „Es ist ein Grundgedanke Anselms, dass eben das, was im Natürlichen die Erfahrung ist, im Religiösen der Glaube ist. *Fides praecedit intellectum* ebenso wie *sensus praecedit intellectum*." — „Glauben d. h. das Wahrnehmen des Zeugnisses Gottes von sich selbst (seine Selbstbezeugung)." „Glauben ist immer ein Erkennen auf religiöse Erfahrung hin." — Novalis III, 321: „Glauben ist Empfindung des Wissens." — Baco v. Verulam (Claudius VII, 63): „Im Wissen leidet der menschliche Verstand von dem sinnlichen Eindruck, der von den körperlichen Dingen herrührt, im Glauben aber leidet die Seele von der Seele, die ein würdi-geres Agens ist"; Pascal, Pensées, I, 192. 215. 217. II, 52—64. (Schwartz).

2) *De interpretat. cap. 5, p. 17ᵃ. 8: cf.* Trendelenburg, Erläuterungen zu den Elmt. der Arist. Log. 7.

3) Die Kant'sche Definition von „Leben" (es sei „das Vermögen eines Wesens, nach den Gesetzen des Begehrungsvermögens zu handeln", vgl. Kritik d. pract. Vernunft 16 und Einleitung in Kritik der Urteilskraft 12 ff.) ist (wie überhaupt die Kant'sche Terminologie) rein formalistisch und verzichtet auf jede Angabe von Ursprung, Wesen, Zweck.

4) Z. B. Kritik d. pract. Vernunft 175 f. nennt er das G e w i s s e n „ein wundersames Vermögen"; 151 ruft er bewundernd aus: „Pflicht! du er-habener, grosser Name, welches ist der deiner würdige Ursprung und wo findet man die Wurzel deiner edlen Abkunft?" 155: „Es muss der Mensch sein e i g e n e s Wesen mit Verehrung betrachten." Mehrfach äussert

auch ihm ein irrationaler Rest; aber er scheut sich, als der Rätsel
Lösung den G o t t zu nennen und zu bekennen, „von dem und durch
den und zu dem" (Röm. 11, 36) das Universum ist. Die religiöse
Auffassung von der Persönlichkeit hat sich von jeher, wenn auch
in verschiedenen Formeln (z. B. Act. 17, 28), an die sprachlich missliche, sachlich aber treffende Erklärung gehalten: *persona est quam
personat deus.* Kant's Persönlichkeitsbegriff[1] enthält nichts von
diesem P o s i t i v e n , Göttlichen; „Freiheit und Unabhängigkeit von
dem Mechanismus der ganzen Natur" sowie die „Vernunftautonomie"
machen nach Kant den Menschen „zum Z w e c k a n s i c h s e l b s t":
ausser und über sich hat er keinen Zweck, kein Ziel, „die Menschheit in seiner Person" ist sein Heiligtum. — Bewunderung, Ehrfurcht und Achtung erfüllen und erheben auch nach Kant bisweilen
den Menschen; aber: das höhere Erkenntnisvermögen, das in der
Bewunderung des nur geahnten Uebersinnlichen, und das höhere
Begehrungsvermögen, das in Ehrfurcht und Achtung vor der gesetzgebenden sittlichen Macht sich offenbart, wird von der Kant'schen
Vernunftkritik im Diesseits festgehalten. Und doch gleicht der
Mensch ohne Gott, das Universum ohne Gott der sonnenlosen Erde;
der Mikrokosmos wie der Makrokosmos bleiben dann Rätsel, auf
deren Lösung verzichtet wird. Trotz seines Zugeständnisses, dass
die Vernunft eigentlich allenthalben auf Ideale ausgehe, zieht Kant
nicht die Konsequenz, dass den Vernunftidealen ein reales Sein
auch ausser uns und über uns entsprechen müsse, dass die Ver-
nunftideale nur ein Reflex der göttlichen Centralsonne sind, die im
sonnenhaften Auge des Menschen sich spiegelt.[2] Jede göttliche und
geheimnisvolle Einwirkung auf den Menschen weist Kant als Magie
zurück; auch die „göttliche Heteronomie" besteht nicht vor dem
Axiom der Vernunftautonomie. Die reine, die blosse Vernunft war
von jeher eine Gottesleugnerin; nach ihr besteht zwischen Gott und
Mensch eine weite Kluft, die aber doch durch Herz und Geist über-

---

er, z. B. 51 f. 74 ff. Bewunderung gegenüber dem uns immanenten S i t t e n -
g e s e t z e und dem F r e i h e i t s b e g r i f f e ; 288 f. gegenüber „dem b e s t i r n t e n
H i m m e l über mir und dem moralischen Gesetze in mir".

1) Kritik der pract. Vernunft 155 f. Dagegen z. B. Ebrard, Apologetik I, 87.

2) „Die helle Anerkentnis des Ideales, seine vernommene Gegenwart
im Gemüte, ist der *natura naturata* das Pfand und Zeichen des Friede-
bundes mit der *natura naturans*"; Baader, Weltalter 253.

flogen und überbrückt wird; nach der Vernunft ist der θεός eben
ein ἕτερος als der Mensch: und weil im engen Rahmen ihrer Begriffe nur Raum ist für Einen von beiden, so giebt das autonome,
autarkische Ich Gott daran.[1] Kant's kritische Philosophie lässt,
indem sie das Ich für schlechthin autonom erklärt, keine andere
als die Selbstbewunderung mehr übrig, deren stillschweigende Konsequenz die Selbstverehrung, die Selbstanbetung ist. Würde diese
Apotheose des Ich nicht nur mit Worten, sondern thatsächlich vollzogen: so führte sie zur vollen Isolierung, d. h. zur Ertötung des
Ich. Denn auf das eigene Sein und Können reduciert, müsste es
ob seiner angemassten Majestät auf die Ströme des Lebens verzichten[2], die es einst von oben her nährten. Zu ihrem Glücke aber
zehrt die Vernunft auch dann noch *in praxi* vom Lebensbrote des
geheimnisvollen Jenseits, wenn sie *in thesi* Gott leugnet (Ps. 41, 10.
Joh. 13, 18[b]). Sonst würde die Erkenntnisquelle im Sande der Erde
versiegen; der Wille würde im Widerstreite der Neigungen er-
schlaffen; die Gefühle des Herzens, vor allen die Liebe, würden er-
kalten (Mtth. 24, 12). Diese glückliche Inkonsequenz[3], die
auch der Kant'schen Vernunftkritik eignet, ist ein Beweis mehr für
die Wahrheit, dass „das Leben des Geistes Religion, Gottesdienst ist." „Der Geist des Menschen geht wirklich und überall
auf Wunder aus und ruht nicht eher, als bis er zum allein Bewun-
dernswerten durchgedrungen ist; wie das Herz in der Ehrfurcht mit
Liebe umgeben ruht, so der Geist im Wunder."[4] Der Geist be-

---

1) Vgl. Ritschl, a. a. O. 187. 189 f. 190 f. „Trotz der Kritik d. reinen
Vernunft behandelt Kant die Sinnenfälligkeit als das ausschliessliche Merk-
mal der Realität."

2) „Der Zeitstrom hat das mit einigen mineralischen Quellen gemein,
dass er die in ihm völlig untergetauchten Wesen — Menschengemüter —
versteinert." Baader. a. a. O. 218.

3) Vgl. Martensen, Ethik I, 28.

4) Baader, a. a. O. 115. 221. 251 f. „Jeder Geist lebt nur im und vom
Bewundern. Anbeten und Verherrlichen. Ausbreiten und gleichsam Fort-
pflanzen des Bewunderten und Angebeteten. Durch Abkehr von dem wahren und einzigen Object seines Bewunderns giebt er sich, soviel dieses
in seiner Macht ist, den Tod." — „Im Endlichen nimmt die Bewunderung
in dem Masse ab, als die tiefere Erkenntnis zunimmt; aber in Gott öffnet
sich dem Geiste eine Wissensquelle, aus der mit der sich steigernden Erkenntnis die immer weiter steigende Bewunderung entsteht." — „Wollt
ihr den Affect der anbetenden Liebe in eurem Herzen kräftig nähren, so
sorget ja dafür, dass dem erkennenden Geiste die Gegenstände der Be-

ruhigt sich nimmer auf die Dauer bei dem „Dass" der Welt und
seiner Analyse; er forscht nach dem Woher? und Wohin? Diese
Fragen setzen die sittliche Ueberzeugung [1], den religiösen Glauben [2]
voraus, dass die Welt kein plan- und zweckloses Aggregat sei. Im
tiefsten Grunde ist wohl allenthalben diese sittlich-religiöse Ueberzeugung der Eckstein und der Grundstein der wissenschaftlichen
Forschung und Erkenntnis; mag auch hier und da der Name „Gott"
gemieden und das halb demütige, halb übermütige Bekenntnis dafür
laut werden: „Nenn' es, wie du willst — ich habe keinen Namen
dafür! Gefühl ist Alles." — Und auch den Schlussstein der Erkenntnis bilden religiöse Motive und Erfahrungen. Die höchste und
letzte Erkenntnis ist das Innewerden im Geiste (1 Cor. 13, 12; Joh.
7, 17): Intuition und Kontemplation. Weiter als des leiblichen
Auges Sehkraft und weiter als die Schlüsse der Vernunft reicht die
Ahnung des Herzens, der Scherblick der Liebe (Luc. 15, 20. Joh.
21, 7[a]); diesen offenbart sich auch das Unbegreifliche ohne den
Schleier, der das Bild der Wahrheit für unsere Sinne und gleicherweise auch für unser Denken verhüllt. Daher sind der Schrift ἀγάπη
und ἐπίγνωσις verwandte Begriffe (Phil. 1, 9; Philem. 5, 6; 1 Cor.
13, 8—12; wenn das Stammeln der menschlichen „Sprachen" und
das „Stückwerk" unserer Erdenweisheit aufhört, dann erst soll
und kann der Mensch „von Angesicht zu Angesicht" erkennen
„gleichwie er erkannt ist": so sagt Paulus in seinem Hymnus auf
die grösste der Gnadengaben (1 Cor. 12, 31), die Liebe, — die von
Gott und zu Gott, die Gott selbst ist. Den apostolischen Gedanken haben Philosophen und Dichter [3] variiert, so Pascal: „Mensch-

---

wunderung nicht ausgehen." — „Die bisherigen Theorien des Erkennens
sind vorzüglich darum noch ungenügend, weil man in ihnen das für das
das Leben und Thun jeder Kreatur geltende Gesetz einer doppelten Subjicierung nicht beachtet (die Subjicierung der Kreatur unter ein ihr unmittelbar höher stehendes Agens, und jenes eines ihr niedriger stehenden).
Nur dienend vermag ich zu herrschen, nur herrschend zu dienen."

1) Lotze, Mikrokos. III, 230: „Dass die Welt nicht eine Ungereimt-
heit ohne Sinn sein kann, diese Ueberzeugung eines sittlichen Glaubens ist
der letzte Grund unserer Zuversicht zu der Wahrheitsfähigkeit unserer
Erkenntnis und zu der Möglichkeit eines Wissens überhaupt." Vgl. I. 396.

2) Anselm, *proslogium* 22: *(deo) omnia indigent, ut sint et ut bene sint.*
Vgl. Ritschl, a. a. O. 175. 189 ff.

3) Z. B. Geibel, Neue Gedichte (9. Aufl.) 228. Goethe, im Schlusse
des 2. Teiles von Faust. Vgl. E. Pfleiderer, Eudämonismus und Egoismus
(1880), S. 49 ff.

liches muss man erkennen, um es zu lieben, Göttliches aber lieben, ehe man es erkennt". Auf ihrer höchsten Stufe wird die Erkenntnis zur Versenkung in Gott, zur Lebensgemeinschaft mit Gott: d. h. zur Liebe. Und ebenso verklärt sich auch das innigste Gefühl zur Seligkeit, das ernsteste Streben zur heiligen Gesinnung. Heiligkeit, Liebe, Seligkeit sind die Signatur des vollendeten, des von Gott und zu Gott geschaffenen Menschen; in der Zeit schon sind sie Prophetien dessen, was wir erst in der Ewigkeit, im Reiche des Geistes sein werden (1 Joh. 3, 2).

Kant's ethischer Rigorismus und sein abstracter Idealismus weist derartige Erwägungen als „pathologische" zurück und versieht sie betreffs ihrer Beweiskraft mit einem skeptischen Fragezeichen. Die Vernunft, weder die theoretische noch die practische, dürfen ihm nicht träumen und schwärmen. Daher kehrt sich seine Polemik auch gegen den Gottesbegriff, sofern er nicht anders als durch Anthropomorphismen vorstellbar sei. Für den nicht nur poëtischen Gedanken, dass „alles Vergängliche nur ein Gleichnis" sei des Unvergänglichen — zwar nur ein Gleichnis, aber doch ein Gleichnis — legt die Kant'sche Philosophie kein Zeugnis ab. Daher vermeidet sie streng, was so mancher Philosoph seit Plato bis Schelling und Hegel gethan hat: durch die poëtische Intuition das zu ergänzen oder zu ersetzen, was der verstandesmässigen Reflexion und Konklusion sich entzieht. Wohl bleibt das Bild immer nur ein Schatten, eine ferne Ahnung der vollen Wahrheit. Aber es ist doch auch eine der Offenbarungen des Geistes.[1] Und zwar bietet sie einen positiven, wenn auch unzulänglichen Ausdruck für das dem Denken Unerreichbare, während der Begriff, je höher er aufsteigt, desto mehr im Formalen und Negativen sich verliert. Ob wohl je ein Denker den hochtönenden Begriff des „Absoluten" nach seinem positiven Inhalte hat durchdenken, geschweige erschöpfen können? Ob wohl je der Begriff der „Ewigkeit" — als der Erhabenheit über Zeit und Raum — in ihrer positiven Wesenheit geahnt werden kann, ohne Zuhilfenahme von Bildern, welche die Poësie so gern der kindlichen Einfalt in den Mund legt? — Die Bildersprache hat ihre Weihe erhalten durch die Gleichnisse des

---

1) Vgl. Eucken, Ueber Bilder und Gleichnisse in der Philosophie (Veit, Leipzig 1880). Martensen, Ethik 1, 93 ff. Niebuhr, Lebensnachrichten II, 344. Rothe, Theol. Ethik 1, 126—128. Hamberger, *Physica sacra.*

Herrn. Der König der Wahrheit hat sich ihrer bedient, um durch
sie den Armen und Schwachen am Geiste die Strahlen der ewigen
Wahrheit in's Herz zu leiten. Seit er den „unbekannten Gott"
des Heidentums, den unnahbaren und furchtbaren Gott Israels
„Vater" nannte und jedes Menschenkind anwies, zu dem Unnenn-
baren und Unfassbaren als zu „seinem Vater" zu rufen: seitdem
erst ist der Menschheit das Herz und am dunkelen, stummen Himmel die Sonne des Lebens aufgegangen (Jes. 6; Apg. 17, 22 ff.; Röm.
8, 14 f.); seitdem ist erst das öde, endlose Universum zum gemüt-
vollen Vaterhause umgewandelt worden. — Die Sprache des Herrn
und die der ganzen heiligen Schrift ist die „eines geistigen Realismus, der ebenso hoch über dem Spiritualismus als über dem Materialismus steht". Geist und Natur fliehen sich da nicht. Aus dem
Natürlichen heraus scheinen die Gedanken des Geistes; und dieser
Wiederschein des Geistes in der Natur ist das, was der letzteren
ihren Adel (Röm. 8, 19 ff.) und ihre Schönheit verleiht.[1] — Der
paradoxe Satz Hamann's, dass das Ende der Wege Gottes Leiblich-
keit sei, hat seine biblische Stütze in 1 Mos. 1, 24 ff. Joh. 1, 14.
1 Cor. 3, 16; 6, 19: das Ziel der Schöpfung ist der Mensch, der Anfang der Erlösung ist die Fleischwerdung des göttlichen Logos,
der irdische Tempel des heiligen Gottesgeistes ist des Menschen
Leib. — Die noch paradoxeren Sätze Tertullian's, Jacob Böhme's,
St. Martin's, Franz von Baader's[2], dass Gott trotz seiner Geistigkeit eine ewige „Natur", einen „Leib" habe, dass „nur das Nichts
körperlos" sei, dass „der Leib ein Gleichnis des Geistes und der
Geist ein Gleichnis nach Gott" sei, — sie sind keineswegs materia-
listische Irrlichter auf dem Sumpfboden einer ungesunden Speculation, sondern der sinnige Nachhall des biblischen Wortes von der

---

1) Hegel nennt dasjenige „schön", aus dessen Stoffe heraus eine Idee
leuchtet und scheint. — Vgl. Bettina v. Arnim (in Goethe's Briefwechsel
I, 33): „Wenn man so einsam in der freien Natur steht, da ist's als ob
sie ein Geist wär', der den Menschen um Erlösung bäte. Schon gar zu
oft habe ich diese Empfindung gehabt, als ob die Natur jammernd weh-
mütig um etwas bäte, dass es mir das Herz durchschnitt, nicht zu verstehen, was sie verlangte." — Goethe: „Was wär' das Wesen, wenn es
nicht erschiene? Was wär' Erscheinung, wenn sie ohne Wesen wäre?"
Vgl. besonders Eckermann II, 173. 295.
　　2) Tertullian adversus Praxeam c. 7: de carne Christi c. 11. Baader,
Weltalter 183 ff. 364. ff. 391 ff.

θεία φύσις (2 Petr. 1, 4), deren der Reine teilhaftig werden soll.[1] — „Natur" ist nicht Verneinung des Geistes, sondern seine Aeusserung; sie ist Mittel und Werkzeug und Erscheinung des Geistes. Gegenüber einem naturlosen Spiritualismus und Idealismus betonte Oetinger mit Recht: dass die Kraft der Schrift oft gerade in ihren konkreten, massiven, aber doppelt lebensvollen Begriffen sich berge; und dass man diese Kraft, dies Leben der Schrift verkümmern lasse, wenn man Alles dünn und luftig mache und sich scheue, die Bibel *physice* zu verstehen. Insonderheit für die Bilder von Gott und für die theologischen Anthropomorphismen in der heiligen Schrift verwendet sich Rothe[2]. „Der Anthropomorphismus macht sein gutes Recht darin geltend, dass es ohne ihn eine lebendige Frömmigkeit nicht giebt, weil keinen lebendigen Gott."[3] Ein so kritischer Geist, wie der hochgelehrte Niebuhr, steht für Rothe's Thesis ein mit dem persönlichen Bekenntnis: „Ich habe es oft gesagt, dass ich mit einem methaphysischen Gotte nichts anzufangen weiss, und dass ich keinen anderen haben will, als den der Bibel, der Herz zu Herz ist."

Die mannichfachen Versuche, eine religionslose Ethik — eine philosophische, nicht theologische — aufzustellen, gründen sich auf zwei verschiedene Grundanschauungen über das Wesen des Menschen. Die eine fasst ihn als Glied auf in der unendlichen Reihe der Naturerscheinungen; die andere betrachtet ihn als autonom, als Selbstzweck. Jene huldigt bewusst oder unbewusst dem Kultus der Natur, diese dem der Humanität. Jene unterwirft das menschliche Individuum dem Naturgesetze; diese beugt den Einzelwillen unter das allgemeingültige, von der Vernunft garantierte Sittengesetz. — Als die edelsten Vertreter der naturalistischen Ethik haben etwa Plato und die Stoiker in alter, Spinoza, Fichte, Schleiermacher in neuer Zeit zu gelten. Die Begriffe von Natur, die ihnen vorschwebten, sind, je nachdem sie das Wesen oder die Erscheinung der Natur gerade betonten, sehr verschiedene. Bald

---

1) „Natur ist das von innen heraus, durch innere Entwickelung Gewordene, im Gegensatz gegen das bloss von aussen her und also nicht durch sein eigenes immanentes Werden Gewordene (d. i. das blosse Gemachte)." Rothe, Ethik I, 126.

2) Theol. Ethik I, 127.

3) Ein Gedanke, der hochbedeutsam ist für die Erklärung von Joh. 14, 6; 1, 14. 18; 15, 1—6. — Vgl. Niebuhr, Lebensnachr. II, 344.

7*

erscheint sie als ideenlose, des Menschen Sinnlichkeit nur nährende
und aufreizende Materie (Hyle), bald als sinnvoller, schöner, durch-
geistigter Organismus (Kosmos). Jener gegenüber lautet die sittliche Forderung negativ: das Sinnliche im Menschen soll nieder-
gekämpft, die Herrschaft der Naturmächte soll gebrochen werden
durch Enthaltung und Mässigung (ἄσκησις, σωφροσύνη, κάθαρσις bei
Pythagoras, Plato, Aristoteles). Dem idealen Begriffe von der
Natur aber, der den κόσμος stillschweigend als *ordo divinus.* das
Universum als *numen* und *deus* auffasst, entstammt die positive
Formel: τῇ φύσει ὁμολογουμένως ζῆν. Demnach erscheint das Sittliche dort als stetiger Kampf und als Triumph der menschlichen
Vernunft über die tierische Sinnlichkeit, hier als fortschreitende
Harmonie (ὁμολογία) zwischen Vernunftwillen und Naturordnung. —
Wohl scheint es, als sei beidemal der Gottesbegriff aus der Moral
entfernt; aber thatsächlich bildet er auch hier das Allerheiligste
der Moral und ist nur durch einen Vorhang verhüllt. Denn beide-
male wird eine Apotheose, entweder des Ich, oder der Natur
vollzogen. Jene liegt stillschweigend vor, wo das Ich aus den
Fesseln der Sinnlichkeit sich befreit; diese, wo die unwandelbare,
heilige Ordnung der Natur dem ζῷον ὑβριστικόν — so definierte Pythagoras den unstäten Sinn des trotzigen, noch unerzogenen Menschen —
eine feste Regel, einen sicheren Halt gewährt.

Die antonomische, vom Glauben an des Menschen Selbstgenügsamkeit getragene Ethik hat ihren Ausdruck gefunden im alt-
heidnischen Polytheismus und im philosophischen Pantheismus. Sie
hat die Wirklichkeit des einen lebendigen Gottes in Frage gestellt;
aber mit den Attributen des der Persönlichkeit, des Lebens und
der Wahrheit beraubten Gottes hat sie den Menschen ausgestattet.[1]
Als die versucherische Prophetie *eritis sicut deus* in der Phantasie und im Denken ihre Erfüllung suchte, so entthronte der kleine
Gott der Erde den grossen Gott der Welt. In seinen Göttergе-
stalten malte der heidnische Mensch nur sein eigenes, beschränktes,
dem Irrtum und der Schuld sowie der Allgewalt des Verhängnisses
unterworfenes Wesen. Von Dichtern und Philosophen wurde die
Apotheose des Menschen vollzogen: als Homer den olympischen
Götterstaat schuf; als Sophokles den Hymnus anstimmte: „Nichts
ist gewaltiger als der Mensch“; als Sokrates den Menschen für das

---

1) Vgl. Martensen I, 11 ff. Rothe IV, Vorrede XVI sqq. XXVIII.

alleinigo Thema, für Anfang und Ende aller Erkenntnis erklärte; als Protagoras den Menschen zum Massstab aller Dinge erhob. Die ideell verwandten Mythen von Prometheus und Faust sind nicht zufällige Poësien einzelner, titanenhaft strebender Menschen; sie klingen nicht in einzelnen Zeiten nur und bei einzelnen Völkern an, sondern sie sind Urgedanken des Menschengeistes, die sich allenthalben und immer wieder mit elementarer Kraft in's Dasein drängen. Allenthalben und zu allen Zeiten wirft der Uebermut des jugendlichen Kraftgefühles die trotzige Frage auf: „Hast du nicht alles selbst vollendet, heilig glühendes Herz?" (Jes, 47, 10; 1 Cor. 4, 7). Aus den missverstandenen Ahnungen menschlicher Ewigkeit und Unendlichkeit formt sich in endlosen Variationen das wirre Gelübde: „Das, was der ganzen Menschheit zugeteilt ist, will ich, in meinem inneren Selbst geniessen, mit meinem Geist das Höchst' und Tiefste greifen, ihr Wohl und Weh' auf meinen Busen häufen, und so mein eigen Selbst zu ihrem Selbst erweitern". Diese poëtischen Gedanken von des Menschen Absolutheit haben vor dem Forum der Philosophie nicht ihr Gericht, sondern nur eine Läuterung erfahren. Das Feuer jenes unklaren, prometheisch-faustischen Enthusiasmus für den Humanitätsgedanken ist zwar grösstenteils verkühlt unter der Lavadecke der nüchternen philosophischen Abstractionen, wie sie uns z. B. bei Kant begegnen: aber die Begeisterung für die Humanitätsidee lebt im tiefsten Grunde seiner Ueberzeugungen und sie strömt ihre Glut aus, wenn die Mysterien im Menschen berührt werden: Freiheit und Sittengesetz, Persönlichkeit und Pflicht. Kant hat die letzten Konsequenzen[1] der von ihm behaupteten Autonomie und Autarkie noch nicht gezogen: der theistische Zug seines Herzens[2] hat seinen Verstand gehindert, den fernen Schimmer der Gottesidee, den er ausserhalb des Menschen als wissenschaftliche Hypothese oder als sittliches Postulat noch anerkannte, in den Menschen selbst hereinzunehmen. Erst die auf und aus Kant folgende pantheistische Philosophie hat das Ich, welches sein eigener Gesetzgeber geworden war, auch zu seinem eigenen Gotte gemacht. — Nicht zum Atheismus, nicht zur Leugnung des religiösen Bedürfnisses hat diese Apotheose des Menschen geführt. Ihr entstammte

---

1) Vgl. z. B. Ulrici, in Herzog's Encykl. VII, 341 ff.
2) Vgl. Goethe's Bekenntnis gegenüber Jacobi: „Als Künstler bin ich Polytheist, als Naturforscher Pantheist, aber als sittlicher Mensch Theist."

ein — sittlich wie logisch, practisch wie theoretisch — Anerkennung, ja Ehrfurcht gebietender Pantheismus. Die Personen und
die Systeme von Fichte und Hegel repräsentieren ihn. Während
dem Polytheismus das Diesseits, vor allem der Mensch des Göttlichen voll ist, vernichtet der Atheismus auch des Menschen Würde.
Weil er ohne Ideen und ohne Ideale, ohne Glauben und ohne
Hoffnung ist, darum lässt er auch den Menschen zu Schanden
werden (Röm. 5, 5). Dagegen hat der Pantheismus mit seinem
Glauben an das Gotthafte in Natur und Geschichte wenigstens die
Wurzeln aller Religiosität gerettet: die Hoffnung auf den allmäh-
lichen Sieg des Guten, die Ueberzeugung von der Immanenz einer
höchsten Vernunft im Weltleben, die Gewissheit von einer mit absoluter Macht sich Geltung verschaffenden und jeglichem Egoismus
feindseligen Gesetzgebung. „Wenn es Atheisten gegeben hat und
giebt, welche sagen: ich glaube nicht an Gott, ich glaube aber an
meine Pflicht; und wenn sie durch Thaten der Selbstverleugnung
zeigen, dass es mit jenem Glauben ihnen Ernst sei, so betrachten
wir jene nicht als Atheisten, sondern als religiös Glaubende, da
mitten in ihrem Pflichtbewusstsein offenbar jener Altar für den unbekannten Gott (Apg. 17) steht." „Kant und Fichte hatten mit
einer Moral angefangen, die in jeder Hinsicht nur auf ihren eigenen
Füssen stehen sollte, und doch endeten sie mit religiösen Postulaten.
Die Stellung unbedingter Freiheit und Selbständigkeit, mit welcher
man anfängt, verwandelt sich zuletzt immer in eine religiöse Abhängigkeit, mag auch eine solche Religiosität noch nicht die christliche sein."[1] — Psychologische wie ethische Gründe drängen auch
den Widerwilligen schliesslich zur Anerkennung irgend eines Göttlichen. Selbst die direkte Leugnung des lebendigen Gottes
führte die erklärten Atheisten doch nur zum Cultus eines toten Gottes:
sei's der bewusstlosen Natur, sei's des blinden Schicksals.

Psychologische wie ethische Gründe nötigen ferner dazu, die
Freiheit, die Autonomie und Autarkie des Menschen ihrer angeblichen Absolutheit zu entkleiden. Gegenüber den Naturgewalten
und gegenüber dem Willen fremder Persönlichkeiten ist das Ich
eingeschränkt; tausendfach wird es seiner Abhängigkeit inne; zahllosen äusseren Einflüssen gegenüber muss es sich unterwerfen oder

---

1) Martensen I, 27 f. 455. Luthardt, die modernen Weltanschauungen 116 ff.

doch verzichten lernen auf das eigene Wollen und Können. — Sobald die menschliche Autonomie die ihr gezogenen Schranken eingesteht, sobald sie ihrer Relativität sich bewusst wird, sobald die erst zügellose Freiheit vor physischen und ethischen Autoritäten sich beugt, ist sie in ihrer Relativität auch theoretisch wie practisch anzuerkennen.[1] Auch die heilige Schrift betont es, dass der Welt wie dem Menschen eine unzerstörbare Majestät eigne. Das strenge evangelische Urteil über die Welt und die Schätze des Diesseits ist keine Verurteilung derselben.[2] Als ein Gleichnis und eine Offenbarung des Göttlichen haben der Heiland und seine Apostel die vergängliche Welt gelten lassen (Matth. 13, 44 ff.; 19, 29;

---

1) Ausführlicheres bei: Witte, Der bleibende Werth der Kantschen Ethik. Pünjer, Die Religionslehre Kant's. A. Dorner, Das Princip der Kant'schen Ethik. — Vgl. Baader. a. a. O. 86. Martensen I, 22 f. „Damit die Theonomie eine in Wahrheit freie sei, muss der Mensch eine relative Autonomie, eine mitgeteilte Selbständigkeit besitzen; er muss in beschränktem Sinne sein eigener Mittelpunkt und sein eigenes Gesetz sein." „Will man freilich die weltliche Sittlichkeit nicht als blosses Mittel, nicht als teleologisches Moment für den allein in sich absoluten Endzweck auffassen, so bleibt sie völlig unerklärlich." — Ebrard, Apologetik I, 215: „Gott, der an den Menschen die Forderung des ethischen Gesetzes stellt, thut dies ja nicht von aussen her, sondern so, dass er diese Forderungen in das Wesen des Menschen selbst gelegt hat; er thut es als derjenige, der das Wesen des Menschen organisiert." Derselbe I, 175: „Wenn wir sagen, im menschlichen Geschlechte sei das Individuum Selbstzweck, so sagen wir nur damit: es habe einen selbständigen Zweck der Gattung gegenüber und sei nicht bloss Mittel um der Gattung willen." — Vgl. Rothe I. 389 ff. III, 358 ff. Hagenbach. Encyklopädie (2. Aufl.) 23. Ritschl III, 239 ff. Reinhard, Christl. Moral IV, 378 f.

2) Rothe I, 217 ff. 175 ff. Martensen I, 64. Weiss, Bibl. Theol. 284. Ewald, Lehre von Gott III. 3 ff. — „Mit dem Ausspruche, dass alles lauter Eitelkeit sei, verhält es sich ebenso wie mit dem Ausspruche des Sokrates, dass er nichts wisse. Seine rechte, seine tragische Bedeutung bekommt er erst, wenn er über die Dinge ergeht, welche in Wahrheit eine Realität sind, ja eine gewisse Weltherrschaft darstellen, aber im Verhältnisse zu der höchsten Realität, zu Gott, von dem sie losgerissen sind, dennoch als blosse Eitelkeit und Nichtigkeit erscheinen." In Mtth. 13, 45 f. „legt das Christentum auch dem gefallenen Menschen noch ein Eigentum bei, ein wirkliches Gut, ja gewissermassen einen Reichtum, eine Herrlichkeit. Jenes sein Eigentum, welches der Kaufmann dahingab, bestand doch nicht aus blossen Rechenpfennigen, sondern hatte wirklichen Wert und wirkliche Geltung."

Röm. 1, 19 f. 8, 19 ff.); auch die im Argen liegende Welt ist von
Gott nimmer verlassen; am Morgen des grossen Weltentages hat
Gott das Einzelne „gut" und in seiner Harmonie mit dem Uebrigen
„sehr gut" geschaffen; und am Weltenabende leuchtet des Schöpfers
Güte noch auf als erlösende, Himmel und Erde erneuende Gnade
(Gen. 1, 10. 31; Offb. 22, 4 f.; 21, 1—5); die Signatur, welche des
Schöpfers Allmacht und Weisheit der Welt (Gen. 1, 31) aufdrückte,
ist nicht völlig verwischt worden, seit sie ihr König, der Mensch,
sich nachzog in den Dienst der Eitelkeit (Mtth. 5, 24 ff.; Röm. 8, 19 ff.;
Luc. 15, 1 ff.). Der Apostel des Glaubens, der schärfer und öfter
als seine Mitapostel Gelegenheit hatte, den Scheinglanz der Weltweisheit (1 Cor. 13, 1 f. 8 ff.) und die hinter ihm sich bergenden
sittlichen Gefahren des Weltlebens (Röm. 1, 24 ff. Eph. 4, 23 ff.)
zu beobachten, stellt trotzdem den grossartigen Kanon für die christliche Freiheit auf: „Alles ist Euer" (1 Cor. 3, 20 ff.). Freilich
bindet er innerlich das All und das Ich an den Gott, der beide
einst schuf und der sie in Christo erlöste: „Ihr aber seid Christi und
Christus ist Gottes". Was den Menschen betrifft: ist auch in der
Schrift das Triumphlied verstummt, welches das Heidentum anstimmte über des Menschen unvergleichliche Hoheit und Würde,
so ist doch das Klagelied, mit dem die heilige Schrift den Fall
des Menschen betrauert, nicht zur Totenklage geworden. Der
himmlische Vater, der einst den Menschen sich zum Bilde erschuf,
erkennt noch das Bild seines Sohnes aus der verkommenen Gestalt,
die gebrochen an Seele und Leib heimkehrt aus dem irdischen
Elende, aus äusserer und innerer Entfremdung; aus der Ferne
schon erkennt er ihn wieder; und als seinen Sohn erkennt er ihn
an. Das Gepräge des verlorenen Groschens, die göttliche Signatur
des Menschen ist nicht völlig verwischt worden, als das irdisch
Gemeine ihn bedeckte und befleckte. Auch der gefallene König
der Erde bleibt noch ein König; die natürliche, die eingeborene
Majestät, welche der König der Könige seinem Statthalter auf Erden
verliehen hat, vermag dieser nicht zu vertilgen, selbst nicht als er
rebellierte gegen seinen Herrn; und sein Herr hat sie ihm gross-
mütig gelassen: „Was ist der Mensch, dass du sein gedenkst, und
des Menschen Kind, dass du seiner dich annimmst?"

Als eine relative erkennt also auch die christliche Welt des Menschen Majestät und Autonomie an; aber freilich gegenüber den
hochgespannten Anforderungen der Kulturwelt auch nur als relative.

Nur insofern eignet sie ihm, als sie ihm von Haus aus verliehen[1] ward: von seinem Schöpfer, von seinem Erlöser. Erst
auf Grund dessen, was ihm bei der Schöpfung gegeben ward, hat
sich der Mensch Eigenes erworben. Das Kapital stammt von
Gott; der Zinsen mag der Mensch in Demut und Dankbarkeit sich
erfreuen. Was der Mensch ist und hat, das ist und hat er nimmer
von sich; wohl ist er und wohl hat er, was er ist und hat, zum
Teile durch sich, — durch sein sittliches Streben, durch weis-
liches Auskaufen der ihm gewordenen Gnadengaben; aber ohne die
letzteren vermag er seine Aufgaben weder zu formulieren noch zu
lösen; was er durch sich ist und hat, hat seine Voraussetzung in dem,
was er nicht von und aus sich selber genommen hat (1 Cor. 4, 7).
Nicht „Zweck an sich selbst" ist der Mensch, sondern nur Mittel
und Werkzeug inmitten einer Welt der Zwecke. Ihren Organismus versteht er nicht; aber willig oder widerwillig muss er ihm
dienen; das Beste, was er erreichen kann, ist, dass er durch Selbstverleugnung und durch Gehorsam gegen ein ihm von Innen und
Aussen sich aufdrängendes Gesetz innerhalb seiner Schranken
sich (Röm. 12, 3 ff.; 1 Cor. 12, 4 ff.) zum Priester der ihm unter-
worfenen Welt, und zum treuen Vasallen des über ihm stehenden Gottes macht (Gen. 1, 26 ff.).[2]
    Jene Schranken aber werden verkannt, sobald man — mit
Kant — die Persönlichkeit des Menschen nur nach unten hin und
obenein nur negativ („Unabhängigkeit von dem Mechanismus der
Natur") bestimmt, oder sobald man sie nur auf sich selber stellt
(„Vermögen eines Wesens, welches rein practischen, von seiner
eigenen Vernunft gegebenen Gesetzen unterworfen ist"). Das Rätsel
von Freiheit und Autonomie, welches Kant nur anstaunt, nicht
löst, verwandelt sich bei ihm zu einem Machtspruch, durch den
jegliche Autorität ausser und über dem Menschen in letzter Instanz abgewiesen wird. Derselbe Denker, der sich, um seine Erkenntnistheorie zu retten, genötigt sah, die objectiven Schranken

---

1) Ewald, Lehre von Gott III, 106 ff. Martensen I, 7. 26. 101. 448 ff.
Vgl. die platonische und neuplatonische Lehre (*Plotin Ennead. V. 3, 8*),
nach der die Philosophie ihre Principien von der Vernunft, die Vernunft
aber durch Erleuchtung von oben empfängt.
    2) Luthardt, Apologetische Vorträge I, Nr. 5. 6. Zezschwitz, Apolog.
201 ff. 181 ff. Ebrard, Apolog. I, 16 ff. Rothe I, 474. II, 31 ff. Baader,
Weltalter 191 f. 203 ff. 286. 299 f.

von Raum und Zeit, welche jedes irdische Sein umschliessen, für
nur subjective Anschauungsformen zu erklären, die von der Seele
a priori zu den Erscheinungen hinzugefügt würden,[1] entzieht sich
dem Konflikt zwischen Freiheit und Autorität, indem er beide für
identisch erklärt und die letztere in der ersteren aufgehen lässt.
Des Menschen Freiheit ist seine eigene und zugleich seine
einzige Autorität.[2] — Und doch — der von Kant mit Bewunderung und Verehrung begrüsste Begriff der Pflicht ist ein —
von ihm selbst, wider Willen erhobener — Protest gegen die eigentliche Identität von Freiheit und Autorität im Menschen. Das
Vorhandensein des sittlichen Bewusstseins als „Gesetz", als
„Pflichtgefühl" und „Pflichtgebot" ist ein Armutszeugnis für
den sittlichen Dualismus im Menschen, für die zwei in ihm sich
befehdenden Seelen, für das Auseinanderfallen von Freiheit und
Autorität, von Sein und Sollen. Die Pflicht führt nach Kant nichts
„Beliebtes", nichts „Einschmeichelndes" bei sich; „wider den Willen"
macht sie sich geltend; sie erzwingt sich „wenn auch nicht immer
Befolgung", so doch „Achtung". Mit Recht deutete Schiller[3] die
Kant'schen Aeusserungen dahin aus, dass in der imperativischen
Form des Moralgesetzes für die Menschheit eine Anklage sich
berge, und dass „das erhabenste Dokument ihrer Grösse zugleich
die Urkunde ihrer Gebrechlichkeit" sei. Mit Recht betonte er auch,
dass Kant selbst durch eben jene imperativische Form „den Schein
eines fremden und positiven Gesetzes" erwecke, „einen Schein,
der durch den radicalen Hang, demselben entgegen zu handeln,
schwerlich vermindert werden dürfte". — Wäre andererseits der
thatsächliche Zustand des Menschen kein abnormer (er ist es auch
nach Kant), hätte die Menschheit als Ganzes und in ihren Individuen sich stetig vorwärts entwickelt, ohne das Hemmnis der bösen
intelligiblen That und des bösen radicalen Hanges, so müsste an

---

1) Vgl. Ueberweg, System der Logik (3. Aufl.) 45. 83 ff. Harms. Philosophie seit Kant 248 ff. Herbart, Psychologie V, 292 ff. 359 ff. VI. 283 ff.
Baader, a. a. O. 318 f.

2) Z. B. Kritik der practischen Vernunft 59 (52 ff.): „Das moralische
Gesetz drückt nichts anderes aus, als die Autonomie der reinen practischen Vernunft, die der Freiheit; und diese ist selbst die formale Bedingung aller Maximen, unter der sie allein mit dem obersten practischen
Gesetze zusammenstimmen können."

3) Bd. 11, 355. 376. Bd. 1, 392 f.

Stelle des Pflichtbegriffes und des kategorischen Imperatives der
Tugendbegriff in's Bewusstsein getreten sein. Tugendhafte Gesinnung und tugendhaftes Thun müssten dem Einzelnen und der
Gesamtheit zur Natur geworden sein. Für das „Gesetz" wäre
dann nimmer eine Stätte: denn „dem Gerechten ist kein Gesetz
gegeben" (1 Tim. 1, 9). Wo Sein und Sollen sich decken, da offenbart sich „die Freiheit der Kinder Gottes", die vom Geiste Gottes
getrieben, d. h. innerlich beraten und bestimmt (Matth. 4, 1 ff.; Röm.
8, 14. 22 f.) werden. Engel und Selige wissen ebenso wenig von
Gesetzen wie von Pflichten (Röm. 13, 10ᵇ; 1 Joh. 4, 16). Das Vorhandensein aber von Gesetz und Pflicht in dem Menschen und für
den Menschen, das unaufhörliche „Du sollst", das auch der Beste
vernimmt, ist der uns in das Herz geschriebene Beweis dafür, dass
kein Mensch ist, was er sein soll. Dieser gegenwärtige, „natürliche" Zustand des Menschen nun, den Kant's radicales Böse bezeugt, verbietet die Kant'sche Hypothese: dass nur in und nur
aus dem Menschen sich das reine, volle Sittengesetz vernehmen
lasse. „Denn weit gefehlt, dass der Mensch in seinem natürlichen
Zustande es unmittelbar erkennen sollte, wird vielmehr das volle
Bewusstsein um dasselbe durch seine natürliche Sündigkeit geradezu
ausgeschlossen." Schuld und Irrtum hängen unmittelbar zusammen;
hat das Auge der Vernunft sich getrübt, so irrt auch das Herz;
Intellekt und Wille heben und stürzen sich gegenseitig (Röm. 1, 22 ff.;
Eph. 4, 23 ff.). Selbst aber wenn wir das Sittengesetz richtig zu
erkennen vermöchten: so „reicht es für uns gar nicht aus, indem
es sich auf ganz andere Verhältnisse des sittlichen Daseins, auf
ein ganz anderes sittliches Subject bezieht, als wir factisch
sind". „Auch bindet es uns gar nicht unmittelbar, indem wir vermöge unseres natürlichen Sündenverderbens ihm wahrhaft zu entsprechen schlechthin ausser Stand sind." „Die Forderungen
jenes (Kant'schen) Sittengesetzes sind uns schlechthin zu hoch und
zu schwer."[1]

Der Kant'sche Pelagianismus und Ergismus stellt dies zwar in
Abrede: denn dem „Sollen" müsse unbedingt auch das „Können"
entsprechen. Allein abgesehen von dem logischen Fehlschlusse[2]

---

1) Rothe, Theol. Ethik III, 351 ff. 359 ff. Baader, Weltalter 111 ff. 222 ff.
2) Schon von Storr. *Annotat. quaed. theol. ad philos. Kantii doctrin.*
(1793) gerügt. Vgl. oben S. 68.

liegt bei Kant ein sachlicher Selbstwiderspruch vor.[1] Denn die
Autonomie und Autarkie der practischen Vernunft bleibt eine rätselhafte Hypothese, nachdem Kant selbst ausgeführt hat, dass auf
Grund der selbsteigenen intelligibeln That das Ich vom Hange
zum Bösen erfüllt sei. Selbst zugestanden, dass neben dem bösen
Principe ein gutes — jenem gleichgeordnetes — dem Menschen
innewohne, so ist doch nicht einzusehen, in welchem Momente
und durch welche Kraft die von Kant geforderte „Revolution"
der Maximen anheben und wie sie sich in stetigem Fortschritte,
ohne jeglichen Rückfall, vollziehen könne. Die Herrschaft des bösen
Principes im Menschen ist, nach Kant auch, die erfahrungsmässig
frühere: und um so weniger lässt es sich erklären, dass und wie
ohne irgend eine Gnadenhilfe aus der Koordination des guten und
des bösen Principes (so Kant) plötzlich die Subordination des letzteren hervorgehen könne.[2] — Auch nach Kant werden wir unserer
Freiheit inne durch das Gesetz, die beengende Fessel des „Du
sollst" (Röm. 7, 7 ff.).[3] Vor dem subjectiven Bewusstsein von
unserer Freiheit steht die objective Verletzung einer heiligen Autorität durch uns; das Gesetz ist Schild und Schwert für diese ver-
letzte Autorität, für uns ein Zeugnis — bewusster oder unbewusster
„Verfehlung" (ἁμαρτία Röm. 4, 15). Dieses Zeugnis vernehmen wir
in der Stimme des Gewissens.[4] Wie in der altnordischen Sage

---

1) Eingehenderes in Abschnitt 3 und 4 des 1. Teiles, S. 46 ff. 67 ff.

2) Dass „die Einwohnung" des bösen Princips bei Kant ursprünglich
dessen Herrschaft bedeutet, dafür z. B. Relig. innerh. d. Grenzen d.
Vernunft 50: „Freilich muss vorausgesetzt werden, dass ein Keim des
Guten in seiner ganzen Reinigkeit übrig geblieben, nicht verderbt
werden konnte." Aehnliches öfters.

3) Baader, a. a. O. 89. 223: „Es ist wahrscheinlich, dass man für Ge-
sundheit erst dann einen Namen machte, als man sie zuerst vermisste, und
für Freiheit, als man sie verloren hatte." — „Auf seine Freiheit wird man
dann nur aufmerksam, wenn man einen Zwang fühlt." — Auch Martensen
I, 448 f. 30 f.

4) Delitzsch, Psychologie 95 ff. Zezschwitz, Profangräcität 63. 75 f.
Luthardt, Freier Wille 412 ff. 444 ff. Apolog. Vorträge I, Nr. 5. 6. Rothe
I, 465. II, 3. 20 ff. 194. IV, Einl. XV. III, 365. Ebrard, Apolog. I, 215 f.
Baader a. a. O. 112 f. Martensen I. 460 ff. Schmid, Christl. Sittenlehre 189.
Lange Ethik, 40 ff. Luthardt, Zeitschrift für kirchl. Wissenschaft 1880,
Heft 1. Rudloff, Lehre vom Menschen 140 ff. Rud. Hofmann's und Kähler's
Monographien über das Gewissen. — Im Wesentlichen stimmen diese Aus-
führungen darin überein, dass das Gewissen „Monogramm der Gottheit"

sofort nach der ersten übelen That der Asen, urplötzlich und un-
gerufen die Nornen erscheinen, die Schicksalsgöttinnen der Zeit aus
dem Lande der den Asen feindlich gesinnten Riesen; und wie sie
bleiben zum Zeugnis dafür, dass es nun aus sei mit der Ewigkeit der goldenen Zeit, dass Zeit und Vergänglichkeit mit ihrer
Todesahnung ihr Recht geltend machen, wo das Schuldbewusstsein sich regt: so ist auch die Erscheinung des Gewissens immer
nur der Schatten der bösen That; seine Wahrheitsstimme wird dann
erst laut, wenn die Schuld im bösen Gedanken oder in der bösen
That in's Dasein trat. Der deutschen Sprache war einst „Gewissen“
gleichbedeutend mit „Schuldbewusstsein“; [1] und dafür zeugen auch
die Definitionen vom Gewissen bei Kant [2] noch. Mahnend, richtend,
strafend offenbart es sich als eine Majestät, welche unaufhörlich
die irrende Freiheit an eine ausser und über dem Menschen
waltende Autorität weist. Kant's bloss „autonomische Erklärung
des Gewissens ist nur die halbe Erklärung“. Was sich nicht
allein aus unserem idealen Wesen erklären lässt, ist das majestä-
tische: „Du sollst“. „Nimmermehr vermag unser eigenes inneres
Wesen den majestätischen Imperativ auszusprechen, welcher eine
Macht voraussetzt, die nicht bloss innerhalb des Menschen thronet.“
„Vielmehr vernehmen wir im Gewissen ein unabweisliches, von uns
selbst unabhängiges Zeugnis eines permanenten Abhängigkeits-
verhältnisses; ein Zeugnis, welches den Menschen in seinem Innern
die Gegenwart eines übermenschlichen, überweltlichen, übergeschöpf-
lichen Principes erkennen lässt.“ „Im eminentesten Sinne ist

(Schmid), „das unmittelbare sittliche Sensorium für den Unterschied zwischen gut und böse“ (Lange), „eine Majestät“ im Menschen (Luthardt)
sei. — Vgl. Plato's sinnigen Gedanken im Timäus (p. 90 A, ed. Hermann):
δαίμονα θεὸς ἑκάστῳ δέδωκε τοῦτο, ὃ δή φαμεν οἰκεῖν μὲν ἡμῶν ἐπ' ἄκρῳ τῷ
σώματι, πρὸς δὲ τὴν ἐν οὐρανῷ συγγένειαν ἀπὸ γῆς ἡμᾶς αἴρειν, ὡς ὄντας
ἡμᾶς φυτὸν οὐκ ἔγγειον ἀλλὰ οὐράνιον.
1) Z. B. Deutsche Theologie Kap. 40.
2) Kritik d. pract. Vernunft 158 f. 288. Relig. innerhalb d. Grenzen
d. Vernunft 287 ff. „Es ist ein Bewusstsein, das für sich selbst Pflicht ist“;
es ist „die sich selbst richtende moralische Urteilskraft“; „es ist eine un-
ausbleibliche Thatsache, etwas, was der Mensch sich nicht selbst
macht, sondern was seinem Wesen einverleibt ist; er kann in seiner
äussersten Verworfenheit ebenfalls es dahin bringen, sich an die furcht-
bare Stimme desselben gar nicht mehr zu kehren, aber sie zu hören,
kann er doch nicht vermeiden.“

das Gewissen ein Ewigkeitsbewusstsein, das Bewusstsein von einem
überweltlichen Verhältnisse";[1] gegeben aber und gewirkt ist
es von der höchsten Autorität selbst.

Spät erst hat sich Kant einer geschichtlichen Betrachtung
der Welt erschlossen. Die wirkliche Welt führte ihn aus der Welt
seiner Abstractionen und drängte ihm mit dem Begriffe des „Zweckes"
den Gottesbegriff als eine objective Realität auf. Nur Gegner der
religiös-ethischen Weltauffassung haben „dem alternden Kant" einen
Vorwurf daraus gemacht, dass er sich zum Teil in Widerspruch
setzte mit seinem früheren, ausschliesslichen Subjectivismus. Die
Einführung des Zweckbegriffes (in der Kritik der Urteilskraft 1790)
führte jedenfalls auch Kant von seinen Principien aus an die neuerdings von Droysen (in seiner Historik) nachdrücklich geltend gemachte
Anschauung heran: dass zur Erklärung des Weltlaufes nicht nur
Natur (Reich der Notwendigkeit) und Wille (Reich der Freiheit),
sondern über denselben noch als dritter leitender Factor das
Reich der Ideen unter einem allweisen, allmächtigen, allgerechten
Herrscher anzunehmen sei. Drängt aber schon die Geschichte der
Welt an sich zu einem persönlichen, überweltlichen Gotte hin, so
vollends erst die Geschichte der — ja auch nach Kant — unter
der Sünde beschlossenen Welt. Die auf den Glauben an Gottes
Gnade verzichtende, nur auf das Pflichtgebot sich gründende Moral
hat sich immer nur bis auf die Vorstufen der vollendeten
Tugend,[2] die in sich schon des Gesetzes Erfüllung trägt (Röm.
13, 10), erhoben. So ersetzte im vorigen Jahrhundert der Kultus
der Freundschaft die Gesinnung und die Thaten der Liebe;[3]
aber freilich: die Freundschaft ist doch nur ein matter Abglanz
der ungleich tiefer und weiter, als sie, wirkenden Liebe. Oder:
man definierte den Bund der Familien, der Völker, der Menschheit
als Gemeinschaft der Kultur, als Gemeinschaft des Rechtes; aber

---

1) Martensen a. a. O. 458—462.

2) Es ist nicht zufällig, dass im N. T. das Wort ἀρετή nur sehr selten
sich findet; 1 Petri 2, 9 werden Christi ἀρεταί dem heiligen Priestertum
der Erlösten vorgehalten; in Phil. 4, 8 erscheint ἀρετή noch nicht als
Besitz des Menschen, sondern nur als dessen Ideal; 2 Petri 1, 5 übt zwar
der Mensch die Tugend, doch ἐν τῇ πίστει als Quell und Voraussetzung der
ἀρετή) und als γενόμενος θείας κοινωνὸς φύσεως. — Vgl. Matth. 19, 17.

3) Vgl. oben S. 58. 71. 79.

diesen intellectualistischen und formalistischen Bestimmungen, die
dem Menschen nur gegenüber der Natur und den anderen Individuen seine Stelle anweisen, fehlt das innerlich erhebende und
veredelnde Moment, welches als selbstlose (und gerade dadurch
beseligende) Liebe zu Gott und Menschen die Seele der Religion
und der religiös bestimmten Ethik bildet. Die selbstlose Liebe ist
eines der Mysterien, die in keines Menschen Herz gekommen wären,
wenn wir sie nicht durch den Gott, der uns zuerst geliebt hat,
und durch seine Offenbarung in Christo (1 Joh. 4, 9. 10. 16. 19;
Joh. 3, 16; Röm. 5, 5; 8, 14 f.; Matth. 5, 45 ff.) an und in uns erfahren
hätten. Daher wird sie auch in der Schrift als „Gabe der Gnade"
und zwar als das Kleinod unter den Gnadengaben (1 Cor. 12—13)
bezeichnet. Alle Versuche sind misslungen, diese selbstlose Liebe,
die auch von dem Feinde noch Alles glaubt, Alles hofft, Alles
duldet, an einem anderen Lichte zu entzünden, als an dem der
Gottheit.[1] Der heidnische Philosoph und Dichter, Plato, fühlte und
urteilte richtiger über den Ursprung der Liebe, als der Apostel der
Humanitätsreligion, Lessing, der (Nathan IV, 7) eine That übermenschlichen Edelsinnes von dem kalten, nüchternen Lichtscheine
der menschlichen „Vernunft" her ableitet.[2] Es wäre nie „Licht
und Leben" in die Welt gekommen ohne die „Liebe" des Gottes,
der uns als Schöpfer wie als Erlöser zuerst geliebt hat. Ohne
sie wäre aus der Nacht der Erde (Jes. 60, 1. 2) nie eine heilige
Nacht geworden.

Diejenigen Zeitalter, welche in Religion und Offenbarung nur
einen Mythus der noch unmündigen, zum hellen Wahrheitstage noch

---

1) Vgl. z. B. Baader, a. a. O 294 ff. „Aus sich konnte der Mensch
nicht zu dem freien Mitleiden kommen. weil nichts Geringeres als Gottes
Liebe nötig war, um das Verbrechen zu einem mitleidswerten Gebrechen,
die Sünde zu einer heilbaren Krankheit zu machen. Darum konnte der
Mensch nur durch Teilhaftwerden der Liebe Gottes auch in der tiefsten
Not. d. i. in der Gewissensnot. sich dem Menschen als Freund zeigen." —
„Das Leiden aus Liebe ist das Geheimnis und die Erfindung des Christen-
tumes."

2) Plato, Meno 99 E: ἀρετή ἂν εἴη οὔτε φύσει οὔτε διδακτόν; ἀλλὰ
θείᾳ μοίρᾳ παραγιγνομένη ἄνευ νοῦ, οἷς ἂν παραγίγνηται. Wie matt dagegen
Lessing a. a. O: „Doch nun kam die Vernunft allmählich wieder" u. s. f.
Vgl. Goethe, Eckermann III, 141: „Das Sittliche ist durch Gott selber
in die Welt gekommen, wie alles Gute. Es ist kein Product menschlicher Reflexionen"; ähnlich III, 146.

nicht durchgedrungenen Menschheit sahen, haben in heidnischer
wie in christlicher Zeit an Stelle der illusorischen Gottheiten die
Autonomie des Selbstbewusstseins und der Freiheit proklamiert.
„Ueberall aber bestätigt die Geschichte, dass eine abstract autonomische Sittlichkeit nur in solchen Zeiten aufkommen kann, in denen
schon ein religiöser Verfall eingetreten ist."[1] Einer solchen Zeit
gehörte Kant an. Ihr war das Evangelium ein überwundener Standpunkt. Kant hat es teilweise anerkannt, insoweit als es sich seinen
Umdeutungen gefügig zeigte: er citiert wohl bisweilen die Schrift, doch
nur als angebliche Zeugin für die ewigen Vernunftwahrheiten.[2]
Gegen das Wunder der Offenbarung aber verhält er sich thatsächlich ablehnend. Denn seine von Fichte wiederholte Erklärung,
dass eine Offenbarung an sich nicht unmöglich sei, falls nämlich
ein so tiefer moralischer Verfall der Menschheit einträte, dass sie
nicht anders zur Sittlichkeit zurückgebracht werden könnte, als
durch die Religion, und zur Religion nicht anders als durch sinnenfällige Offenbarung der göttlichen Autorität, erweist sich als leere
Redensart. Der sittliche Optimismus, dem Kant, trotz seiner Lehre
vom radicalen Bösen, betreffs der Autarkie des Menschen huldigt,
schliesst das Bedürfnis und so die Möglichkeit jeder göttlichen
Hilfe aus.[3] Nicht, wie er wollte, einen Ersatz für das Evangelium hat Kant geboten, sondern, was er nicht wollte, eine neue
praeparatio evangelica inmitten einer Zeit, die seiner als eines
zweiten Elias und Johannes gar sehr bedurfte. —

　　　Eine der Folgen von Kant's Ergismus und Pelagianismus ist seine
geringschätzige Beurteilung, bezüglich Verurteilung des Gebetes.
Der selbstgenügsame, hart an die Selbstapotheose streifende Mensch
kann ja allerdings im Gebete nur eine „Feigheit" (so Emerson
und Strauss), oder eine Verleugnung seiner eigenen Majestät,
seiner prometheischen Schöpferkraft erblicken. Daher definiert

---

1) Martensen I, 24 f.

2) Vgl. Weiss, Bibl. Theologie 24. Kahnis, Innerer Gang des Protestantismus II, 161 ff. Luthardt, Moderne Weltanschauungen 15 f. Die
oben S. 88 angeführte Berufung Kant's auf Luk. 17, 21 ist exegetisch irrig.

3) Dagegen die Ausführungen Rothe's I, 395 f. III, 130–131. Z. B.:
Das christliche oberste Moralprincip sei zwar nicht erschöpft in den
fünf biblischen Formeln Mtth. 5, 48; 1 Ptr. 1, 16; 1 Petr. 2, 21–25;
Mtth. 22, 24–39; Mtth. 7, 12; aber „es giebt allerdings ein solches Princip: das Menschgewordensein Gottes in Jesu Christo". — Vgl.
auch Ritschl III, 176 f. Martensen I, 303 ff.

Kant die Anbetung als „die dahinsinkende, den Menschen gleichsam in seinen Augen vernichtende Stimmung"; als „lautes Wünschen und Sprechen für sich selbst, dessen sich sonst Jeder schäme." Der Gestus des Betens, „das Hinknien oder Hinwerfen zur Erde, um die Verehrung himmlischer Gegenstände sich zu versinnlichen", erscheint ihm als „der Menschenwürde zuwider".[1] Er meint, dass ein beim Beten Betroffener „darüber in Verwirrung oder Verlegenheit, gleich als über einen Zustand, dessen er sich zu schämen habe, geraten werde". Denn das Gebet ist ihm „eine kleine Anwandlung von Wahnsinn", „ein abergläubischer Wahn", der „auf einer illusorischen Personifikation beruhe", ein „Fetischmachen". Dem autonomen, autarkischen Ich reducirt sich das Gebet auf ein Selbstgespräch, auf ein zu Rate gehen mit sich selber. Ihm ist das Gebet nicht mehr der Ausdruck des Abhängigkeitsgefühles — denn der Gott-Schöpfer ist vage Hypothese; und noch weniger ist es der Ausdruck des Gnadenbedürfnisses — denn der Gott-Erlöser ist nur mythische Personifikation des autarkischen Ich; ebenso wenig ist es Ausdruck der geistigen Kommunion mit einer heiligenden, überirdischen Lebensmacht — denn: „hast du nicht alles selbst vollendet, heilig glühendes Herz"?

Davon, dass der Mensch, um seinen Aufgaben zu genügen, fortwährend der Gnadengaben bedarf, die seine ermüdeten oder aufgebrauchten Kräfte ersetzen müssen, sagt die Kant'sche eherne Moral kein Wort. Bedarf aber der Geist des Menschen nicht ebenso wie sein Körper zu seiner Existenz der stärkenden und nährenden Einflüsse von aussen, von oben? Was wäre der Körper, wenn er nicht im naturgemässen Atmen, in der regelmässigen Ruhe nach dem Schaffen, in der äusseren Ernährung einen steten Process des Nehmens ausser dem des Gebens durchmachte? Was aber ist das Gebet anderes, als das Atemholen der Seele, als ein geistiges sich Erschliessen für den Strahl des Lichtes und des Lebens, der des Menschen eigenes Licht und Leben erst entzündete und dann nährt? Für den Menschen, der sich als Gottes Geschöpf betrachtet, der sich als Gottes Ebenbild betrachten darf, ist das Gebet eine Naturnotwendigkeit, ein Lebensbedürfnis.[2]

---

1) Dagegen Claudius III, 68: „Das Händefalten ist eine feine äusserliche Zucht und sieht so aus, als wenn sich einer auf Gnade und Ungnade ergiebt und's Gewehr streckt."
2) Vgl. Luthardt, Apolog. Vorträge I, 107 f. Baader, a. a. O. 278. Ritschl III, 567 ff. Rothe II, 175. 190 ff. III, 493 ff. IV, XVII. 171. Monrad, Aus der Welt des Gebets.

Und darum erscheint es zu allen Zeiten und an allen Orten als das
Symbol der gesuchten und gefundenen Kommunion zwischen Gottheit
und Menschheit. Die mosaische Genesis, voller Typen und universaler
Gedanken, führt in lebensvollen Bildern schon in der Urgeschichte der
Menschheit das Gebet in seiner fünffachen Form vor: als das Dank-
opfer am Morgen des Weltentages (Gen. 4, 3 ff.); als Bittgebet des nach
menschlicher Rechnung der Hoffnung baren Abraham (15, 1 ff.); als
hohenpriesterliche Fürbitte (18, 20 ff.), die erst das Gebet für uns
selber weiht und verklärt; als stilles Bussgebet (28, 10 ff.) und als das
Ringen der Verzweiflung (32, 15 ff.; vgl. Röm. 8, 26) in Jacob's Geschichte. In diesen fünf Formen des Gebetes hat die menschliche
Seele seit ihrer Genesis ein unbewusstes Zeugnis dafür abgelegt,
dass sie „von Gott und in Gott und zu Gott" ist. Wenn der Deismus und der Kant'sche Rationalismus das Gebet für unnötig, ja
für widersinnig erklärten, so thaten sie nichts anderes, als wenn
einer auf physischem Gebiete das Atemholen, den Schlaf, die Nahrung nachträglich für überflüssig erklären wollte. Die Praxis würde
bald genug die Theorie widerlegen; und thatsächlich hat vielfach
die Stimme des Herzens auch bei denen über des Verstandes nüchterne Deduktionen triumphiert, welche des Gebetes innere Haltlosig-
keit und äussere Unbrauchbarkeit haben beweisen wollen.[1]

Die einzelnen Argumente, die Kant gegen das Gebet geltend
macht, sind zwar richtige Folgerungen aus seinen Principien; aber
sie entbehren der objectiven Beweiskraft. Sah Kant im Gebete ein
Armutszeugnis, das der Mensch sich selber ausstelle: so erkannte
Guizot gerade darin ein Adelszeichen des Menschen, dass er das
einzige betende Wesen auf Erden ist.[2] Den aufrechten Gang des
Menschen bezeichnet man allgemein als einen Beweis für die menschliche Erhabenheit: ist nicht auch das Gebet ein Gang nach der
Höhe, ein Zug nach dem Höchsten? — Kant sah in der tugend-
haften Gesinnung die selbsteigene und vollständige Erfüllung des
Gebotes: „Betet ohne Unterlass". Gewiss nicht ohne alles Recht.
Aber mit gleichem Rechte erinnerte Claudius an den thatsächlichen
Widerspruch zwischen des Menschen Wollen und Vollbringen: „Man
darf Mut und Zuversicht haben, aber nicht eingebildet und selbst-
klug sein; weiss einer sich selbst zu raten und zu helfen, so ist

1) Vgl. z. B. Kahnis. Innerer Gang des Protestantismus 1, 275 f.
2) Aehnlich schon Cicero *de nat. deor. I, 17; de legibus I, 8.*

ja das kürzeste, dass er sich selbst hilft". Das hinkende „Aber"
spricht Claudius nicht selber aus; wer aber hört es nicht — bei
ihm und in sich selber? — Fürchtete Kant, dass das Gebet der
Sittlichkeit des Menschen, dem thatkräftigen Wirken für das eigene
und das allgemeine Beste Eintrag thue, so hat Rothe betont, dass
„Gebetsgemeinschaft" und „äusserer Gottesdienst die höchste Blüte
der geselligen Gemeinschaft" darstellen und dass sie „die höchste
Erfüllung des Gebotes sind: du sollst lieben deinen Nächsten als
dich selbst". -- Endlich: meinte Kant, dass der Mensch im Gebete,
im Kultus sich einen „Gott mache, wie er ihn brauche", also „ein
Idol", „einen Fetisch", so ist Kant einzuhalten, was er selber aus
dem Menschen gemacht hat. Hat er nicht indirekt den Menschen
zu seinem eigenen Gotte gemacht, den er direkt zu seinem eigenen
Gesetzgeber und Richter, zu seinem Heilande und Erlöser machte?
Und weshalb? Doch nur weil er den Menschen so „brauchte", um
sein System nicht selber zu zerstören.

Kant vermag im Gebete und überhaupt in der Religion, deren
unmittelbarste Lebensäusserung das Gebet ist, nichts anderes zu erblicken, als Hofdienst und Selbstsucht, als sittliche Schlaffheit und
Lähmung der eigenen Kraft. Aber seine Polemik trifft doch nur
die Zerrbilder von Religion und Religiosität. Die wahre Religion,
die ächte Pietät war und ist der fruchtbarste Boden, aus dem
heraus die einzelnen Tugenden emporsprossten.[1] Man kann, wenigstens *in praxi* und auf die Dauer, die Moral ebenso wenig von der
Religion loslösen, als die Zweige vom Stamme. „Jm einzelnen
Falle zwar kann sie losgelöst sein, wie man einen Zweig, den man
abgeschnitten, noch eine Zeit lang grünen sehen kann; aber allmählich geht ihm der Lebenssaft aus und er vertrocknet."[2] Mit dem
Versiegen der lebendigen Quelle verrauscht bald genug der lebendige Strom. „Ohne mich könnet ihr nichts thun"; so sagt der

[1] „Ohne Frömmigkeit können wir uns keine klare und strenge Rechen-
schaft geben von dem letzten Grunde der sittlichen Forderung, dem eigent-
lichen Wesen der Sittlichkeit und der Bedeutung des menschlichen Daseins
in seinem Zusammenhange mit der übrigen Schöpfung. — Ohne Frömmigkeit wird uns immer das zur wirklichen Tugend unentbehrliche un be-
dingte Vertrauen zur sittlichen Idee fehlen, und mit ihm zugleich unserer
Tugend die volle Freudigkeit, welche erst das zauberische Licht über-
sinnlicher Schönheit über sie ausgiesst." Rothe IV, 156 f. Baader 255.

[2] Luthardt, a. a. O. 108. — Vgl. Ritschl III. 18. 20. 170 ff. 182 f.
462. Martensen I, 17—21. Rothe I, 420 f. 390. 475 ff.

Fürst des Lebens (Joh. 15, 1—9). Den kraftlosen, morschen
Reben ähnelt gar bald die Moral, die vom lebenspendenden Wein-
stock der Religion abgetrennt wird. — Der souveränen, von der
mater religio und der *mater ecclesia* sich emancipierenden, ihren thatsächlichen Ursprung verleugnenden Moral gegenüber sei an Luther's
Bekenntnis erinnert: *domini sumus et in genitivo et in nominativo.*
Nach zwei Seiten hin bezeugt es des Menschen doppelte Hoheit:
aber nicht selbstisch, vermessen, sondern dankbar, demutsvoll.
Solche Sprache ziemt denen, die aus Erfahrung wissen, dass wir
unser Heil mit Furcht und Zittern zu schaffen haben (Phil. 3, 12 f.),
weil wir noch haltlos umherirren zwischen dem Wollen und Vollbringen: es sei denn, dass Gott uns beides gebe.

2. Die Offenbarung, der historische Christus, die Er-
scheinungsform der Kirche.

War die Stellung des Gottesbegriffes und der Religion schon
in Kant's System eine unsichere, zweifelhafte: so ist die Bedeutung
der Offenbarungsthatsachen, der historischen Person Jesu Christi und
seines Werkes, der Kirche, eine noch weit fraglichere. Das Historische droht sich zu verflüchtigen in Ideen, in allgemeine Vernunftwahrheiten; das objectiv Geschehene droht unterzugehen im subjectiven Werden und Sein; das einmal für uns und vor uns Gethane,
durch Gottes Eingreifen Vermittelte, übersetzt sich in die ewige That
der autonomischen Menschheit. Wirkte Gott unmittelbar ein auf
unsern Geist, so wäre es um unsere Freiheit, das Einzige uns innerlich Gewisse, und um den Wert unserer Tugendübung geschehen;
um die Freiheit des Menschen zu retten in dem von Kant angenommenen Umfange, wird die factische Leugnung der göttlichen, nur hypo-
thetischen, Offenbarung und Gotteseinwirkung auf die menschliche
Sittlichkeit eine logische Notwendigkeit.

Gott und Religion hatten für Kant eine hypothetische
Bedeutung im ethischen System; als ob Gott wäre, und zwar der
gerechte Richter in einer höheren Welt, der Herzenskündiger, vor
dessen Endurteil einst die Disharmonien der irdischen Welt sich
auflösen in die volle Harmonie von Tugend und Glückseligkeit: so
sollen wir handeln. Eine nur hypothetische Bedeutung haben
für Kant (und Fichte) auch die Thatsachen der Offenbarung. Diese
Bedeutung muss er zugestehen 1) weil die practische Vernunft durch

das radicale Böse gelähmt, in der stetigen Realisierung des Guten
gehemmt, in der steten Geltendmachung der obersten, guten Maxime
gestört ist; 2) weil die historischen Thatsachen durch die theoretische Vernunft, welche über die ihr unterbreitete Welt der Erscheinungen hinaus nicht absprechen darf, nicht einfach geleugnet
werden können. Infolge dessen missbilligt er nicht nur die Anschauung des Supranaturalismus, der die Offenbarung für notwendig ansieht mit Rücksicht auf die menschliche Sittlichkeit und
Erkenntnis, sondern auch die des Naturalismus, der jede Offen-
barungsmöglichkeit leugnet, und des Deismus, dem historische und
Vernunftoffenbarung zusammenfallen. Er vertritt den Standpunkt
des reinen Rationalismus: er bestreitet nicht „die innere Möglichkeit der Offenbarung überhaupt noch die Notwendigkeit einer
Offenbarung als eines göttlichen Mittels zur Production der wahren
Religion". „Es kann eine Religion die natürliche, gleichwohl aber
auch geoffenbart sein, wenn sie so beschaffen ist, dass die Menschen
durch den blossen Gebrauch ihrer Vernunft auf sie von selbst hätten
kommen können und sollen, ob sie zwar nicht so früh oder in so
weiter Ausbreitung, als verlangt wird, auf dieselbe gekommen sein
würden, mithin eine Offenbarung derselben zu einer gewissen Zeit
und an einem gewissen Ort weise und für das menschliche Geschlecht erspriesslich sein konnte, so doch, dass, wenn die dadurch
eingeführte Religion einmal da ist, forthin jedermann sich von
dieser ihrer Wahrheit durch seine eigene Vernunft überzeugen kann."
Diese Concession ist so verklausuliert, wie die der Pelagianer vom
Gnadenbeistande Gottes: es klingt, als sollte die abstracte Möglichkeit nie That und Wahrheit werden. Ebenso steht es mit der
Kant-Fichte'schen Concession: „Es kann die Menschheit so tief in
moralischen Verfall geraten, dass sie nicht anders zur Sittlichkeit
zurückzubringen ist, als durch die Religion, und zur Religion nicht
anders, als durch die Sinne: eine Religion, die auf solche Menschen
wirken soll, kann sich auf nichts anderes gründen, als unmittelbar
auf göttliche Autorität: da Gott nicht wollen kann, dass irgend ein
moralisches Wesen eine solche Autorität erdichte, so muss er selbst
es sein, der sie einer solchen Religion beilegt.[1] Indessen, gleichviel
ob diese Concessionen mit oder ohne ernsten Nachdruck gemacht

---

1) Relig. innerh d. Grenzen d. Vernunft 232ff. Kritik d. pract. Vernunft
27; vgl. Fichte, Kritik aller Offenbarung 104. 106. 110. 134. 159. 161 f.

wurden, von ihnen aus bahnt sich eine Verbindung an zwischen dem
Idealismus der Vernunft-Autonomie (und Autarkie) und den historischen Offenbarungsthatsachen (und deren im menschlichen Falle
begründeten Veranlassung). Auch für Kant ist die Gründung eines
ethischen gemeinen Wesens notwendig, in das der Mensch beim
Austritt aus dem ethischen Naturzustande eintreten soll, um einer
Pflicht „des menschlichen Geschlechts gegen sich selbst" zu genügen:
der Beförderung des höchsten, als eines gemeinschaftlichen Gutes.
Ein „Volk Gottes unter ethischen Gesetzen" aber bedarf der kirchlichen Constitution, diese „geht allemal von irgend einem historischen (Offenbarungs-) Glauben aus", und „dieser wird am besten
auf eine heilige Schrift gegründet".[1] So entsteht eine Folge von
Stufen, auf denen die empirische Menschheit zur reinen Vernunftreligion emporklimmt, freilich um schliesslich mit philosophischem
Stolze auf das lästige, entstellende Gerüst herabzublicken. — Ebenso hypothetisch und abstract, wie obige Concessionen, lauten Kant's
Aussagen über das innere Verhältnis von Offenbarungs- und Vernunftreligion. Jene ist die weitere, diese die engere Sphäre; sie
sind zwei concentrische, nicht auseinanderliegende Kreise; zwischen
Vernunft und Schrift ist Verträglichkeit, ja Einigkeit möglich; das
Historische der Offenbarung ist zwar nie Zweck an sich selbst,

---

166 ff. 174. 201. 228 f. 233. In einem Briefe an Jacobi schreibt Kant 1789:
„Ob die Vernunft, um zu dem Begriffe des Theismus zu gelangen, nur
etwas, was allein die Geschichte lehrt oder nur durch eine uns uner-
forschliche übernatürliche innere Wirkung habe erweckt werden
können, ist eine Frage, welche bloss eine Nebensache, nehmlich das
Entstehen und Aufkommen dieser Idee betrifft. Denn man kann eben-
sowohl einräumen, dass, wenn das Evangelium die allgemeinen sittlichen
Gesetze in ihrer ganzen Reinigkeit nicht vorher gelehrt hätte, die Vernunft bis jetzt sie nicht in solcher Vollkommenheit würde eingesehen haben;
obgleich, da sie einmal da sind, man einen jeden von ihrer Richtigkeit
und Gültigkeit durch blosse Vernunft überzeugen kann." — Noch bündiger
Hegel, Phil. d. Gesch. 342: „Wo etwas hergekommen ist, das ist vollkommen gleichgültig. Die Frage ist: ist es wahr an und für sich?"
    1) Relig. innerhalb d Grenzen d. Vernunft 61. 68. 134 ff. 145 ff. —
„Kirche" fasst Kant als religiöse Gemeinschaft überhaupt, also im weiteren
und historisch kaum zu rechtfertigenden Sinne auf; streng genommen ist
Kirche nur die Gemeinschaft der Christen mit ihrem Herrn (κυριακή κοινωνία
im Anschluss an Johannes, und als Bild dieser Geistesgemeinschaft κυριακή
οἰκία nach Paulus und Petrus; 1 Joh. 1, 3. 6. 7; Eph. 2, 19 ff.; 1 Cor. 3, 9;
14, 12; 1 Tim. 3, 15: 1 Petr. 2, 5.

wohl aber möglicher Weise Mittel und Träger der Vernunftideen, es ist nicht nötig, dass diese zwei Religionen (der Offenbarung und der Vernunft, auf kurze Zeit zusammengeschüttelt „alsbald wie Oel und Wasser sich wieder von einander scheiden, und das reinmoralische (die Vernunftreligion) oben auf schwimmen müsste."[1] Die concrete Beurteilung der Offenbarungsreligion, insonderheit des Christentums und seiner historischen Entwickelung ist ungleich schärfer und negativer, als diese *in abstracto* gegebenen Erklärungen — wären sie ernst und in Beziehung auf die Geschichte gemeint — erwarten lassen sollten. Christentum und Christenglaube gelten weder an und für sich, noch für immer; sie sind Vehikel und auf Zeit gültige Mittel der einstigen, vollkommen sittlichen Vernunftreligion.[2] Eins der grossartigsten apostolischen Vaticinien 1 Cor. 15, 28 erhält die missliche Aufgabe, diesen Kant'schen Gedanken zu stützen: ὅταν δὲ ὑποταγῇ αὐτῷ (Christo) τὰ πάντα, τότε καὶ αὐτὸς ὁ υἱὸς ὑποταγήσεται τῷ ὑποτάξαντι αὐτῷ τὰ πάντα, ἵνα ὁ θεὸς ᾖ τὰ πάντα ἐν πᾶσιν. Auf die christliche Weltzeit folgt der göttliche Aeon; wie von Gott Alles ausging, so mündet einst Natur und Geschichte wiederum in Gott; Christus, nach seiner Logosseite Mittler bei der Schöpfung schon, vermittelt auch die Rückkehr, die Heimkehr des verlorenen, irrenden Menschheitssohnes zum Vater: dies der paulinische Gedanke. Er nimmt offenbar eine ideale Entwickelung der christlichen Menschheit an; Kant aber sieht in der historischen Entfaltung des Christentumes nur die Schattenseiten, nur Irrtum und Entstellung der ursprünglichen Vernunftideen, die ihm selbst in der Schrift schon vielfach versteinert, verschlackt vorliegen. Eine gewaltsame Deutung soll dem philosophischen Gedanken den Eingang öffnen und ihm das Recht der Berufung auf den Schriftinhalt sichern. Das kirchliche Dogma, die ihm zu Grunde liegende Glaubensüberzeugung von unmittelbarer Communion mit Gott und den Kräften des heiligen Geistes tritt nun zurück hinter dem Sittlichen, Practischen; das historisch Gegebene wird durch moralische Interpretation zum Teil beseitigt, zum Teil auf die Lehren des Sittengesetzes zurückgeführt.[3]

---

1) Besonders: Vorr. z. 2. Aufl. d. Relig. innerhalb d. Grenzen d. Vernunft XXI ff.

2) Relig. innerh. d. Grenzen d. Vernunft 167 ff. 179 ff. 190 ff.

3) Relig. innerh. d. Grenzen d. Vernunft 97 ff. 158 ff. 173. 214. — Vgl. Ullmann, Wesen des Christentums 35 f.; Dorner, Christol. II. 989; Weiss,

Dies Verfahren wird vor Allem auf die Person Jesu Christi angewendet. Was die Evangelien von ihm, dem Gottmenschen, erzählen, ist nichts, als die Personification des in der Menschheit lebenden und wirkenden guten Princips. Die Idee des Gott wohlgefälligen Menschen, welche ausgeht von Gottes eigenem Wesen, ist der Logos, Gottes eingeborener Sohn, der Abglanz seiner Herrlichkeit, das Ideal der Heiligkeit, dem der empirische Mensch nachstreben soll.[1] Die Personification dieser Idee, ihr Heraussetzen aus der Subjectivität in die objective Geschichte, · ist eine Degradation derselben, und führt zum Anthropomorphismus und zur Idololatrie des historischen Glaubens. Im practischen Glauben an das Ideal der Gott wohlgefälligen Menschheit, an diesen Sohn Gottes, der lebend im Bewusstsein der Menschheit gleichsam Fleisch ward und von oben herabstieg, sollen wir die Gotteskindschaft erhoffen und erstreben.[2] Diese Idee hat ihre Realität in sich selbst: sie liegt in unserer moralisch-gesetzgebenden Vernunft, als das Urbild der heiligen Menschheit.[3]

An dieses Urbild, an diese Idee glauben (practisch) heisst: nicht verzweifeln an der einstigen, vollendeten Heiligkeit der Menschheit. Dieser Glaube aber ist notwendig, in uns selbst hineingelegt; ist doch zwischen dem Menschen als νοούμενον und der sittlichen Christus-Idee, die in uns lebt, kein Unterschied.[4] Hieraus folgt, dass die evangelischen und kirchlichen Lehren von Stellvertretung, Genugthuung u. s. f. ihre sittliche Wahrheit nur haben, wenn sie bezogen werden auf das Eintreten des schmerzlich büssenden *homo* νοούμενον für den sündhaften *homo* φαινόμενον; jener ist dieses Stellvertreter, Erlöser, Sachwalter, Richter. Dieser innere Entscheidungskampf des guten Princips mit dem bösen ist sachlich und dialectisch nicht ohne Schwierigkeiten: Gesinnung und thatsächliches Verhalten decken sich nicht, die Unveränderlichkeit der Ge-

bibl. Theol. (3. Aufl.) 24; Kahnis, Innerer Gang des Prot. II, 103 f. 121 f.; Ulrici, Herzog's Realencyklopädie VII, 316.

1) Relig. innerh. d. Grenzen d. Vernunft 73 ff. 78 f. 110. 175. 191 ff. Dorner, Christol. II. 974. 980.

2) Relig. innerh. d. Grenzen d. Vernunft 75 f. 81 f. 109 f. 113 f. 191 f. 257 ff.

3) Relig. innerh. d. Grenzen d. Vernunft 57. 76 ff. 212. 255; Kritik d. pract. Vernunft 154 ff. 237.

4) Relig. innerh. d. Grenzen d. Vernunft 95 f. 99 ff. 172 ff. 212. 216. 221; Kritik d. pract. Vernunft 211 ff. Vgl. Romundt, Antäus 120—135. Christi historische Realität ist nebensächlich und fraglich; er ist „ein Bild dessen, was jeder sein soll", „der königliche Gedanke des reinen Lebens."

sinnung selbst, also die innere Glückseligkeit, bleibt fraglich; Til-
gung der einstigen Verschuldung, denn „vom Bösen fing der Mensch
an", scheint unmöglich. Die dreifache Schwierigkeit aber wird ge-
hoben durch Appellation an das gnädige Urteil des Herzenskündigers,
der den Willen nimmt für die That; durch Berufung auf den innern
Paraklet, der das Zutrauen zur Beharrlichkeit der guten Gesinnung
stärkt; durch Annahme „eines Ueberschusses über das Verdienst
der Werke, eines Verdienstes, das uns aus Gnaden zugerechnet
wird": „um jenes Guten im Glauben willen werden wir aller Verantwortung entschlagen,"[1] d. h. „gerechtfertigt." — Die Annahme,
dass das Ideal der Heiligkeit in einem historischen Einzelmenschen
hypostasiert gewesen, fällt vor drei Erwägungen zusammen. 1) „Das
Urbild, welches wir dieser Erscheinung zu Grunde legen, muss
doch immer in uns (obwohl natürlichen Menschen) selbst gesucht
werden, dessen Dasein in der menschlichen Seele schon für sich
selbst unbegreiflich genug ist, dass man nicht eben nötig hat, ausser
seinem übernatürlichen Ursprunge ihn noch in einem besonderen
Menschen hypostasiert anzunehmen". 2) „Die Erhebung eines solchen Heiligen über alle Gebrechlichkeit der menschlichen Natur
würde der practischen Anwendung der Idee derselben auf unsere
Nachfolge im Wege sein;" denn, sei er auch menschlich gedacht,
mit menschlichen „Bedürfnissen, Leiden, Naturneigungen, Versuch-
barkeit behaftet": so würde doch „die nicht errungene, sondern
angeborene und unveränderliche Reinigkeit des Willens" ihm jede
Uebertretung unmöglich sein lassen, und „die Distanz vom natürlichen Menschen so unendlich gross werden, dass jener göttliche
Mensch für diesen nicht mehr zum Beispiel (Vorbild) aufgestellt
werden könnte". 3) „Irrig ist es, einen absolut sündlosen Stifter
des ethischen Gottesstaates auf Erden zu fordern: die oberste Maxime,
welche im historischen Stifter desselben lebte, in dem grossen
Lehrer, der als Beispiel und Vorbild, nicht etwa Urbild, für
die Menschheit erstand, sie würde ihm trotz seiner Schwächen das
Recht geben, so von sich zu reden, als ob das Ideal des Guten
und der Heiligkeit leibhaftig in ihm wohnte (kraft der Stellvertretung
des νοούμενον für das φαινόμενον[2]). — Kurz: ein Sündloser, über-

---

1) Relig. innerhalb d. Grenzen d. Vernunft 84 ff.; 94—101.
2) Relig. innerhalb d. Grenzen d. Vernunft 77 ff; Dorner, Christol. II,
978 ff.; Paul, Kant's Lehre vom Gottessohne als vorgestelltem Menschheits-
ideale; Jahrbücher für die deutsche Theologie XI, 4. Heft 624 ff.

natürlich Erzeugter ist zwar **nicht unmöglich**, aber **practisch
durchaus unnötig**, folglich für das System zu streichen.

Nach der Beseitigung und Subjectivierung von Christi **Person**
war die Bestreitung und moralische Vernichtung seines **Werkes**,
der Kirche, ein ebenso Notwendiges wie Leichtes. Auf Grund der
freilich **falsch** verstandenen Stelle Luc. 17, 21 (ἐντὸς ὑμῶν sei
in animis vestris) verliert die historische, statutarische, empirische
Kirche für Kant ihr Existenzrecht: sie ist das Zerrbild nur der
heiligen, unsichtbaren inneren „Vereinigung aller Rechtschaffenen
unter der göttlichen, unmittelbaren, aber moralischen Weltenregie-
rung". Als blosse πάρεργα erscheinen die kirchlichen Wunder, Geheimnisse, Gnadenmittel und Gnadenwirkungen, der äussere Gottesdienst.[1] Der Glaube an die kirchliche Kraft dieser Formen und
Formeln, z. B. des Gebetes, ist nicht nur ein Unnötiges, sondern
sogar ein Gefährliches, weil *fides mercenaria, servilis, imperata,
spuria*, statt *fides ingenua, sacra, elicita* (von jedem frei angenommen), und weil die sittliche Energie durch jene *fides* geschwächt
werde. Mag auch die historische Kirche für frühere Zeiten eine
Art Vehikel, eine Leiter, ein Stab gewesen sein für die sittlich
strebende Menschheit: so ist sie doch nunmehr vom Uebel; nicht
sie, sondern die Religion der practischen Vernunft sei die Trägerin
des Geistes, der uns in alle Wahrheit leite.[2] So lange letztere in den
Hüllen der Kirche erscheine, befinde sie sich noch im Stande der Ernie-
drigung; aus ihm die Vernunftreligion zu erheben, treffe Kant's Zeitalter
der reinen, practischen Vernuft ernstliche Anstalten. Alles Historische
an der überlieferten Religion müsse fallen, als fremd der theoretischen, als unwesentlich der practischen Vernunft und ihrem Gesetze; nach dem Falle des Kirchenglaubens solle durch die Allein-
herrschaft des reinen, sittlichen Religionsglaubens die Annäherung
des Reiches Gottes erfolgen. Das Denkmal aber, das dann der
Kirche gebühre ob ihrer Geschichte, werde die Inschrift tragen
müssen: *tantum religio potuit suadere malorum.*[3]

---

1) Relig. innerh. d. Grenzen d. Vernunft 63 f. 116 ff. 148. 181. 167 ff.
207 ff. 229. 255 ff. 296 ff. 302 f.
2) Relig. innerh. d. Grenzen d. Vernunft, Vorrede XII, 173. 181 ff.
3) Relig. innerh. d. Grenzen d. Vernunft 197. 77. 158 161. 166. 173.
195. 199.

Die Kant'sche Darstellung und Kritik von der Offenbarung, von Christi Person, von der Kirche als dem Werke Christi hat ihren Schwerpunkt in der Antwort, welche Kant's Religion „innerhalb der Grenzen der Vernunft" auf die centrale Frage: „Was dünket dich von Christus?" giebt. Denn zu der Frage über Christi Bedeutung verhält sich die nach der Offenbarung als selbstverständliche Voraussetzung, die nach der Kirche Christi als notwendige Folge.

a) Zur Gestalt Christi kommt die heilige Schrift auf doppeltem Wege. Einmal, so fern sie — ganz absehend von der Sünde der Welt — in dem „zweiten Adam", in dem „Menschensohne" den Gipfel und Mittelpunkt der idealen, der gottebenbildlichen Menschheit und in dem „Logos Gottes" die höchste Offenbarung des göttlichen Wesens und Willens, die einheitliche Zusammenfassung aller idealen, geistigen und sittlichen Momente des Weltganzen erblickt (Joh. 1, 1 ff.; Col. 1, 14 ff.; Hbr. 1, 1 ff.; 1 Cor. 15,45 ff.; Joh. 5, 26 f.) Zweitens, sofern sie, mit scharfer Betonung der Sündhaftigkeit, für die gefallene Menschheit von dem Bedürfnis der Erlösung und Versöhnung ausgeht (z. B. Matth. 1, 21. 11, 28; Luc. 5, 32). Jenen ersten Gesichtspunkt hat die alte und die mittelalterliche, diesen zweiten unsere evangelische Kirche vorwiegend betont.[1] Diese beiden Betrachtungsweisen schliessen sich aber weder im Kerygma der Apostel (Johannes, Paulus), noch für das dogmatische Denken aus; der höhere, mehr speculative und streng theologische, zugleich das 'Weltganze umfassende Gedanke liegt in jener; der mehr practische, anthropologisch begründete Gedanke liegt in dieser zweiten Form vor. Ihre Synthese ist: weil die Sünde in die Welt kam, darum erscheint der Logos Gottes, welcher wie die Grundursache so auch die *causa finalis* der Welt ist (διὰ αὐτοῦ Schöpfung und Vereinigung mit Gott; Joh. 1, 3 f.; 1 Cor. 15, 27 f.) als Erlöser und geistiger Neuschöpfer der Welt. Das Meer des Irrtums und der Schuld flutet zwischen Genesis 3 und Apokalypse 22; aber Anfang und Ende ist und bleibt doch die vollendete Harmonie

---

1) Vgl. Dorner, Christologie II, 433—442. Dass in der conf. August. erst der dritte Artikel vom Sohne Gottes handelt und ihm im zweiten Artikel die Lehre von der Erbsünde, also vom Falle des Menschen (aus seiner Gottebenbildlichkeit und der Gotteskindschaft) vorangeht, hat den Sinn, es solle in Christus ausschliesslich der Hohepriester der sündigen Menschheit, ihr Erlöser und Versöhner erkannt werden.

zwischen Gott und seiner Schöpfung (Genes. 1 und 2; Apok. 22, 20; vgl. Genes. 1, 31 mit Apok. 21, 3. 4).

Kant ist, trotz einzelner Akkomodationen an die Thatsachen der evangelischen Geschichte, keiner der zwei biblischen Auffassungsweisen gerecht geworden, geschweige dass er ihre Synthese versucht hätte. Die „Menschheit" bleibt ihm eine abstracte Grösse, sie gipfelt ihm nicht in einer konkreten, universalen Persönlichkeit, in dem Menschen- und Gottessohne, als in ihrem Repräsentanten, in ihrer Concentration und dem Quellpunkte ihres geistig-sittlichen Lebens. Den speculativen Blick auf das Weltganze (nach Art von Joh. 1, 1—5; Col. 1, 14 ff.; Hebr. 1, 2 ff.; Eph. 1, 7 ff.) verwehrten ihm die Grenzen der Vernunft, innerhalb deren er den Neubau seiner „Religion" ausführte. Darum fehlt bei Kant die Logosidee[1] und die Thatsache: „Das Wort ward Fleisch" (Joh. 1, 14 ; die Wege des Gottes, der ihm keine sichere Realität und für sein System keine principielle Bedeutung gewann, endeten ihm nicht im Fleische, führten sein Denken nicht zur Incarnation der Gottheit. — Dieser speculative Weg zu Christus ist demgemäss bei der Beurteilung von Kant's Christologie völlig ausser Acht zu lassen. Dagegen ist betreffs des zweiten Weges, der zu Christus als dem Erlöser und Versöhner führt, zu fragen: wird nicht auch Kant von seinen ethischen Prämissen aus und im Verlaufe der Construction seines Menschheitsideales auf ihn hingedrängt? und, mit welchem Rechte, bezüglich mit welchem Erfolge hat er ihn zu umgehen gesucht?

Wohl gesteht Kant, wie auch Fichte, in thesi zu, dass ein derartiger Verfall der menschlichen Sittlichkeit eintreten könne, dass eine sinnenfällige Gottesoffenbarung zur Notwendigkeit werde, um die moralisch so tief Gefallenen durch die unmittelbare göttliche Autorität und durch religiöse nicht mehr rein ethische) Mittel zur Sittlichkeit zurückzuführen. Freilich erklärt er die Frage nach dem Wie „des Entstehens und des Aufkommens" solcher religiöser Ideen für „Nebensache"; und practisch hat ihn jene Concession nicht

---

1) Kant's Zeitgenosse und (vielfach) Gesinnungsgenosse Lessing hat zwar gelegentlich den Logos Gottes zu konstruieren versucht, aber nicht vermocht, diesen sporadischen Ansatz, die immanente Trinität begrifflich zu fixieren, mit seiner Humanitätsreligion und seiner Erziehung des Menschengeschlechtes in Zusammenhang zu bringen; jener ganze Versuch Lessing's ist wohl nur γυμναστικῶς, nicht δογματικῶς gemeint gewesen; Dorner, Gesch. d. Protest, 722. 731 f.; Christol. II, 1019.

zur Anerkennung der Erlösungsthatsache, ebenso wenig wie zur Anerkennung der Erlösungsbedürftigkeit geführt. Das radicale Böse im Menschen wird ja durch die unverlorene und unzerstörbare Kraft der Freiheit sowie durch die Vernunftautarkie kompensiert. Davon, dass Christus kam, „als die Zeit erfüllet" war (Galt. 4, 4 f.), davon, dass er kommen musste, um das Verlorene zu retten, um die hirtenlose Herde zu führen, um das Sterbende neu zu beleben, davon findet sich bei Kant keine Spur. Wodurch hat sich Kant die Erkenntnis und die Anerkennung der in Christi Person erfüllten Erlösung unmöglich gemacht? Einmal durch seine Theorie von Zeit und Raum: mit der Leugnung ihrer Objectivität, mit der Uebersetzung von Raum und Zeit in bloss subjective Anschauungs-formen hängt die auffällige Geringschätzung des historischen Ele-mentes bei Kant zusammen; nicht das äussere Werden, sondern das innere Sein, welches letztere ihm durch seine Theorie von der Kraft der Freiheit und der Vernunft verbürgt erscheint; und nicht das mühselige Ringen unter mancherlei Schwankungen und Rückfällen, sondern das angeblich stetige Fortschreiten zu dem ein-mal erkannten Guten fesselt Kant's Interesse; das erstere übersieht er, desto nachdrücklicher postuliert er immer wieder das letztere. Zum anderen hat er der Erlösungsthatsache und ihrer historischen Notwendigkeit sich verschlossen durch die Abschwächung des Sün-denbegriffes überhaupt und durch seine Nichtanwendung auf die Zeitverhältnisse, „da Gott seinen Sohn sandte", dass er uns los-kaufte vom Gesetze der Sünde und wir die Gotteskindschaft em-pfingen (Galt. 4, 4 f.). Gegenüber nun dem die Geschichte und ihren bedeutsamsten Wendepunkt ignorierenden Kant sei kurz an den apostolischen Gedanken εἰδότες τὸν καιρὸν ὅτι ὥρα ἡμᾶς ἤδη ἐξ ὕπνου ἐγερθῆναι· νῦν γὰρ ἐγγύτερον ἡμῶν ἡ σωτηρία· ἡ νὺξ προέκοψεν, ἡ δὲ ἡμέρα ἤγγικεν (Röm. 11, 13 f.), ἦλθε τὸ πλήρωμα τοῦ χρόνου (Glt. 4, 4 f.; 3, 22 ff.) erinnert und in ihm eine Bestätigung gefunden dafür, dass auch in der οἰκονομία τοῦ πληρώματος τῶν καιρῶν (Eph. 1, 10) und zwar für den lebendigen Gott selbst das Wort seine Be-deutung hat ἥκει ἡ ὥρα μου. Auch für unser menschliches Begrei-fen deuten die Zeichen jener Zeit darauf hin, dass die Kräfte der alten Welt zur Neige gingen und die Einpfropfung eines frischen Edelreises (Jesai 11, 1 f.) auf den krankenden Lebensbaum der Menschheit eine Notwendigkeit geworden war, wenn dieser nicht völlig absterben sollte. Der Streit der heidnischen Philosophenschulen, der

jüdischen Sekten über „den Weg zur Wahrheit und zum Leben"
(Joh. 14, 6) war das Zeugnis der Epigonen dafür, dass die Welt-
weisen und Propheten nur von ferne „die Wahrheit" geahnt, dass sie
wohl darnach gesucht, aber sie noch nicht gefunden hatten. Der Geist
der Alten war in toten Buchstaben, in versteinerten Formeln er-
starrt. In der Pilatusfrage: Was ist Wahrheit?, die der blasierte
Weltmann ahnungslos vor dem Könige der Wahrheit leicht hin-
wirft, fasst sich der kühle und doch auch schmerzliche Verzicht auf
den Besitz der Wahrheit zusammen, welchen die Männer von dieser
Welt, die römischen Zeitgenossen Christi in ihrer Theorie und in der
Praxis ihrer Lebensführung offen bekundeten. Nicht eine hoffnungsvolle,
sondern eine verzweiflungsvolle Stimmung war über das Heidentum
gekommen: in mehr als einem Sinne nennt Paulus die Heiden die,
welche keine Hoffnung haben (1 Thess. 4, 13). Ueber die arge
Immoralität jener Zeit, die vor allem an den Sitzen der höchsten
Macht und Kultur sich breit machte, klagen Rom's Historiker, Philosophen, Dichter in gleicher Weise; in Livia und Julia hatte das
Verbrechen und die Schande sich des Thrones der Welt bemächtigt;
dem edelgearteten, als *salus generis humani* gefeierten Augustus,
dessen Regierung durch das aufleuchtende „Licht" der Welt verklärt wird, folgten Fürsten dämonischer Art; der Cäsarenwahnsinn,
eine Mischung oder Folge von rohem Egoismus, von Argwohn und
Heuchelei, von kindischer Unvernunft und unnatürlichen Aus-
schweifungen, führte das Scepter derjenigen, die sich Götter nennen
und als die Inkarnation des römischen Geistes, des Weltreiches verehren liessen. Die alten Götter waren entthront; die Pietät der
Altvorderen war vergessen oder ward verlacht: selbst von den un-
gläubigen Priestern wurden die alten religiösen Formen nur noch
als notwendige Irrtümer oder als Mittel, die Herrschaft über Thoren
festzuhalten, betrachtet; die Einführung fremdländischer Kulte und
Gottheiten bezeugte nur um so lauter, dass die mit Götterbildern
überfüllte Roma der Götter leer und ledig war. Mit der Religiosität war die Tugend, der Ahnen Mannhaftigkeit verloren gegangen;
das Geschlecht aber, das Pietät und Sitte preisgegeben, war nicht
mehr wert, frei zu sein: der Despotismus der Kaiser war die ver-
diente Strafe für Roms Abfall vom alten Glauben und vom alten,
sittenstrengen Leben. Seitdem die Kaiser die Tugend und jedweden
freien Sinn geächtet, seit die Servilität des Senates, die Genuss-
sucht des nur nach Brot und Spielen verlangenden Volkes diese

Aechtung gebilligt, galt den edleren Männern die stoische Apathie und Ataraxie als höchste Weisheit im Elend der Zeit, und als der Weisheit letzter Schluss, als *ultima ratio* gegenüber dem Uebermass der Not und Schmach, erklang von Seneca bis Mark Aurel der traurige Ratschlag: *patet exitus, abire licet, omnis vita supplicium, nullum portus nisi mortis,* ἔξιθι τοῦ βίου. An diesem düsteren Lebensabende der alten Welt hat der Apostel der Heiden inmitten des allgemeinen Wehes, das die Völker durchzuckte, den Weheruf der seufzenden Creatur, den Aufschrei der vom Sündenfluche (Gen. 3, 15 ff.; 4, 12) mitgetroffenen Natur (Röm. 8, 19 ff.) vernommen, „die sich noch ängstet immerdar“. — An den sittlichen Zustand der damaligen Welt knüpft der Heiland, durch den jene Nacht zur heiligen Nacht ward, an, wenn er in dem ersten Spruche seiner Bergpredigt den Geistigarmen (d. h. denen, die sich innerlich bankerott fühlen und als arm bekennen am heiligen Geiste Gottes) sein Selig zuruft, die Verheissung der göttlichen Gnade; oder wenn er gegenüber dem die äussere Welt beherrschenden, aber von der Welt der Sünde beherrschten Rom ausruft: „Was hülfe es dem Menschen, wenn er die ganze Welt gewönne und nähme doch Schaden an seiner Seele“? (Matth. 16, 26). An jenes Seufzen der gesamten Creatur knüpft Paulus an, wenn er von einer, seit und in Christus vorhandenen καινὴ κτίσις redet (2 Cor. 5, 17): „Ist Jemand in Christo, so ist er eine neue Creatur; das Alte ist vergangen, siehe es ist Alles neu geworden“;[1] oder wenn er die neue Einheit der Menschen im Geiste Christi, im Geiste des Friedens und der Liebe betont (Gal. 3, 28) gegenüber der alten unseligen Zerrissenheit (durch die Vorurteile der Culturvölker gegen die Barbaren, der Freigebornen gegen die Sklaven, des herrschenden männlichen Geschlechtes gegen das — seit Genes. 3, 15 f. — zur Dienstbarkeit und Entehrung verurteilte weibliche Geschlecht.)

Doch genug davon, dass auch für unser Denken und Begreifen aus den Zeichen jener Zeit das Zeugnis vernehmlich herausklingt: die *praeparatio evangelica* im negativen Sinne, der Zusammenbruch des gesamten antiken, oft promethëisch-trotzigen Könnens und

---

1) Das paulinische Wort ist das Original für Joh. v. Müllers Bekenntnis: „Christus ist der Schlüssel der Weltgeschichte, die alte schliesst er ab, die neue schliesst er auf“. Aehnlich bezeichnet Hamann Christi Ankunft als den „Mittag der Zeiten“, Baader Christum als den „Focus der Weltgeschichte.“

Wissens hatte sich endgiltig vollzogen; [1] ein neuer Anfang, eine χαινὴ χτίσις war nötig nach diesem Ende der alten Welt voller Zweifel und Verzweiflung. Was Joh. 7, 37 f. erzählt wird, dass Jesus am Ende eines jüdischen Festes, an dessen achtem Tage erst hervorgetreten sei und die zu sich gerufen habe, die noch dürsteten, weil des damaligen Israel Formeln und Cärimonien sie innerlich leergelassen hatten; das gilt überhaupt vom Auftreten Jesu Christi am Ende der alten Welt: der Fürst des ewigen Lebens kam, als die Ströme des natürlichen, des geistigen und sittlichen Menschenlebens im Sande der Erde zu verrinnen begannen.

Wohl giebt es ausser dieser negativen *praeparatio* auch eine positive *praeparatio evangelica* auf Christus. Die Einheit des römischen Reiches, die Einheit und Allgemeinheit der griechischen Cultursprache, die allgemeine Geltung des römischen Rechtes und Gerichtes auf dem gesamten *orbis terrarum* ist die günstige Naturbasis gewesen für das von Daniel verheissene, in Christus erschienene (Luc. 17, 21) „Gottesreich oder Himmelreich“ des „Menschensohnes“; die Spuren des λόγος σπερματικός in der heidnischen Poësie und Philosophie sind die Strahlen gewesen, welche die aus den Schatten des menschlichen Irrtums und der menschlichen Schuld (Jes. 60, 1. 2; Joh. 1, 4 f.) langsam emporsteigende Sonne der Gnade frühe schon vor sich her warf. Doch reicht diese *praeparatio evangelica* im positiven Sinne nicht aus, um im Sinne von Baur[2] und in stiller Uebereinstimmung mit Kant's Vernunftreligion wie mit Lessings Definition der Offenbarung[3] die Folgerung aufzustellen:

---

1) Hausrath, neutestam. Zeitgeschichte I, 173 ff., II. 33 ff. Keim, Gesch. Jesu (3. Bearb.) 85 ff.; Martensen, Ethik I, 30 f. 316 f.; Tzschirner, Fall des Heidentums 174 ff. 193 ff. 261 ff. 293 ff; Rothe, theol. Ethik III, 122 ff; Hegel, Philos. d Gesch. 328 ff.

2) Baur, d. Christentum d. ersten 3 Jahrh. 21 f. Dagegen Dorner, Gesch. d. Protest. 828 ff.

3) Erziehung des Menschengeschlechtes §§ 2. 4. 20. 32. 36. 58. 65. 76 f. 85. „Offenbarung ist Erziehung.“ „Erziehung giebt dem Menschen nichts, was er nicht auch aus sich selbst haben könnte.“ „Die neutestamentlichen Schriften haben seit 1700 Jahren den menschlichen Verstand mehr als alle anderen Bücher beschäftigt, mehr als alle anderen Bücher erleuchtet. sollte es auch nur durch das Licht sein, welches der menschliche Verstand selbst hineintrug.“ „Warum sollten wir nicht auch durch eine Religion, mit deren historischer Wahrheit, wenn man will, es so misslich aussieht, gleichwohl auf nähere und bessere Begriffe vom göttlichen Wesen, von unserer Natur u. s. f. geleitet werden können?“

„das Christentum erscheint, in seinen weltgeschichtlichen Zusammenhang hineingestellt, als die natürliche Einheit aller dieser (heid-
nisch-jüdischen) Elemente ohne das Gepräge des Partikulären und
Subjectiven", „es enthält nichts, was nicht auch durch eine ihm
vorangehende Reihe von Ursachen und Wirkungen bedingt, nichts,
was nicht längst auf verschiedenen Wegen vorbereitet und der Stufe
der Entwickelung entgegen geführt worden wäre, auf der es uns im
Christentume erscheint, nichts, was nicht, sei es in dieser oder
jener Form, auch zuvor schon als ein Resultat des vernünftigen
Denkens, als ein Bedürfnis des menschlichen Herzens, als eine Forderung des sittlichen Bewusstseins sich geltend gemacht hätte."
Man mag immerhin mit de Wette sagen: „alle Strahlen, welche in
der Menschheit hervorgebrochen waren, fliessen in Christo als dem
Lichte der Welt zusammen." Aber dazu kommt doch noch des
Apostels Bekenntnis (1 Cor. 2, 9. 10; 1, 30): „das kein Auge gesehen und kein Ohr gehört hat und das in keines Menschen Herz
gekommen ist — uns hat es Gott geoffenbaret"! Die Leugnung des
absolut Neuen und Einzigartigen in Christi Person und Werk ist
doch nur möglich, wenn man sein Auge dem hoffnungslosen Bankerott
verschliesst, dem in der Zeit Christi das menschliche Wollen und
Wissen zu verfallen drohte. Kant that dies, er musste es thun,
weil der historische Faktor bei seiner Vernunftkritik ausser Ansatz
bleibt; bei der Berücksichtigung des historischen Faktors drängen
auch Kant's ethische Prämissen angesichts der Zeitlage am Wendepunkte der Geschichte zu dem Eingeständnis: „die Zeit war erfüllt";
dann aber ist der Thesis, eine Offenbarung sei möglich, practische
Folge zu geben in der Anerkennung von Christi centraler Stellung.

   b) Für die Beseitigung des evangelischen, des kirchlichen
Christusbildes in Kant's System fiel ausser der Subjectivierung des
Zeit- und Geschichtsbegriffes, ausser der Abschwächung des Sünden-
begriffes entscheidend in die Wagschale, dass Kant gemäss den
Resultaten seiner beiden Vernunftkritiken das Wunder und das
Mysterium schlechthin negierte. Daher taucht wohl, bei Kant ähn-
lich wie bei Lessing, die Gestalt des historischen Christus, strenger
Jesus, momentan am Horizonte auf; aber diese historische Gestalt

---

1) Vgl. hierüber Martensen, Ethik I, 26. 309 ff. 313 ff. 471. 501; Rothe,
theol. Eth. II, 63; III, 106 f.; Luthardt, apol. Vortr. I, Nr. 9. 10.
   2) Vgl. Baader, Weltalter 315 f. 320. 347; Rothe, theol. Eth. III,
121—134.

bleibt ausserhalb des Rahmens des Systemes, als etwaz Zufälliges, nicht mehr mit Sicherheit zu Constatierendes, daher für unser Wissen und Thun durchaus Nebensächliches und Unverbindliches stehen.[1] Kant's und Lessing's Grundgedanke ist: selbst wenn dieser geschichtlichen Christusgestalt ihre Existenzberechtigung, trotz der Unsicherheit der Ueberlieferung, nicht abgesprochen wird, so ist sie doch für die gegenwärtige Zeit, für unser sittliches Sein und Thun ohne lebendige Kraft und ohne Autorität; die evangelische Geschichte von Jesus ist eine blendende Phantasmagorie, eine treffende Symbolik des im Innern des Menschen sich vollziehenden Erlösungsprocesses; das Leben des von Zweifeln aller Art gedrückten „Christus vor uns" ist die sinnenfällige Einkleidung dessen, was sittlich jeder Mensch in sich durchzuringen hat; die angeblichen Wunder der evangelischen Geschichte, die vor uns und für uns geschehen sein sollen, haben sich in uns und durch uns in Gesinnungen und Thaten umzusetzen. Das Wunder der Gottesoffenbarung in Christo fällt dahin — vor der Instanz der theoretischen Vernunft als historisch zweifelhaft und logisch unbegreiflich, vor dem Forum der practischen Vernunft als unnötig und die sittliche Energie des Menschen schädigend. Die geoffenbarte Religion behält nur insoweit Geltung, als sie zugleich die offenbare, d. h. mit den Urteilen der theoretischen und mit den Postulaten der practischen Vernunft nicht kollidierende Religion ist.

Diese dem Deismus und Naturalismus nahe verwandte Kritik des evangelischen Christusbildes, besonders des Wunderbaren in Christi Person und in aller Offenbarung, beruht eben so wohl auf einer Ueberschreitung der Befugnisse, welche thatsächlich der Vernunft zustehen, als auf einer Verkennung und Verkümme-

---

1) Die Ausführungen Lessing's, z. B. im Beweis des Geistes und der Kraft, entsprechen durchaus den, freilich nicht gleich drastisch formulierten, Gedanken Kant's (Relig. innerhalb d. Grenzen d. Vernunft 109 ff.). „Wenn keine historische Wahrheit demonstriert werden kann, so kann auch nichts durch historische Wahrheiten demonstriert werden." „Zufällige Geschichtswahrheiten können der Beweis notwendiger Vernunftwahrheiten nie werden." „Das wäre ganz gut! Wenn nur nicht, dass dieses Christus gesagt, gleichfalls nicht mehr als historisch gewiss wäre." „Ich leugne gar nicht, dass in Christo Weissagungen erfüllt sind, dass Christus Wunder gethan; sondern ich leugne, dass diese Wunder, seitdem sie nichts als Nachrichten von Wundern sind, mich zu dem geringsten Glauben an Christi anderseitige Lehren verbinden können und dürfen."

rung des von Kant mit Unrecht für seine Moral usurpierten Religionsbegriffes. — Denn nicht die Vernunft, sondern der Verstand leugnet Gottes Offenbarungen[1] und Wunder. Nur der Verstand, die niedere der beiden Functionen, verhält sich negierend und kritisierend zu dem, was über die sinnliche Erfahrung und Wahrnehmung hinausgeht, wogegen die Vernunft, als die höhere und dem Uebersinnlichen zugewendete Function im Geistesleben, „vernimmt", ahnend in sich aufnimmt, auch das, was sich unserer diskursiven Erkenntnis inmitten der irdischen Verhältnisse noch entzieht. Nur der Verstand stösst allenthalben an die Gesetze der Notwendigkeit, welche in der irdischen Natur widerspruchslos herrschen, und hat sich innerhalb dieser Schranken zu bescheiden; wogegen die Vernunft, welche über das Gebiet des irdisch-Natürlichen hinaus in die Welt der geistigen Freiheit, über das Reale und Sinnliche hinaus zu dem Idealen, zu den letzten Principien sich zu erheben strebt, in Rapport tritt mit den geheimnisvollen Kräften (Röm. 1, 19. 20), welche unsere Welt der Erscheinungen bewegen. — Und ferner: das von Kant auf Grund der Vernunftautonomie und der Vernunftautarkie entworfene System der Moral wird mit Unrecht nur von seinem Schöpfer als „Religion" bezeichnet. Wäre die Kant'sche Moral Religion, so müsste in ihr der Gottesbegriff, diese *conditio sine qua non*, diese *prima* und *summa causa* (Röm. 11 36) aller Religion, eine ganz andere, eine schlechthin konstitutive (nicht bloss hypothetische und regulative) Bedeutung erhalten haben. Wie misslich es aber in Kant's Moralsystem um die Realität der Gottesidee,

---

1) Baader, Weltalter, 127 f. 74. „Die Vernunft befindet sich in der Materie durchaus nicht in ihrem Elemente." „Es ist der Charakter alles Zeitlichen, dass das Verlangen und Erlangen sich immer in ihm wechselseitig ausschliessen, dass man in ihm festgehalten in Tantalusqual nur immer verlangt, was man nicht hat, und immer nur hat, was man nicht verlangt; während im Ewigen das Verlangen immer das Erlangen hervorbringt." „Der Mensch vermag darum in diesem materiellen Dasein weder als anerkennend noch als wollend und wirkend zu ruhen, und wird das Eitle und Unganze jedes solchen materiellen Daseienden schon im Versuche inne, dasselbe als ein Vollendetes, Wahrhaftiges, Vernünftiges, Ganzes begreifen zu wollen." „Verstand verhält sich zur Vernunft, wie das unvollendete, noch unfreie, im Gegensatz noch befangene Erkennen zum freien Erkennen, welches diesen Gegensatz aufgehoben und sich über ihn erhoben hat, wo sich denn das unfreie zum freien Erkennen verhält wie das bloss natürliche zum übernatürlichen, geistigen." „Uns bleibt nur die Ehre des Aussagens dessen, was uns im Geheimen anvertraut wurde."

9*

um ihre Uebersetzung in eine lebendige Persönlichkeit steht, erhellt, um aus früherem nur ein Beispiel aufzustellen, daraus, dass
Kant das Gebet „auf einer illusorischen Personifikation beruhen"
lässt. Dies Preisgeben des Kernes aller Religion, diese Entkleidung
der Gottesidee von den Attributen der Gottespersönlichkeit, unter-
gräbt mehr als alles andere (unter a) eben Ausgeführte die metaphysischen Grundlagen, von denen aus allein eine Gottesoffenbarung
und das mit ihr unmittelbar gegebene Wunder als möglich, bezüglich als historisch und ethisch notwendig erscheint.

Da hingegen, wo die Functionen des kritischen Verstandes von
den weitergreifenden der receptiven Vernunft streng geschieden werden;
da ferner, wo der Religion ihr volles,[1] unverkümmertes Recht zuteil
wird, so dass sie nicht allein auf den Gebieten des Erkennens und
des Willens, des selbsteigensten Thuns, als wirklich und wirksam
definiert wird: gilt das Wunder als eine der Formen, in denen
sich Gottes Wirklichkeit und freie Wirksamkeit der Welt gegenüber kund thut. „Das Wunder ist ein Zeugnis von der Wirksamkeit Gottes als einer absoluten, mithin auch von der absoluten Unabhängigkeit Gottes in seinem Verhältnisse zur daseienden Welt.
Im Wunder bewährt sich die Allmacht Gottes als absolute. Das
religiöse Interesse an den Wundern beruht gerade darauf, dass sie
Beurkundungen des lebendigen und freien Verhältnisses Gottes
zu der nach schlechthin festen Gesetzen in sich verlaufenden Welt
sind, und somit auch eine Bewahrheitung der wirklichen Transscendenz Gottes über die Welt (seiner Immanenz in ihr unbeschadet)."[2]
Gottes Wunder leugnen heisst sich vermessen, die Wege des Ewigen
nach dem Schneckengange unserer Beschränktheit und Endlichkeit

1) Kahnis, Dogm. I, 131 ff.; Beck, Einleit. 46—52; Martensen, Dogm.
13 ff.; Baader, Weltalter 289: „Nicht bloss der christlichen Religion,
sondern allen Religionen, liegt klar oder dunkel, wahr oder entstellt, der
Begriff einer Vermittelung zum Grunde, als Aufhebung desjenigen, was
die totale freie Aktions- oder Lebensgemeinschaft zwischen Gott und Menschen aufgehoben hält." „Eine Erlösungsanstalt für entbehrlich erklären,
heisst alle Religion für entbehrlich erklären." — Vgl. Carrière, die Kunst
u. s. f. I, 90 f; „Alle Religion geht aus der Sehnsucht der Wiederherstellung und Versöhnung hervor."

2) Rothe, theol. Ethik III, 130; überhaupt 122—134; z. B. mit besonderer Beziehung auf das Wunder der Heilsoffenbarung S. 123: „In der
natürlich sündigen Menschheit kann alle richtige Erkenntnis überhaupt
nur von der richtigen Gotteserkenntnis ausgehen. Denn eine richtige

bemessen, zum Massstabe der göttlichen Freiheit und Allmacht unsere Ohnmacht und Gebundenheit erheben. „Der Mensch ist überall nur für das Kleine geboren". „Der Verstand reicht zur Natur nicht hinauf; der Mensch muss fähig sein, sich zur höchsten Vernunft zu erheben, um an die Gottheit zu rühren, die sich in Urphänomenen, physischen wie sittlichen, offenbart, hinter denen sie sich hält und die von ihr ausgehen". „Die Vernunft Gottes und die Vernunft des Menschen sind zwei sehr verschiedene Dinge". „Das Höchste, wozu der Mensch gelangen kann, ist das Erstaunen".[1] —

Das Christentum erkennt streng genommen nur ein Wunder an, das der Person Christi. Alle anderen Wunder vorher und nachher, die alttestamentlichen und die der apostolischen Zeit, verhalten sich zu diesem einen centralen wie die Morgen- und Abendröte zur Sonne des grossen Weltentages. Sie alle erhalten ihre Wahrheit, ihre Bedeutung erst von diesem einen. Die Bedeutung aber, der Grund und Zweck dieses centralen Wunders, und der dasselbe weissagenden oder von ihm ausstrahlenden, ist sittlicher Art. Es ist der heilige Geist, der in den Wundern der Heilsgeschichte die Ordnungen der irdischen Natur sich dienstbar macht; des höchsten Meisters vollendete Weisheit braucht in seiner Weise die irdischen Dinge, an deren Bedeutung und Gebrauch wir uns abmühen, teils ohne teils mit nur halbem Verständnis ihres Wesens und der in ihnen latenten Kräfte. Nur „der Geist (Gottes) erforschet auch diese Dinge" (ganz und gar): 1 Cor. 2, 10; er ordnet sie auch ein als dienende Momente in die Oekonomie des Heiles (Eph. 1, 10).[3] —

Erkenntnis ist überhaupt nur vermöge des sich selbst richtig Verstehens der menschlichen Persönlichkeit möglich; die natürlich-sündige menschliche Persönlichkeit kann sich aber nur an der reinen Gottesidee über sich selbst orientieren." — Vgl. Luthardt, apol. Vortr. I, 129 ff.; Baader, Weltalter 114 ff.

1) Göthe, Eckermann I, 227; II, 68. 72. 289. 293 ff. 303; Claudius' Wke. IV, 36.

2) Luthardt a. a. O. 132: „Beim Wunder tritt eine höhere Causalität wirkend ein und ruft eine Wirkung hervor, welche nicht Wirkung des Zusammenhanges jener niedrigeren Causalitäten ist, wohl aber nachher diesem Zusammenhange sich einfügt. Diese höhere Causalität aber fällt im letzten Grunde zusammen mit den höchsten sittlichen Zwecken des Daseins. Ihnen zu dienen ist der höchste und schönste Beruf der Natur."

3) Dorner, Gesch. d. Protest. 799 f.: „Natur ist nur Erfüllung der göttlichen Ratschlüsse in Raum und Zeit; aber eben damit ist auch die For-

Jenes eine centrale Wunder mit sittlichem Grund und sittlichem
Zweck aber erklärt das Christentum als eine Notwendigkeit: für
Gott wie für den Menschen.

Für Gott zuerst. Denn erst in und durch Christus ist die
Schöpfung zu einer vollendeten Thatsache geworden; erst in
und durch Christus ist die Menschheit befähigt, das Königtum
und das Priestertum (Genes. 1, 26 ff.; 1 Petr. 2, 9) inmitten der
Welt zu verwalten als einen Gottesdienst; erst in und durch
Christus ist die Aufhebung der Sünde am Menschen, ohne Vernichtung des Menschen durch die göttliche Strafgerechtigkeit, möglich geworden (Gal. 2, 20. 3, 22 ff.; Phil. 2, 5 ff.; 1 Petri 2, 5. 9);
der Versöhner und Erlöser ist ihr „Herr" geworden, indem er,
für sie leidend und sterbend, sie innerlich überwand, und im
sittlichen Sinne übt er nun seine „Herrschaft" aus und erweist
seine „Herrlichkeit", sofern er durch Mitteilung seines Lebens
(Joh. 15, 1—15) sie zu „Verkündigern seiner Tugenden", zu „Nach-
ahmern seiner Demut, seines Gehorsams, seiner Liebe", gestaltet. [1]
— So aber löst sich jene Antinomie,[2] deren Auflösung die Heiligkeit und die Gerechtigkeit Gottes schlechterdings fordert: an Stelle

---

derung eines höheren Begriffes der Natur aufgestellt, als der Rationalismus und der Pelagianismus ihn zu vertreten pflegen, eines solchen nämlich, in welchem auch die Erscheinung Christi selbst liegt und zwar so,
dass wir sie nicht ableiten können aus der Wirkung der vor ihm vorhandenen Gesamtvernunft oder Kraft der empirischen Gattung, dass wir für
sie vielmehr eine ursprüngliche göttliche Einwirkung annehmen müssen,
eine Gottesthat, die sich aber in dem göttlichen Ratschlusse, dessen Ausdruck die Gesamtnatur ist, wieder zur Einheit mit dem Ratschlusse der
Schöpfung zusammenschliesst."

1) Rothe, theol. Eth. III, 154—170; Martensen, Eth. I, 331—360;
Baader, Weltalter 298 f. 188 f. 269. 365 f.; Schleiermacher, Dogmatik II,
178 ff. 309 ff.

2) Das rigorose Sittengesetz Kant's führt (wie das Cardinalgesetz
Israels Levit. 19, 2) zu einer Antinomie, die ohne den christlichen Ideen-
kreis, ohne die Thatsachen der Erlösung und Versöhnung unlösbar erscheint. Die strenge Gerechtigkeit fordert Harmonie zwischen des Menschen Thun und Ergehen: folglich für den vom radicalen Bösen ausgehen-
den Strafe, für deren Erlass nach den Satzungen und Postulaten der reinen
Vernunft keine richterliche Instanz da ist. Andererseits fordert das zu
verwirklichende Ideal der Heiligkeit gerade die Vergebung der Sünden,
den Erlass der Strafen. Diese Antinomie löst die evangelische Lehre von
der Erlösung und Versöhnung durch das objective Verdienst, das durch
die sittliche Aneignung im persönlichen Glauben zur Macht des neuen Lebens

der bloss peinlichen Vergeltung der Sünde ist des Sünders Versöhnung und sittliche Neugeburt getreten, damit aber ist das Hemmnis des Weltprocesses, der sich durch den Menschen als Gottes
Organ und Mitarbeiter mit vollziehen soll, beseitigt. —
Zweitens: für den Menschen ist nach christlicher Auffassung
Christi wunderbare Erscheinung eine Notwendigkeit. Der tiefer und
tiefer gefallene Mensch vermag sich nicht aus eigener Kraft aus seiner
moralischen Versunkenheit wieder zu erheben; der schwer und immer
schwerer erkrankte Mensch vermag nicht von sich aus, auf Grund
seiner geschwächten und verdorbenen Kräfte wieder zu gesunden.
„Ist das Gottesbild im Menschen nur noch *potentia* vorhanden, und
lebt dagegen dass äussere Welt- oder gar Höllenbild in ihm, so ist
ihm so wenig als einem leiblichen Kranken mit jener ohnmächtigen
potentia als blossem, aller lebendigen Kräfte entblössten, Vermögen
geholfen."[1] Der gefallene Mensch ist auch nicht bloss in einer
Relation böse, etwa im Denken oder im Wollen oder im Fühlen
allein; er ist es in allen dreien zugleich; die Integrität der einen
setzt die der anderen voraus, die Corruption der einen zieht die der
anderen nach sich. Den also Erkrankten kann nur ein Gesunder
(Luc. 5, 30 ff.) heilen; den Gefesselten kann nur der Freie befreien
(Joh. 8, 32 ff.); „und nur Persönliches kann Persönliches heilen."[2]
„Plato lässt seinen Sokrates sagen, dass uns die Tugend nur durch
Einfluss oder als Gabe Gottes zu teil werde; und dass der Um-
gang, ja die blosse Nähe eines göttlich gesinnten Mannes uns zum

---

in uns wird. Diese evangelische Lehre hält die Mitte zwischen der juri-
disch-objectiven Satisfactionstheorie Anselm's und der subjectiv-ethischen
Kant's; die Wahrheitsmomente der Anselm'schen Theorie entkräften die
Kant'sche und umgekehrt; aber die Wahrheitsmomente beider Theorien
sind geeint in der evangelischen Versöhnungslehre, welche die Notwendigkeit der Strafe und der Sündenvergebung dadurch einigt, dass sie der
Offenbarung in Christus die real mittlerische Erwerbung der Versöhnung
zuschreibt und so eine Sündenvergebung auf Grund einer Sühne für die
Gerechtigkeit verkündigt: 2 Cor. 5, 19—21. Rothe III, 160 ff.; Dorner,
Gesch. d. Protest. 753; derselbe: Jahrb. f. deutsche Theol. 1874, Heft 4,
576 ff. 590 ff. 549 ff.
1) Baader a. a. O. 277 f. 288. 299. 294. 333. 347. 261. 202. Z. B.
„Wenn dem Menschen nicht das Licht, die Wahrheit zu erkennen, aus
Gnade gegeben würde, so würde er nicht einmal den Kampf mit dem
Bösen beginnen, geschweige den Sieg erringen können."
2) Schelling, Werke, 1. Abt. VII, 317 ff.; Dorner, Christol. II, 1073 ff.

Guten behilflich und förderlich sei. Nun glauben die Christen eben
an die innere Gegenwart eines solchen Helden- und Siegesfürsten
(Apost. 25, 19), und dieser Glaube ist es, der ihnen hilft, weil sie
glaubend diesen gegenwärtigen erfahren und inne werden. Denn
glaubend berühren sie wirklich diese himmlische, kräftige Gestalt;
ohne Berühren giebt es ja kein Wirken, kein Erfahren. Durch
Glauben öffnen sie ihr Inneres, ihr Gemüt diesem himmlischen Gemüte und eignen sich dieses oder vielmehr sich ihm an."[1] Freilich
gegenüber der autonomen und autarkischen Vernunft, die sich nicht
als depossediert, sondern noch immer als selbstherrlich ausgiebt,
gilt dabei: wer gefallen ist und wieder erhoben werden will, der
muss vor allem sich demütigen gegen jenen, der ihn allein erheben
kann und soll; nur das sich Beugen des Empfängers gegen den
Geber macht diesem das Geben möglich; keine wahrhafte Vereinigung kommt ohne den Geist der Demut, keine Trennung ohne den
Geist des Uebermutes und der Hoffart zu stande. — Der prome-
thëische Sinn, der in den Consequenzen der Vernunftautonomie und
Autarkie sich äussert, fällt über das evangelische Christusbild, sofern es berufen sein soll, die Gottebenbildlichkeit in uns wieder
herzustellen, das Verdikt: *non licet esse te*. Und doch bleibt dieses
Bild, wenn nicht als ethisches Urbild und Vorbild, so doch als
historisches Factum stehen in der evangelischen Geschichte; wäre
dies historische Bild auch nur Poësie (freilich der Fischer vom
See Genezareth?), wäre es nicht selbst dann ein unerklärliches
Wunder? Lavater's Wort von Christi „Unerfindbarkeit" bleibt
eine wesentliche Instanz gegenüber jener ablehnenden Kritik, und
Kant hat jene Instanz *de facto* selbst anerkannt, sofern er nicht
umhin konnte, von eben jenem Christusbilde der lebensvollen evangelischen Geschichte die Attribute zu entlehnen, welche sein Mensch-
heitsideal beleben. — So sehr auch Kant sich mühete, den kategorischen Imperativ als lebendige und belebende Kraft darzustellen,
er ist doch gezwungen, am Ende seiner Theorie, am Ende des sittlichen Entwickelungsprocesses die Gnade einzuführen; auch sein letztes
Wort ist „ein Richterspruch aus Gnaden". Wie ein *deus ex
machina*, unvermittelt und unerwartet, erscheint so die Gnade, um
die Conflicte der Menschheitstragödie zum friedlichen Abschlusse zu

---

1) Baader, a. a. O. 278; Claudius' Werke V. 136 ff.; IV. 94; VI. 73 f.
VIII, 72.

bringen. Wie vor dem ratlosen Areopage der irdischen Richter einst
Pallas erschien, die Repräsentantin der göttlichen Weisheit und
Gnade, um gegenüber den widerspruchsvollen Entscheidungen des
menschlichen Rechtes und der menschlichen Vernunft den „Urteilsspruch aus Gnaden" zu verkünden, so hat sich auch Kant
schliesslich notgedrungen von Joh. 1, 17ᵃ („das Gesetz ist durch
Mosen gegeben") zu Joh. 1, 17ᵇ („die Gnade und Wahrheit ist
durch Christum geworden") hinüber gewendet. Freilich: sein abstracter Idealismus verwehrte es ihm, in Christi Person die
lebendige Verkörperung der Gnade zu erblicken; und sein strenger
Pelagianismus liess ihn nicht einstimmen in des Johannes de-
mütig-dankbares Bekenntnis: „aus seiner Fülle haben wir alle genommen Gnade um Gnade" (Joh. 1, 16). Dies rächte sich aber bei
Kant. Denn äusserlich nur tritt die Gnade bei Kant ein, am
Ende des menschlichen Strebens und Könnens, dessen Mängel doch
nur sie füglich deckt; dagegen: innerlich wirkt sie im Christentume,
von Anfang an (Gal. 2, 20. 3, 22 ff.), die menschliche Persönlichkeit hebend und sie weihend ihrem Urbilde, Christo; das
χάριτί ἐστε σεσωσμένοι ist somit nicht nur das Finale, sondern auch
der Anfang und die innere Kraft des Christenlebens (Eph. 2, 8).

Lessing erklärte (in der Erziehung des Menschengeschlechtes)
gelegentlich Offenbarungen auf gewissen Stufen und in gewissen
Zeitaltern der Menschheit für notwendig; sie und ihre Repräsentanten (Moses, Christus) sind ihm nicht bloss die objectiven Dar-
stellungen und Hüllen für Vernunftideen, sondern deren notwendige
erste Erscheinungsformen, die unentbehrlichen Gerüste beim sittlichen Aufbau der Menschheit. Dagegen sieht Kant in den historischen Offenbarungsformen und ihren Trägern streng genommen
nur notwendige Uebel, Entstellungen und Trübungen der in uns
verborgenen Vernunft, Phantasien der noch sinnlich und nicht sittlich-
ideal gerichteten Natur des Erscheinungsmenschen. Statt der Person setzt er die Idee ein (Gottes wie Christi). Jene werde durch
diese unnötig, denn die Macht der Idee sei der ihrer Hypostase mindestens gleich. Kant's abstracter Intellectualismus sagt:
das Ideal der Heiligkeit, personificiert, ergiebt das Christusbild d. i.
das Bild der idealen Menschheit. Gerade umgekehrt sagt der
Herr: „Ich bin der Weg, die Wahrheit, das Leben." Dort ist
der Gedanke: die historische (und wohl fingierte) Gestalt ist nur Erläuterung, Gleichnis der uns (theoretisch) unfassbaren Idee. Hier

lautet er: in diesem concreten Sein (ἐγώ) ist die absolute (ἡ) Vermittelung zwischen Gott und Mensch in der Geschichte eingetreten;
diese Geschichte ist nicht eine Summe von kalten Vernunftbe-
griffen, sie gipfelt in der Person Christi, von der aus Ströme heiligen Lebens fliessen in die menschlichen Persönlichkeiten; nicht die
abstracte Idee oder ein vages Ideal, sondern eine heilige Person ist
der Arzt, der die irrenden Geister heilt.

Wie steht es um die Wahrheit der Behauptung, dass die Macht
der Idee mindestens gleich der ihrer Hypostase sei, dass infolge dessen nur jene eigentlich nötig, ja möglich sei?

Das Wort „Idee" wird (abgesehen von dem Missbrauche und
der Abschwächung desselben, wonach die willkürlichsten subjectiven
Gedanken mit dem Glorienscheine der objectiven, geistesmächtigen
„Idee" umgeben werden) in einem zweifachen Sinne gebraucht. Einmal ist „Idee" die Bezeichnung für die Attribute des unserem Begreifen unzugänglichen, daher nur negativ zu bestimmenden
(„absoluten") höchsten Wesens; sodann bezeichnen wir als „Idee",
was uns positiv entgegentritt als die Summe, als die Triebkraft
des geistig-sittlichen Lebens inmitten der Geschichte. So
sind uns die Ideen bald die göttlichen Urgedanken, die ewigen
Urbilder alles Seienden (z. B. bei Plato, Philo), bald die in
Zeit und Raum aufleuchtenden Abbilder des reinen Geistes. Zumeist sind die Ideen beiderlei Art für uns logische Abstractionen:
Realitäten aber sind sie doch, sofern sie die Ausstrahlungen sind von
geistigen Mächten, von Persönlichkeiten. Jene Urbilder weisen
zurück auf die Urpersönlichkeit Gottes; diese Abbilder weisen zurück auf die menschlichen Individuen (Einzelpersonen oder Völker-
typen), in denen sie ihre Wahrheit ausgelebt haben. Nicht die
Ideen sind das Erste, sondern die Persönlichkeiten, an denen sie
haften und von denen sie ausgehen; das Persönlichkeitsprincip verleiht erst der Weltbetrachtung wie der Speculation festen Halt,
einen Grund und ein Ziel. — Zwischen jenen Urbildern und diesen
Abbildern nun besteht ein innerer Zusammenhang; es ist derselbe,
der Gott mit den menschlichen Geisteswesen zusammenschliesst (*persona est quam personat deus*). Das tiefste Thema, der beherrschende
Grundton der Welt, insbesondere der Kulturgeschichte, ist doch die
Frage nach dem „einen wahren" Gott; sie ist es, in der alle Fragen nach
unserem Woher und Was und Wohin zusammenklingen. Wo Geistiges
und Ideales noch nicht auf dem Opferaltar des Materialismus sein

Ende fand, da ruft Schelling's Gedanke sein Echo wach: die Geschichte sei das ewige Gedicht des göttlichen Verstandes, ein grosser
Spiegel des Weltgeistes. Das Endliche ist ein Gleichnis des Unendlichen: zwar nur, aber doch ein Gleichnis; und dies gilt vor
allem Endlichen vom Menschen, dem Bilde und Gleichnis Gottes.
Im Endlichen sucht das Unendliche sich seine Gestalt zu geben:
freilich nicht eine ihm völlig adäquate, aber doch die möglichst
vollkommene; im Werden kann ja das reine Sein, im Körper
der Geist nie schrankenlos und voll sich entfalten. — In einem
gewissen Sinne ist es ja unleugbar, dass die Persönlichkeit allezeit nur Hülle und Verkümmerung der Idee ist. Jedoch nur in
dem Sinne ist dieser Satz wahr, dass die menschliche, endliche Persönlichkeit nur die trübe Hülle ist der göttlichen,
ewigen Idee. Wohl liegt dem, von Strauss erst formulierten (bei
Kant in dieser Fassung noch nicht vorhandenen) Kanon, die Idee
sei zu reich, um je ihre Fülle in ein Individuum ausschütten
zu können, ein Wahrheitsmoment zu Grunde; nämlich eben dies:
dass die menschliche Natur nicht fähig sei, quantitativ das Göttliche voll und ganz in sich aufzunehmen oder aus sich hervorstrahlen
zu lassen. Quantitativ ist allerdings das *finitum* nicht *capax in-
finiti.* Indess: diese Thatsache wird betreffs der historischen Erscheinung Christi auch in der Schrift keineswegs geleugnet. Ausdrücklich sagt Johannes von dem Logos, dem er (Joh. 1, 1) das
εἶναι (θεόν, πρὸς τὸν θεόν) beilegte, σὰρξ ἐγένετο (1, 14; vgl.
Gal. 4, 4): also in nicht missszuverstehender Weise führt er den
Gegensatz ein zwischen dem ewigen Sein und dem geschichtlichen
Werden. Aehnlich erklärt Paulus (Phil. 2, 6 f.), der εν μορφῇ
θεοῦ ὑπάρχων, dem τὸ εἶναι ἴσα θεῷ schlechthin zukommt, habe
sich seiner Herrlichkeit „entäussert", „sich erniedrigt" in der Zeit
und in der Menschengestalt. Die Worte Col. 2, 9: ἐν αὐτῷ κατοικεῖ τὸ
πλήρωμα τῆς θεότητος σωματικῶς[1] besagen doch wohl auch: in

---

1) Verschiedene (irrige) Deutungen des σωματικῶς bei Meyer, zu Col.
2, 9; vgl. auch Dorner. Person Christi II. 614 f.; gegen die Meinung: *dubi-
tare licet, an auctor hujus vocis ipse notionem conceperit distinctam* spricht,
übrigens die obige Fassung stützend, die Stellung des Wortes am Satz-
ende (emphatisch und absichtlich). Zur Controverse über die Stelle vgl.
Weiss, bibl. Theol. 435; Gess, Christi Person II, 267—9; Pfleiderer, Pau-
linis. 375 f.

Christo wohnt die Fülle der Gottheit zwar thatsächlich,[1] aber doch nur sofern und soweit, als die nicht rein geistige (menschliche?) Körperform, als die Gesetze dieser von ihm freiwillig angenommenen Daseinsform überhaupt die Einwohnung des Göttlichen zu ertragen vermögen. Und gerade dieses Moment ist für die biblische wie für die kirchliche Christologie hochbedeutsam. Denn gerade in dieser relativen Einschränkung ist es begründet, dass das Urbild in Christo zugleich für uns noch Vorbild sein kann. In seiner Absolutheit (vom Irdischen und Menschlichen) ist der „Herr" wie Gott selbst, er ist πνεῦμα schlechthin (2 Cor. 3, 17; Phil. 2, 6; Joh. 4, 34); im Geistesleben und im Geisteswirken geht ja die Idee, das Ideal auf; aber dies welterhabene Urbild wirkt auch auf die Geister der Menschen und es wirkt dann durch sie, von Christi Urpersönlichkeit aus werden auf geistig-sittlichem Wege die christlichen Persönlichkeiten beeinflusst, geleitet.

Dem Platonischen, bei Philo wiederkehrenden Gedanken, dass der rein geistige (ὁ ὤν), dem menschlichen Denken ebendeshalb sich entziehende Gott sich eine dem menschlichen νοῦς, als dem Auge für das Göttliche, verständliche Offenbarung in den εἴδη gegeben habe, und dass diese Idealbilder der irdischen Erscheinungen, diese Gottesgedanken voller Leben und Wahrheit zusammengefasst seien in dem einen λόγος; — entspricht die christliche Lehre von der Logospersönlichkeit, als der höchsten Offenbarung des göttlichen Wesens und Willens (Joh. 1, 1 f.). Dies prophetische Wort des vorchristlichen Philosophen ist zur grundlegenden Thatsache geworden für die christliche Religion: ἐν ἀρχῇ ἦν ὁ λόγος, θεὸς ἦν, δι᾽ αὐτοῦ τὰ πάντα ἐγένετο.[2] Aber nicht nur in diesem einen

---

1) Die Formel *omnia in Christo divina, non omnia divina in Christo* hat ihren biblischen Grund in Stellen wie Joh. 7, 39 (οὐδέπω ἐδοξάσθη); 17, 1. 5 (δόξασόν με τῇ δόξῃ ᾗ εἶχον πρὸ τοῦ τὸν κόσμον εἶναι παρά σοι); Phil. 2, 7 ff. Ueber den Irrtum, dass die endliche Daseinsform notwendig die Nichtigkeit und sittliche Wertlosigkeit einschliesse, dass Endlichkeit und Vollkommenheit sich schlechthin ausschliessen müssten, vgl. Baader, Weltalter 268 f. 288 f. Z. B. „Jede Creatur ist trotz ihrer Endlichkeit der Vollendung fähig; sie ist vollendet, wenn sie ihrem Begriffe entspricht." Deshalb heisst Christus ὁ υἱὸς τοῦ ἀνθρώπου. ὁ ὁ. τ. θεοῦ; vgl. Joh. 14, 6; Artikel steht dreimal.

2) Dorner, Jahrb. f. deutsche Theol. 1874, 579. 583 f: „Die Lehren, die ewigen Wahrheiten, die Ideen dürfen nicht leblos-abstract bleiben, sondern müssen auferstehen zur Kraft und Lebendigkeit, zu historisch

Falle, überhaupt führen die Abstractionen der Philosophie, wie sie beruhen auf einer ursprünglichen, konkreten, im erhabensten Sinne „poëtischen[1]" Intuition, auch wieder zurück zur persönlichen konkreten Gestaltung. Die scheinbar subjectiven „Ideen" des philosophischen Denkens weisen zurück auf objective Idealgestalten, auf geistige Thatsachen und Erfahrungen; ebenso aber streben sie wieder nach einer Inkarnation, die frei ist von des Gedankens Blässe und der Ohnmacht des Wortes. Dafür, dass Persönliches, Objectives der Urgrund und das letzte Ziel ist des menschlichen Sinnens und Denkens, zeugt nicht nur die mythenbildende,[2] sondern auch die historische Zeit. — Einige Beispiele mögen zur Erläuterung folgen. Wir Modernen gebrauchen oft die abstracte Bezeichnung „Volks- und Zeitgeist", um so die geheimnisvollen Mächte anzudeuten, die das Leben und Streben einer Zeit,

---

sich bethätigenden Persönlichkeiten." „Das Christentum ist nicht eine Summe von Ideen und Lehren, sondern Stiftung realer Lebensgemeinschaft mit Gott; darum ist ihm auch der historische Christus nicht zufällig, sondern notwendig." „Nur wenn Christus der Erlöser ist, kann er Erlösung wirken; andernfalls bleibt sie Postulat, Fiction".

1) Schiller 12, 173: „Die Einfälle des Genies sind Eingebungen eines Gottes." Goethe, Eckermann II, 333. 299. III, 236: „Das Dämonische wirft sich gern an bedeutende Figuren" und „äussert sich in einer durchaus positiven Thatkraft". „Jede Productivität höchster Art, jedes bedeutende Apercu, jede Erfindung, jeder grosse Gedanke — steht in Niemandes Hand und ist über aller irdischen Macht erhaben; dergleichen hat der Mensch als unverhoffte Geschenke von oben, als reine Kinder Gottes zu betrachten, die er mit freudigem Dank zu empfangen und zu verehren hat. In solchen Fällen ist der Mensch als ein Werkzeug einer höheren Weltregierung zu betrachten, als ein würdig befundenes Gefäss zur Aufnahme eines göttlichen Einflusses."

2) Vgl. z. B. Imman. Herm. v. Fichte. „Bei der Entstehung grosser kulturhistorischer Erscheinungen, die ganze Völker und Perioden umfassen, ist der erste anregende Grund eine objective Thatsache, ein historisches Ereignis gewesen, welches tief eingreifend wirkte und durch die Macht seiner Thatsächlichkeit sich Glauben errang. Die mythologisierende Phantasiethätigkeit, welche man für seine Entstehung zu Hülfe ruft, ist in ihren Wirkungen etwas Sekundäres, zugleich specivisch Anderes. Sie setzt jenen Glauben als wirksame Thatsache schon voraus, wurzelt in ihm, wird durch jede Bestätigung desselben neu angeregt. Sie kann ihn nicht hervorbringen; sie kann ihn nur gestalten und umkleiden." (D. neuere Spiritualismus 79 f.). Ganz ähnlich Welker: „Der Mythus bildet sich nicht aus einer Idee heraus eine Thatsache, sondern unbewusst vermittels einer bekannten That-

eines Volkes charakterisieren, ohne doch greifbar, sichtbar zu erscheinen. Diese unsere Abstraction tritt uns z. B. Deut. 32, 8 (in der Uebersetzung der LXX) in einer durchaus konkreten und poëtischen, auch von dem abstractesten Denker der Neuzeit (Hegel) wegen ihrer Genialität bewunderten Form entgegen: vom Throne des Weltbeherrschers gehen die Nationalengel, die Organe der göttlichen Allmacht und Weisheit, aus, um durch ihre Geisteskräfte das Leben d. i. die Geschichte der Völker von innen heraus zu bestimmen und zu leiten; so gestaltet sich dem Auge des Sehers ein ganzes Volk zu einer grossen Kollektivpersönlichkeit, in deren Innerstem ein göttlicher „Geist" waltet. Bekanntlich haben die griechischen Väter des zweiten und des dritten Jahrhunderts in ihrer Lehre vom λόγος σπερματικός eine ähnliche Weltanschauung (Erziehung der Menschheit: trotz Act. 14, 16 gemäss Art. 17, 25—28) bekundet. Die Wahrheit und die Kraft dieser Geschichtsbetrachtung liegt in dem von Paulus Röm. 11, 36; 1 Cor. 15, 27 f. formulierten Persönlichkeitsprincipe: ὁ θεὸς τὸ πάντα ἐν πᾶσιν, ἐξ αὐτοῦ καὶ δι' αὐτοῦ καὶ εἰς αὐτὸν τὰ πάντα.[1] — Ferner: Bei der Schilderung ihrer sittlichen Ideale haben weder Plato noch Aristoteles vermocht, sich der Personification zu enthalten. Der platonische Begriff der δικαιοσύνη, als der antiken Kardinaltugend, tritt uns in jener lebensvollen Gestalt des δίκαιος[2] entgegen, dessen Thun und Leiden uns an die tragischen Wendepunkte der griechischen und der Weltgeschichte, an den doppelten Justizmord gegenüber Sokrates und Christus erinnert; die pietätsvoll entworfene Kopie seines grossen Lehrers Sokrates gestaltet sich dem Plato, „dem attisch redenden Moses", zur Prophetie auf denjenigen, in dem sich nicht nur τὸ δίκαιον, sondern auch τὸ ἀγαθόν verkörpert hat.[3] Aehnlich wie Plato fasst auch Aristoteles das, was er vom Hochsinn (μεγαλοθυμία) in

___

sache einen Begriff, der ohne sie nicht gefasst und ausgesprochen werden konnte." (Carrière, d. Kunst etc. I, 89). — „Der Mythus ist eine poëtische Philosophie der Geschichte, die grosse Bedeutung einer Person oder That, der innewohnende Geist der Sache wird durch ihn symbolisch ausgesprochen.

1) Vgl. Martensen, Dogm. 191 f.; Ethik I, 172 ff.
2) Im 2. Buche vom Staate, 361 (der Stephan. Ausg.).
3) Vgl. Luc. 23, 47; Röm. 5, 7; in dem ὄντως οὗτος δίκαιος aus heidnischem Munde und in Pauli μόλις ὑπὲρ δικαίου. — ὑπὲρ τοῦ ἀγαθοῦ τάχα — liegt einer der grossen Fortschritte angedeutet, den die christliche Ethik über die vollkommenste heidnische Ethik hinaus gethan hat.

der Nikomachischen Ethik lehrt, zusammen im Bilde des μεγαλόθυ-
μος.[1] — Ferner: nach persönlichem Leben, nach persönlicher
Concentration ringen die Massen der alltäglichen Geister, wie
auf den Gebieten der Kunst und der Wissenschaft, so auf den Gebieten des Staates und der Religion. In Phidias, Apelles, Sophokles, in Michel Angelo, Raphael, Shakespeare und Goethe haben die
verschiedenen Zweige der Kunst, — in Plato und Aristoteles, in
Leibniz und Kant hat das universale Streben der Weltweisheit, —
in Alexander, Cäsar, Napoleon hat sich der Gedanke der Weltherrschaft, — in Moses, Christus, Muhamed, in Paulus, Augustin, Luther
hat sich der religiöse Geist zusammengefasst in (mehr oder minder)
schöpferischen gewaltigen Repräsentanten. — Ganze Völker und
Zeiten gipfeln in einer einzigen riesenhaften Persönlichkeit; diese
ist das eine Haupt für die Millionen von willenlosen Gliedern; in
ihr erscheinen die zerstreuten Factoren der Vergangenheit summiert
und potenziert, von ihr aus empfängt die Zukunft neue schöpferische
Kräfte und Anschauungen; was die Menge der Zeitgenossen nur
dunkel ahnte, das wird in ihnen und durch sie reales Leben,
Wille und That. Nicht die dumpfen, meist unklaren und zerfah-
renen, ohne Selbständigkeit aufgenommenen und weiter getragenen
Gedanken der vielköpfigen Menge, nicht die schattenhaften und
und unstäten Formen (auch Formeln) des sogenannten Zeit- oder
Volksgeistes sind die eigentlich bestimmenden Factoren der Geschichte: epochemachend wirken, in allen Zeiten und an allen Orten,
nur die „grossen Männer",[1] die aussergewöhnlichen Naturen
und Charaktere, die man vordem als Heroen, als Göttersöhne
verehrte. Sie sind nie und nirgends das blosse, nüchterne „Product"
ihrer „Zeit" oder der „Vergangenheit" gewesen; was sie hinaus hob
über ihre Zeit und die gewöhnlichen Menschen aller Zeiten, das
ward ihnen gerade nicht gegeben von ihrer Zeit und ihrem Volke,

---

1) Nach Carrière, Hellas und Rom 272 f. bezeichnet diese Schilderung
„den Gipfelpunkt der antiken Sittenlehre", und ist „ein Seitenstück zu
dem, was Paulus (1 Cor. 13) über die Liebe schreibt"; vor allem: „sie ist
unverkennbar im Hinblick auf Alexander abgefasst und hält ihm den
Spiegel des Ideales begeistert vor."
2) Vgl. Schleiermacher's Abhandlung über den Begriff des grossen
Mannes; Martensen, Ethik 1, 307—319; auch Goethe, Eckermann II, 337.
298 f. 333. 104. 90. 126 u. ö.; III, 34 f. 226. 228 f. 145. 298 ff. 234. 236
(über „Genie" u. A.).

von Vater und Mutter, sondern dieses ihr Eigenstes und Grösstes war: unmittelbare Begeisterung, wunderbare Begabung, Inspiration, übermenschliche Energie und das Gottesurteil des weltgeschichtlichen Erfolges.

Die grossen Epochen der Weltgeschichte datieren nicht von irgendwelchen grossen Männern, die auf einzelnen Gebieten und bei einzelnen Völkern etwa gleichzeitig Neues anbahnten. Die Summe solcher grosser Geister weist immer wieder über sich hinaus: ihre Pluralität strebt einer Einheit zu. Die grossen Epochen der Weltgeschichte datieren von jenen seltenen Grössen, die Totalwirkungen hervorbrachten, die Welt aus ihren Angeln hoben und sie in neuen Bahnen zu wandeln zwangen. Sie erscheinen frei von den Vorurteilen und Fesseln des Partikularismus, der Nationalität, der wissenschaftlichen „Methode" und „Schule";[1] aber gerade diese ihre Freiheit wird zum Gesetzgeber für die befangeneren Jünger des Alten und Veralteten. — Solche Persönlichkeiten ersten Ranges treten uns nur auf zwei Gebieten, auf den beiden höchsten Gebieten des menschlichen Gesellschaftslebens entgegen: im Staate und in der religiösen Gemeinschaft. Keine anderen Gemeinschaftsformen, ausser denen des Staates und der Religion, haben jemals vermocht, die Welt nach allen Seiten des geistigen Lebens hin zu beherrschen; nur von den Begriffen des Staates oder der Religion aus ist es möglich gewesen, die Welt als Ganzes zu umspannen und nach immanenten Gesetzen zu gestalten; daher auch die gewaltigsten und die am tiefsten eingreifenden Kämpfe die zwischen „Staat" und „Kirche" geworden sind. Beide forderten das All und jeden Einzelnen ganz, bedingungslos.

Die Namen von Weltherrschern und Religionsstiftern bezeichnen die Höhen- und Wendepunkte der Weltgeschichte. Unter ihnen aber übten, bis heute, die Religionsstifter den nachhaltigeren Einfluss: ihre geistigen Schöpfungen überdauerten nicht nur die Reiche von dieser Welt, sie griffen auch tiefer ein in das Denken und Wollen und Fühlen der Menschen.[2]

--- --- ---

1) Wie um den einen Homer sieben Städte, so stritten um Karl d. Gr. und Napoleon verschiedene Völker, um Moses und Paulus verschiedene Kulturmächte; die grössten Fürsten und Denker sind nie im engherzigen Sinne Patrioten gewesen, ein kosmopolitischer Zug führte sie in's Weite und Allgemeine (z. B. Lessing, Herder, Schiller, Goethe).

2) Von typischer Bedeutung ist Daniels Vision (7, 1—14): nach den

Was nun Christi Person und Werk einzigartig gemacht und ihm das Siegel der Göttlichkeit aufgedrückt hat,[1] ist nicht sowohl dies, dass er jene zwei höchsten Formen menschlicher, natürlicher Gemeinschaft, Staat und Religion, verband in der Forderung der Theokratie, des „Gottesreiches", dessen König und Hoherpriester er im Geiste fortwährend bleibt (denn die annähernd gleiche Forderung haben auch naturgemäss Moses und Muhamed gestellt, ja teilweise verwirklicht), sondern vielmehr dies: dass er sein Gottes-, sein Himmelreich hinaushob über die Schranken des (in Israel und im Islam bis heute vorhandenen) Partikularismus,[2] dass er ein „neues" Gebot, das königliche Gesetz der „Freiheit" (eins mit der Gotteskindschaft) und der „Liebe" zum innersten Leben der Menschheit erhoben hat;[3] dass er die heilige, wahrhafte Wesenheit Gottes und der jenseitigen Welt zur absoluten[4] Norm für das Diesseits aufstellte und somit den vollsten Ernst machte mit der, hier und da ja vor Christus schon vorhandenen, Ahnung, der Mensch sei von Haus aus, er solle und könne wieder sein Gottes Kind, Gottes geistiges Ebenbild; endlich dass er in seiner Person brachte und gab, wornach die Welt vor ihm und nach ihm, so lange sie ohne ihn blieb, vergebens rang und suchte: Friede, Versöhnung.[5] Das Grösste, schlechthin Einzigartige

___

vier, sich selbst zerstörenden Weltreichen, erscheint das „ewige" „Himmelreich" des „Menschensohnes"; dort walten physische, hier geistig-sittliche Mächte vor.

1) Gegenüber den „grossen" Männern heisst Christus ὁ υἱὸς τοῦ ὑψίστου (Luc. 1, 32; Phil. 2, 9 ff.; Eph. 2, 19 ff.; Joh. 14, 6; 15, 5ᵇ).

2) Z. B. Matth. 28, 19; Joh. 10, 16. 17. 20 ff.; vgl. Gal. 3, 27 ff.

3) Als ὢν εἰς τὸν κόλπον τοῦ πατρὸς ἐξηγήσατο (Joh. 1, 18) νόμον τέλειον τῆς ἐλευθερίας (Jacob. 1, 25) oder τῆς ἀγάπης (Joh. 13, 34; 15, 12 ff.).

4) Vgl. Matth. 5, 44—48 mit 19, 8: ἔσεσθε οὖν τέλειοι ὥσπερ ὁ πατὴρ ὑμῶν mit Μωσῆς πρὸς τὴν σκληροκαρδίαν ὑμῶν ἐπέτρεψεν.

5) Luc. 2, 14; Joh. 14, 27; 2 Cor. 5, 19 ff. Εἰρήνην τὴν ἐμὴν δίδωμι ὑμῖν, οὐ καθὼς ὁ κόσμος δίδωσιν, ἐγὼ δίδωμι ὑμῖν. — Hegel, Philos. d. Gesch. 328—342: „Die formelle Versöhnung durch die Philosophie, welche lediglich die Negativität alles Inhaltes gewusst hat, konnte den lebendigen Geist nicht befriedigen. Daher heisst es: als die Zeit erfüllet war, sandte Gott seinen Sohn." „Christus ist erschienen, und damit ist den Menschen die Versöhnung und der Friede geworden." „In der christlichen Idee Gottes liegt auch die Versöhnung des Schmerzes und des Unglücks des Menschen in sich; denn das Unglück ist nunmehr als ein notwendiges gewusst." „Das tief Speculative (des christlichen Bekenntnisses) ist aufs innigste verwebt mit der Erscheinung Christi selbst."

ist eben dies, dass Christus nicht, wie vor ihm auch Moses und
Sokrates, eine neue Wahrheit bloss lehrte, sondern dass er sagen
durfte: „Ich bin's", (Licht, Leben, Liebe).[1] Und dass in Christi
Person, nicht in seiner Doktrin, das neue Leben und Heil der
Welt beschlossen ist, das bezeugt auf Grund innerster Erfahrung
die Kirche aller Zeiten.[2] Dies Zeugnis der Erfahrung ist ein that-
sächlicher Beweis des Geistes und der Kraft, welche von jenem
Fürsten des Lebens ausging und ausgeht. Und dieses innere Zeug-

Der Wortlaut dieser Sätze deckt sich streng mit der Schrift (Hegel hat
freilich ihn umgedeutet) und deshalb ist gerade dieses Philosophen Zeugnis hier beigefügt.

1) Joh. 14, 6; 18 36 f.; 8, 32 ff.; 1, 4. 14 f. 18. 40ª; 6, 63. 68; 10, 30;
18, 6; 21, 7; auch Act. 9, 5. — Martensen I, 343; Spiess, Logos Sperm.
160 f. (Note). In Christus decken sich Wort und That, Lehre und
Leben völlig.

2) Einige charakteristische Aeusserungen hierfür aus der Unzahl ver-
wandter Bekenntnisse. *Omnem novitatem attulit (dominus), semel ip-
sum afferens: Irenaeus, adv. haeret. 4, 34. 1.* — Als *lex nova, viva praesensque* (ζῶν und ζωοποιῶν) erscheint er dem Lactantius *(instit. 4, 17. 25).*
— Von neueren Theologen erklärt Rothe (Ethik I, 395 f), nachdem er
fünf biblischen Geboten die Dignität des christlichen Moralprincips
abgesprochen hat (weder Matth. 5, 48; noch 1 Pet. 1, 16; noch 1 Pet. 2,
21—25; noch Matth. 22, 24—30; noch Matth. 7, 12 genügen ihm als solches): „Es giebt allerdings ein solches Princip, das Menschgewordensein
Gottes in Jesu Christo." Aehnlich Heubner (Kirchenpostille I, 741):
„Dies grösste Gebot (Matth. 22, 38 ff.) steht mit Buchstaben geschrieben
im Gesetze, aber lebendig uns vor Augen gestellt ist es in Jesu Christo.
Er ist, was dieses Gebot ausspricht." Dorner (Person Christi I, XXVII):
„Die Kirche weiss sich erlöst durch die Person Christi, sie er-
freut sich in der Gemeinschaft mit ihm des göttlichen Lebens;
sie gedenkt auch in treuer Erinnerung der Nacht des Irrtums und
der Sünde, daraus nur er sie gerettet. Sie weiss sich keines Schadens,
keines Verlustes zu erinnern, den sie durch ihn genommen hätte, sondern
nur einer Fülle von Segnungen, die keinen Neid übrig lässt gegen den,
der die neidlose, alles Gute uns gönnende Liebe persönlich, sterbend dargestellt hat. Weil sie weiss, was das Göttliche ist, so ist ihr auch das
dämonische oder titanische Begehren fern, das Gottgleichsein als einen
Raub an sich zu reissen, das er als einen Raub anzusehen verschmähete,
weil er es wahrhaft in sich trug." Vgl. auch I, 68 Note. — Schleiermacher: „Ein Gesetz, das ewig unbedingt forderte und ebenso ewig vom
Sein ausgeschlossen wäre, würde nicht bloss ohnmächtig, sondern ein
Widerspruch in sich selbst sein, also sich selbst aufheben." Also soll der
kategorische Imperativ wirken, leben, zum freien Gehorsam führen, so bedarf die abstracte Formel der Verkörperung. Gal. 3, 24 ff.; Joh. 8, 32 ff.;
Röm. 10, 4, 13, 10; **Matth. 5, 17 ff.; Joh. 13, 15.**

nis ist eine von Jahrhundert zu Jahrhundert fortklingende Bestätigung für jenes äussere Zeugnis, das einst, ahnungslos und doch
prophetisch, der irdische Richter Christo ausstellte: *ecce homo*,
und: „was ich geschrieben (in den drei Weltsprachen für alle Welt
und Zeit), das bleibt geschrieben — er ist ein König" (Joh.
19, 5. 22).[1]

„Man könnte sich für die blosse Idee wohl brandmarken
und rädern lassen" ruft Claudius[2] einmal aus, als er einen seiner
Hymnen angestimmt hat auf den „Erlöser vom Bösen", — auf
„den Arm, der ihn im Schiffbruch gerettet" —, auf jene „heilige
Gestalt, die dem armen Pilger wie ein Stern in der Nacht aufgeht
und sein innerstes Bedürfnis, sein geheimstes Ahnen und Wünschen
erfüllt." — „Für die blosse Idee": um wie viel mehr für die
volle, leibhaftige Wirklichkeit (Col. 2, 9), um wie viel mehr für die
heilige, liebevolle Persönlichkeit, welche ist, was die Idee nur besagt! Wie der Schatten zum Lichte, wie das verhallende Echo
zum lebenskräftigen Tone — so verhält sich die „Idee" zur macht-
vollen „Persönlichkeit". Nur am lebendigen Geiste entzünden sich
die Geister;[3] der Enthusiasmus, der sich auf Begriffe, auf Abstractionen gründet, besteht immer mehr in rhetorischen Phrasen, als
in sittlichen Thaten; er lodert wohl auch einmal hoch auf, aber
er brennt bald nieder: es fehlt die Nahrung, lebendiger Geist,
lebendige Kraft. —

In Einem steht die Idee, auch die erhabenste, weit zurück
hinter jeder, auch der gewöhnlichen, menschlichen Persönlichkeit:
obschon letztere durch erstere geleitet und gerichtet werden soll.
Der Idee fehlt, was die Persönlichkeit besitzt — Selbstbewusstsein und eigener Wille. Ob auch[4] das unpersönliche Gesetz, die

---

1) Vgl. Martensen I, 330 f. Luthardt. Apolog. I, 262. Napoleon über
Christus: „Alexander, Cäsar, Karl d. Gr., ich haben grosse Reiche gegrün-
det. Aber worauf haben wir die Schöpfungen unseres Genies gestützt?
Auf die Gewalt. Jesus allein hat sein Reich auf die Liebe gegründet,
und heute noch würden Millionen Menschen für ihn sterben" (Vgl. Röm.
5, 7). — „Hier ist ein Eroberer, der nicht etwa eine Nation, nein das
Menschengeschlecht an sich zieht und mit sich vereinigt; die menschliche
Seele mit allen ihren Vermögen wird ein Annexum der Existenz Christi."
Auch Keim, Leben Jesu 369; Schaff. apostol. Kirche 439.
2) Werke IV, 94 f.; VI, 74; I, 7.
3) Joh. 7, 39. 17, 19. 21. 26. 16, 13. 23; besonders Act. 4, 20.
4) Martensen I, 446—451; 25 f.

unpersönliche Idee mit ihrer normativen Vollkommenheit emporragt
über mich, das einzelne, beschränkte Individuum; diesen einen Vor-
zug habe ich doch vor ihr. Ich bin's, der vom Gesetze (von der
Idee) weiss; wogegen das Gesetz (die Idee) weder von sich noch
von mir weiss. Soll ich in Gewissensangelegenheiten, in denen
Menschen mich nicht richten können, vor dem Richterstuhle der
unpersönlichen Idee zur Verantwortung gezogen werden: so
werde doch ich es sein, Niemand als ich selbst, der ich meine
Sache für mich selber führe. Ich selbst werde in letzter Instanz,
wenn auch nach Massgabe des ewigen Gesetzes, mich richten
müssen. Dass es bei diesem Richterstuhle, wo die vernünftige Freiheit ihre eigene Autorität sein soll, äusserst schwach stehn wird
um die Autorität, leuchtet wohl ein. Soll es rechter Ernst sein
mit der Verbindlichkeit, mit der Verantwortung und der Rechen-
schaft, so muss die Autorität des unpersönlichen Gesetzes, der an
sich leblosen Idee wurzeln in des Höchsten Allmacht und
Heiligkeit. — Mangelt es aber der Idee an unmittelbarer,
eigener Autorität, so gebricht es ihr auch an sittlicher Kraft:
sie allein kann weder strafen, noch sühnen und bessern und
kräftigen. Damit hängt zusammen, dass die grössten epochemachen-
den Gestalten der Geschichte ihre, uns wunderbaren, Thaten aus-
führten, nicht etwa im Dienste einer abgeblassten Idee, sondern im
persönlichsten Glauben — entweder an Gott oder an sich
selbst (Selbstvergötterung). Der persönliche Gott über ihnen oder
der persönliche Gott in ihnen hat sie ausgerüstet, auf Zeit, mit
einem Bruchstück der Allmacht: das Schicksal der Welt sahen sie,
glaubten und wussten sie in sich verkörpert, ihr Gottes- oder ihr
Selbstbewusstsein hat sie unüberwindlich gemacht, als Heroen oder
Titanen. — Nicht von diesen grössten, aber doch von den edelgearteten Menschen sagt Goethe: „Ein jeder muss sich seinen Helden
wählen, dem er die Wege zum Olymp sich nacharbeitet." Dies
poëtische Wort ist nur ein neuer Ausdruck für die Thatsache, dass
das Persönlichkeitsprincip, der Cultus des Persönlichen, nicht der
Cultus der (allzu unbestimmten, in's Unendliche verschwimmenden)
Idee der eigentliche Motor ist für die Erhebung des menschlichen Wollens und Könnens.

In den ideenvollen heidnischen Mythen fehlte der eine Held,
der „die Wege zum Olymp" allen Verirrten und Kraftlosen hätte
voranschreiten können. Die vielen Helden des heidnischen Mythus

sind in der irdischen Atmosphäre des himmlischen Lichtes zum
guten Teile verlustig gegangen: ihren Persönlichkeiten fehlt das
Moment der Heiligkeit, der Gerechtigkeit, der selbstlosen Liebe.
So ist durch diese vielen Helden sowohl die Idee Gottes als das
Ideal des Menschen nicht nur zersplittert, sondern vor allem
auch getrübt worden. Darin liegt der Hauptgrund, weshalb den
heidnischen Mythen die Kraft der Selbstverjüngung fehlte: einmal
abgestorben lebten sie nicht wieder wahrhaft auf, um ein Volk, ein
Zeitalter sittlich zu befruchten und zu erheben; nur im Liede oder
im Marmor fristeten sie künstlich ihr schattenhaftes Dasein. Wie
den Mythen so erging es späterhin den „Ideen", die im Laufe der
Zeiten den Geist der Zeiten symbolisierten. Sie alle lebten sich
bald aus und dann lebten sie nicht wieder auf. Weshalb geht
ihnen die Phönixnatur des Christentumes ab, das in jedem Jahrhunderte einmal tot gesagt wird und von dem es immer wieder heisst:
siehe, es lebet? Weil sie von ferne nur, wie die Wolken um die
Sonne, spielen um den Ewigen, der aus Christi Person sein Leben
hat einströmen lassen in unsere Geister und Herzen, während in
Christi Person ein Ewigkeitsprincip (Joh. 5, 26) offenbar geworden ist, das wohl im Stande ist, die im Fortschritte der Zeiten
immerdar wechselnden Formen des menschlichen Geisteslebens sich
ethisch zu assimilieren, das aber nimmermehr durch diese irdischen Formen auf die Dauer verdrängt oder ersetzt oder gar
überwunden werden kann.

Kant selbst nun ist zu Lehen gegangen[1] bei der evangelischen
Geschichte von Christi Person und Christi Thaten, worin sich Gottes

---

1) Paul, Kant's Lehre vom Gottessohne als vorgestelltem Menschheits-
ideale, Jahrbücher f. deutsche Theologie XI, 4. Heft; Dorner, Christi
Person II, 978 ff.; Jahrbücher f. deutsche Theologie 1874, 545. 549.; vgl.
Relig. innerhalb d. Grenzen d. Vernunft 77 ff.
Gelegentlich hat sich Kant auch mit Einzelheiten der geschichtlichen Erzählung abgemüht; so z. B. (Relig. innerhalb d. Grenzen d. Vernunft 110) mit der Hypothese der Epigenesis. Er lehnt sie schliesslich
ab. „Wozu alle diese Theorie, dafür oder dawider, wenn es für das Practische genug ist, jene Idee, als Symbol der sich selbst über die Versuchung
zum Bösen erhebenden, diesem siegreich widerstehenden Menschheit uns
zum Muster vorzustellen?" — Uebrigens sollte überhaupt nach biblischem
Vorgange dies Mysterium, eben weil Mysterium, nach seiner physischen
Seite nicht berührt werden; ernst und bedeutsam hebt die Schrift die zwei-

Persönlichkeit und Gottes Gedanken in letzter, höchster Instanz
(Hebr. 1, 1 ff.) offenbarten. Seine, mit dem Scheine der Originalität
umkleideten Theorien sind mehrfach, ähnlich wie nachmals Hegels
Philosopheme, nur Kopien und Umdeutungen der evangelischen Geschichte, der evangelischen Lehre. Aber bei diesen Kopien (Gott-
menschheit, Gottessohnschaft) fehlt nicht nur die Kopula zwischen
Menschheit und Mensch, zwischen „Idee des Menschen" und Einzel-
person, zwischen Abstractum und Konkretum: es kehren auch, in
verstärktem Masse, alle die Zweifel wieder, welche den philosophischen Denker fern hielten vom Originale, der konkreten Erscheinung Christi. — „Unbegreiflich" nennt Kant die Thatsache
des „von oben her" in uns gepflanzten „Ideales der Heiligkeit":
ist dies Wunder, das auf dem Gebiete der practischen Vernunft
sich also doch auch aufdrängt, etwa grösser als das auf dem historischen Boden in Christi Person erschienene und durch Worte wie
Thaten, einst und heute, bezeugte? Auf beiden Gebieten bleibt
also gleicherweise ein irrationaler Rest; das Mysterium weicht
vor keinem Machtspruche der reinen Vernunft. — Indem Kant seine
philosophische Heilslehre auf die „Idee des guten Principes" gründet als auf ein Gegebenes, in der Art seiner Entstehung Unbegreifliches, erkennt er ein Wunder ausdrücklich an. Doch nicht
nur die Entstehung, auch die Bewahrung der reinen Idee enthält ein Wunderbares: wie ward denn die „Idee der Heiligkeit"
hindurchgerettet durch die zahllosen Geschlechter der vom radicalen Bösen ausnahmslos ergriffenen Menschen, um schliesslich mit
ungebrochener Kraft sich geltend zu machen?

Ein Zweifel an der Wirksamkeit der abstracten Vernunftidee,
ein Bewusstsein davon, dass sie an und für sich doch höchstens
für Einzelne, für die philosophischen Denker, ζῶσα und ζωοποιοῦσα
ist, für die Menschen im Allgemeinen aber ihre Mächtigkeit erst
erhält durch ihre Inkarnationen, scheint auch Kant gekommen zu
sein; denn oftmals und nachdrücklich betont er die Macht des
sittlichen Beispieles. Drängt sich so nicht auch von dem Kant'-

---

malige Geistesausrüstung Christi hervor: die eine, bei seiner Geburt, mit
der (negativen) Tendenz, τὸ γεννώμενον ἅγιον, vor jedem Contagium der
Erbsünde zu bewahren; und die andere, bei der Taufe durch Johannes,
mit der (positiven) Tendenz, Christum mit den Kräften für sein dreifaches
Amt auszurüsten.

schen Standpunkte aus, von dem Postulat und dem Glauben an die
einstige Realisierung des Ideales der Heiligkeit aus, der
Schluss auf, dass ein absolutes Beispiel (Joh. 14, 6; 8, 46)
solcher Heiligkeit vor uns stehen müsse, lebend und belebend? —
Wäre es Kant vollster Ernst gewesen mit dem Glauben an die
Heilskraft der blossen Idee, wozu dann bei ihm auch die Personifikation dieser Idee, die Uebersetzung des reinen Gedankens
in eine innere Geschichte und Entwickelung? So bezeugt doch
auch, wider Willen, Kant, dass die geschichtliche Form unerläss-
lich ist für unser menschliches Denken. für uns muss sich das abstracte
Urbild wandeln zum persönlichen Vorbild. — Indem Kant die Attribute, welche die biblische Geschichte dem historischen Christus erteilt,
einfach kopiert, bejaht er und bezeugt er die innere Wahrheit dieser Geschichte, deren er selbst nicht entraten kann.[1] —

In Christi „Person" ist für das christliche Bewusstsein und
die christliche Heilserfahrung „das Geschichtliche und das Urbildliche als unzertrennlich" geeint.[2] Und zwar gilt dies Urbildliche
als ein Wunderbares: erstens insofern als es aus dem Gesamtleben
der mit Schuld und Irrtum je länger desto mehr behafteten Mensch-

---

1) Fichte hat in seiner zweiten Periode den streng kantischen
Standpunkt verlassen und in dem Christus der Geschichte die wahre Einheit von Gott und Mensch stärker betont. — Schelling macht die
Menschwerdung Gottes zum Principe seiner ganzen Philosophie. Zwar ist
ihm der ewige Sohn Gottes die Menschheit. doch der historische Christus,
in dem Gott zuerst wahrhaft objectiv geworden, ist der Gipfel und das
Ende der alten Götterwelt, der Anfang einer neuen Menschwerdung
Gottes, und Christi Geist ist es, der das Endliche in's Unendliche zurück-
führt. — Vom Kant'schen kategorischen Imperative, als einer unterge-
ordneten, zwiespältigen, unfruchtbaren Stufe wandte sich Fichte seit 1806
zur Liebe als dem höchsten Principe. Sie ist ihm nicht „Product menschlichen Strebens und Wollens, sondern eine göttliche Gabe und Satzung",
„durch sie kommt zum Sein, was bei Kant nur Verlangen und Streben
war: ein fester Wille." „Die Fortschritte der Weltgeschichte vollziehen
sich durch berufene Persönlichkeiten, Organe der Gottheit, welche
nicht zuerst auf dem Wege der Entwicklung und Reflexion geworden
sind, was sie sind, sondern unmittelbar durch Gott, der nicht nur
eine Weltordnung vorschreibt, sondern auch als schöpferische Weltordnung wirkt." Vgl. Dorner, Person Christi II, 1053 ff. 1061 ff.; Gesch. d.
Protest. 758 f.; Baader, Weltalter 229 ff.; Schleiermacher, Dogm. II, 183 ff.;
Rothe, Ethik III, 161—167.

2) Z. B. Schleiermacher, Dogm. II. 179—192; Dorner, Jahrbücher f.
deutsche Theologie 1874, 530—553.

heit sich nicht hat entwickeln können; zweitens insofern als es den
unübersteiglichen Gipfel, den für alle Zeiten und Geschlechter
markierten Höhepunkt der menschlichen Geistesentwickelung dar-
stellt (Joh. 10, 30; 8, 46; 7, 38 f.; 2 Cor. 3, 17; 5, 17; 1 Cor.
12, 4 ff.; Matth. 11, 29). In Christus als dem „Gottmenschen", der
gleicherweise „der Sohn des Menschen" wie „Gottes Sohn" heisst,
ist diejenige Humanitätsidee[1] verkörpert worden, die, weil
eins mit dem „Ebenbild Gottes" und voll von Ewigkeitsgedan-
ken, im Laufe der Zeiten durch die empirischen Menschen wohl
stets erstrebt, aber nie durch eigene Gedanken überboten
werden kann. Alles edle menschliche Streben ermöglicht erst
und stützt Christus: er ermöglicht es: denn ehe[2] er uns zum
heiligen Vorbilde, zum „Herzoge" auf unsrem Glaubenswege werden
kann, kommt er uns als Erlöser, als Mittler, als Versöhner und
barmherziger Hoherpriester entgegen; sodann stützt er seine Erlösten:
denn durch seine Worte voll ewigen Lebens (Joh. 6, 63. 68), durch
sein in den schwersten Versuchungen siegreiches Beispiel (Joh. 13, 15;
Matth. 11, 28—30; Hebr. 2, 17 f.; 4, 15), durch die Gemeinschaft
seines heiligen Geistes (Joh. 16, 12 ff.) hilft er uns, die wir zwischen
Glauben und Unglauben (Marc. 9, 24), zwischen Ja und Nein (Matth.
21, 28 ff.; Röm. 7, 14 ff.) haltlos schwanken, in unserer Schwachheit
auf (2 Cor. 5, 17; 12, 9; Galt. 2, 20); erst durch Mitteilung seiner
Liebe und seiner Lebenskraft wird in uns auch „die Liebe des Gesetzes Erfüllung", und so für uns Christus „des Gesetzes Ende"
(Röm. 10, 4; 13, 10).

Dagegen hat Kant für seinen „Stifter der Kirche", für jenen

---

1) Snell, die Schöpfung des Menschen: „Das Naturideal der Menschheit ward erreicht in dem schönen Ebenmasse und Gleichgewichte der
hellenischen Welt; doch noch eine neue Schöpfung ist mit Geistesgewalt
in die Welt getreten: die Menschwerdung Gottes in des Menschen Sohn,
in dem die Fülle, die Unendlichkeit der sittlichen Neuschöpfung wie
im Keime ruhte." — Martensen I, 16 f. 60 ff. 192; Rothe I, 538 ff.; IV,
239 ff.; Baader a. a. O. 203 ff. 269 ff. 290 ff.; Mensch: Priester und
König auf Erden, Gottes Organ und Mitarbeiter bei Ausführung des
Weltenplanes, Träger des ewigen Geistes in den Hüllen der Zeit, Bür-
ger im Reiche der himmlischen Zukunft.

2) „Wäre Christus nur das Vorbild und nicht zugleich der Erlöser,
so würde seine Offenbarung uns nur zum Gerichte dienen, nur gegen
uns sein, nicht für uns." Martensen I, 309. — 1 Joh. 3. 20. 21.

hohen „Lehrer",[1] dessen angeblich übernatürliche Ausrüstung und
Sündlosigkeit „practisch nicht von nöten" sind, nur ein Fragment
des prophetischen Amtes Christi in Anspruch genommen. Aber
von ihm aus ist der Mittler des neuen Lebens nicht zu gewinnen, der, wie das Christkind in Correggio's heiliger Nacht, die
ihn umgebende Finsternis mit seinen Strahlen (Joh. 1, 4; 1 Cor.
1, 24 ff.) bannte und seit achtzehn Jahrhunderten bis heute der
Einheitspunkt geblieben ist, in dem sich Himmel und Erde
lebensvoll durchdringen. Die Bruchstücke des prophetischen Amtes
reichen nicht von ferne aus, um das Fundament abzugeben für den
gewaltigen Bau der christlichen Kirche, für jenen die Reiche dieser
Welt überdauernden geistigen Organismus, dessen zahllose Glieder
in Christo ihr himmlisches Haupt, in Christi Geist ihre innerste
Lebenskraft erkennen und bekennen (1 Cor. 12, 12. 4 ff.; Röm.
12, 4 ff.; 2 Cor. 8, 9; Joh. 1, 14[b]. 16 ff.). Kant's „Stifter der Kirche"
ist eine durchaus zufällige und nebensächliche Erscheinung,
nicht aber ein kosmisches und ethisches Princip. — Eine
Tugendlehre nur, strenger eine Pflichtenlehre,[2] hat Kant konstruiert,
nicht eine Theologie; seine „Religion" innerhalb der Grenzen der
Vernunft ist nur „Moral" geblieben; — Kant's philosophisch-ab-
stracter Idealismus hat das religiöse Leben zur Lehre, zur Formel
umgewandelt, statt des Evangeliums von der Liebe und Gnade verkündet er nur dessen Vorläufer und παιδαγωγός, das Gesetz. Der
Begriff des νόμος hat allerdings weniger Trieb und Zug zur Persönlichkeit in sich, als der (von der Persönlichkeit unablösbare) Begriff der Liebe. Aber auch er[3] drängt doch eigentlich bei Kant
zur *lex viva* und *lex praesens* (Christus) hin: Kant's Forderung
einer „plötzlichen Revolution der sittlichen Maximen" trägt in die
verderbte Menschennatur, freilich in der Sprache des Rationalismus,
das Wunder der Wiedergeburt hinein: ob aber die „Gründung

---

1) Ganz ähnlich Lessing, Erziehung des Menschengeschlechts §§ 55 ff.
2) Ueber die Ungenauigkeit im Gebrauch der beiden Termini, die
auch bei Kant sich findet: Rothe, theol. Ethik I, 405; Schleiermacher
Kritik aller bish. Sittenl. 216 ff.
3) Zumal unter der harten, starren Schale des kategorischen Imperatives der Sache nach doch das Feuer der christlichen Liebe, ἥ οὐ
ζητεῖ τὰ ἑαυτῆς, fortglüht. Kritik der practischen Vernunft 55. 71;
Rothe I, 514; Jul. Müller, Lehre von d. Sünde I. 148; Trendelenburg, Na-
turrecht 35.

eines neuen Charakters", des Persönlichsten in uns, möglich
ist ohne die (schöpferische) Einwirkung eines heiligen Charakters,
dessen ἐλθὲ καὶ ἰδέ, dessen ἀκολούθει μοι uns hineinführt in sein
ἐγώ? (Joh. 1, 47; 21, 19; 14, 6).

c) Mit einem flüchtigen Worte nur sei noch der Kritik gedacht,
welche Kant an der historischen Form der Kirche geübt hat.
Sie ist überstreng, ja ungerecht: denn Kant sieht allenthalben nur
den Schatten, den die Kirche geworfen hat, nicht auch das Licht,
das von ihr ausging und ausgeht. Gegenüber der grimmen Inschrift, in welcher Kant sein summarisches Urteil über den ver-
fallenen Bau der Kirche zusammenfasst *(tantum religio potuit suadere malorum)* gilt, was Lessing (im zweiten Stück der Hamburg.
Dramaturgie) einem Dichter einhält, welcher bei der gehässigen
Beurteilung eines (heidnischen) Priesters dem Auditorium „gefärbtes
Glas für Edelsteine, witzige Antithesen für gesunde Vernunft ein-
zuschwatzen" gesucht hatte. „So falsch war noch keine Religion
in der Welt, dass ihre Lehrer notwendig Unmenschen sein müssten;
Priester haben in den falschen Religionen so wie in der wahren
Unheil gestiftet, aber nicht, weil sie Priester, sondern weil sie
Bösewichter waren, die zum Behufe ihrer schlimmen Neigungen die
Vorrechte auch eines jeden anderen Standes gemissbraucht hätten."
Nicht die Kirche an sich, sondern das Menschliche an ihr, der Ir-
tum und die Schuld ihrer menschlichen Vertreter verdienen Kant's
Tadel und Gericht. Trotz alles Irrtums, den die selbstische Weisheit vergänglicher Menschen an den ewigen und reinen Kern des
Evangeliums herangebracht hat, war und ist die Kirche doch in
erster Linie „ein Pfeiler und eine Grundveste der Wahrheit" (1 Tim.
3, 15): ihre vom Felsen der Ewigkeit aus mächtig aufragende „Säule"
hat vor allem, in dunklen Zeiten, das Licht ausgestrahlt, das Gott
selbst entzündete für seine vom Meere des Irrtumes umwogten Men-
schenkinder. Und trotz aller Sünde, welche haftet an den Gliedern
und den Repräsentanten der Kirche — auch unter den Zwölfen war ein
Judas: Joh. 13, 2; 17, 12; auch Petrus und Johannes erfahren des
Meisters strengen Tadel: Matth. 16, 16—23. 20, 20 ff.; Marc. 3, 17;
Luc. 22, 30 ff.; und weder die Schrift alten noch neuen Testamentes kennt sündlose Heilige, ausser Einen — trotz der Fleisches-
macht, welche den heiligen Geist oft niederhält auch in den edelsten Streitern und Gefolgsleuten Christi: doch sind es vor allem
Ströme des Lebens und der Heiligung gewesen, die von der Christen-

heit „als der Behausung Gottes im Geiste", von den Christen als
„lebendigen Steinen" des unsichtbaren Gottesdomes hervorbrachen;
das christliche Leben hat ja die alte Welt verjüngt und die rohen
barbarischen Naturen innerlich überwunden, sittlich gezüchtet und
erzogen. — Wohl war und ist die sichtbare Kirche weit davon entfernt, zu sein, was sie sein soll: das Ehrenprädikat, das Paulus
ihr giebt (1 Cor. 12, 12): „Christus" ist noch nicht Wirklichkeit,
sondern Postulat; doch mit dem Apostel, der dies hehre Prädikat
ihr erteilte, um sie zu mahnen an ihren heiligen Beruf, Christi
dauernde Incarnation darzustellen, bekennt sie auch in Demut (Phil.
3, 12 ff.): „ich schätze mich selbst noch nicht, dass ich es ergriffen
habe oder schon vollkommen sei; eins aber sage ich: ich jage ihm
nach, ob ich es ergreifen möchte, das himmlische Kleinod, nachdem ich von Christo ergriffen bin." — Nimmermehr kann und darf
sich die Kirche vermessen, als ob sie das Beste und Höchste wäre
oder je sein würde. Sie ist allezeit nur Vorhalle, nur die irdi-
dische, staubige Stufe zum fleckenlosen Heiligtume: dies Heiligtum
ist das „Gottesreich", das „Himmelreich". Wie Weissagung und Erfüllung, wie irdische Erscheinung zur reinen Idee, so verhalten sich
die Kirche und das Reich Gottes; sie ist nur Bild und Gleichnis
dessen, was einst sein wird (1 Joh. 3, 2. 1 Cor. 13, 12).

Dieses Gottesreich will im Grunde auch Kant: mit Wärme und
Energie tritt er ein für die Idee des ethischen Gottesstaates; um
ihn zu realisieren, deshalb vor allem postuliert er Gott.[1] Die tief-
sittlichen Gedanken, die ernsten und strengen Gesetze des „Gottesreiches", wie sie die Schrift verkündet (Matth. 5—7; Eph. 4, 3 ff.;
4, 13—16; 1 Cor. 3, 16. 6, 19. 12, 4 ff.; Röm 12, 4 ff.; 1 Pet.
2, 5. 9), sind von Kant vielfach kopiert, nirgends widerlegt worden;
gegen sie kehrt sich auch seine Polemik nur indirekt, sofern er aus
dem Mysterium heraus den sittlichen Gedanken zu lösen strebt, wie
das Gold aus der Schlacke. — Gegenüber dem Vorgeben jedoch,
als ob die Religion und insonderheit die Kirche allerhöchstens die
illusorischen Ansprüche des Menschen als φαινόμενον beschwichti-
gen könnte, während die Moral heilig und hehr sich an des Menschen νοούμενον, an das autonome und autarkische Ich wende und
dieses zur sittlichen „Würdigkeit" und „Selbstzufriedenheit" erhebe,
gegenüber dem von Kant und Hegel (in anderem, mehr evangeli-

---

1) Ritschl, Rechtf. und Vers. III, 186 ff.

schem Sinne auch von Rothe) vertretenen Postulat, dass die „Religion als Vernunft zu erscheinen" und die Kirche in den Staat, das Jenseits in das Diesseits sich aufzulösen habe: ist nachdrücklich zu betonen, erstens, dass die geschichtliche Notwendigkeit der Kirche, die stete Uebung der von ihr übernommenen Mission keineswegs schon als „erledigt", als „unnötig" betrachtet werden kann; zweitens, dass „Philosophie" und „Staat" ein sehr fraglicher Ersatz sind für Religion und Kirche. Das bestätigt unsre Zeit. Die Geschichte der Menschheit und die jedes Einzelnen fast hat, durch die ὕβρις der promethëischen Menschennatur, ihre Ilias, eine Zeit der Kämpfe und der Irrungen, auf theoretischem wie auf sittlichem Gebiete; an diese Ilias der Kämpfe und des Unterganges schliesst sich aber, θείᾳ μοίρᾳ, eine Odyssee, die Rückkehr, die Heimkehr der Gescheiterten: die Kirche nun ist das rettende Boot geworden, auf dem die schützende Gottheit die Leidenden, die Verirrten der Heimat entgegenführt; sie ist selbst noch nicht die Heimat, doch ein Vehikel zu ihr für die „durch die Gnade Geretteten." — Dass weder die „Kirche" noch selbst der „Herr" der Kirche das letzte und höchste Wort der Offenbarung, des göttlichen Heilsplanes sei, dies deutet auch Pauli Prophetie 1 Cor. 15, 27. 28 an. Wie Gott einst (Genes. 1. 2) war Alles in Allem, so wird auch einst wieder Gott sein Alles in Allem. Das Christentum und Christus selbst hat nur die Mittlerrolle, das Amt der Versöhnung; die Kirche hat dabei zu dienen; (2 Cor. 5, 19 ff.). Das Ende ist die „herrliche Freiheit der Kinder Gottes" (Röm. 8, 20 ff.), die vollkommene Gemeinschaft der Menschengeister mit dem heiligen Geiste Gottes durch Christus (Joh. 17, 15—26).

Kant's Gedanken von dem ethischen Gottesstaate als dem Zwecke und Ziele der individuellen Moralität schliessen sich eng an die christliche Idee vom „Reiche Gottes", vom „Himmelreiche". Wohl ist ein Unterschied da: dort erscheint das menschliche Wollen und Können als A und O; hier ist die göttliche Gnade die *prima causa,* die unerlässliche Prämisse für des Menschen Thun. Immerhin ist es ein evangelischer Zug, der aus Kant's und auch aus Lessing's Dringen auf strenge, selbstlose Sittlichkeit spricht; es erklingt aus Kant's „reinem Rationalismus" ein bedeutsames Memento für die blosse Orthodoxie des Buchstabens wie für jeden schwächlichen, sentimentalen Pietismus. „In dem Kant'schen System war ein Kern, der ihm eine innere Wahlverwandtschaft mit dem reformatorischen Prin-

cipe zuweist. Das ist einerseits das heisse männliche Verlangen
nach innerer Gewissheit für die höchsten Angelegenheiten des
menschlichen Lebens, und andererseits die ethische Richtung seines
Systems. Er kehrt die Seite hervor, die von der alten Theologie
zu ihrem Schaden versäumt ward, das Gewissen und das persönliche Bewusstsein von der innern Güte des Guten. — War das
nicht der Richtung der Reformation auf das Heil und die persönliche Aneignung des Heiles befreundet?"[1]

1) Dorner, Gesch. d. Protest. 742. 747.

Druck von Ackermann & Glaser in Leipzig.